体育教师教育课程改革系列教材

中小学体育教学研究方法

主　编　宋 旭　游永豪　李晓静
副主编　陈 秀　章 翔　郑 贺

WUHAN UNIVERSITY PRESS
武汉大学出版社

前 言

为贯彻落实《国家中长期教育改革和发展规划纲要（2010—2020年）》精神，深化教师教育改革，建设高素质专业化教师队伍，提高教师教育专业人才培养质量，2011年教育部发布了《教育部关于大力推进教师教育课程改革的意见》和《教师教育课程标准（试行）》（以下简称《标准》），提出“创新教师教育课程理念”、“优化教师教育课程结构”、“改革课程教学内容”、“建设高水平师资队伍”等方面的指导意见，教师教育课程改革已成为影响新时期教师教育专业人才培养质量的关键。

《标准》明确了专业素养是教师的立身之本，确立了“育人为本”、“实践取向”和“终身学习”三位一体的教师教育课程目标和课程结构。新设了有效教学、学科课程标准与教材研究、学科教学设计等核心课程，增加了教育研究方法、教师专业发展等新课程。这些课程充分体现了教师教育课程的专业化、职业化、实践化特点，将有力地推进我国教师教育课程改革，提升教师教育专业人才培养的质量。

为适应教师教育课程改革，推进体育学科相关课程建设，满足教学需求，根据《标准》建议模块中的重要专业课程，结合体育学科特点，我们设计和编写了《体育与健康课程标准与教材分析》、《中小学体育教学设计》、《中小学体育教学评价》、《中小学体育教师专业发展》、《中小学体育教学研究方法》、《中小学体育教学技能训练理论与方法》等体育教师教育课程改革系列教材。

《中小学体育教学研究方法》作为系列教材之一，目的是使学生能够客观、科学地分析中小学体育教学中的教育现象及规律。教材由三大部分组成：第一部分是课题的选择，包括研究问题的确定、变量的定义、研究计划和开题报告的撰写等；第二部分是研究方法，包括文献法、观察法、调查法、实验法等；第三部分是毕业论文的撰写与答辩，包括毕业论文撰写规范，答辩注意事项等。

编写体育教师教育课程改革系列教材是一种新尝试，本教材可以作为高等师范院校体育教育专业本科生和研究生教材，同时也可以作为中小学体育教师进修和教学的参考资料。由于可供参考的文献较少，加之编者水平有限，错误在所难免，真诚希望广大师生和读者提出宝贵意见，以便在修订过程中加以完善，以期不断提高本系列教材质量。

编　者

2015 年 10 月 30 日

目 录

第一章 概述 …………………………………………………………………… 1
第一节 中小学体育教学研究的基本特征 …………………………………… 2
第二节 中小学体育教学研究性质分类 ……………………………………… 6
第三节 中小学体育教学研究内容 …………………………………………… 9
练习 …………………………………………………………………………… 11

第二章 研究问题的确定 ……………………………………………………… 12
第一节 研究问题的选择 ……………………………………………………… 12
第二节 研究问题的陈述 ……………………………………………………… 17
第三节 常量、变量和操作性定义 …………………………………………… 18
第四节 研究假设 ……………………………………………………………… 28
第五节 抽样 …………………………………………………………………… 33
第六节 学位论文开题报告的撰写 …………………………………………… 41
练习 …………………………………………………………………………… 49

第三章 文献法 ………………………………………………………………… 51
第一节 文献概述 ……………………………………………………………… 51
第二节 文献研究 ……………………………………………………………… 59
第三节 文献综述的撰写 ……………………………………………………… 62
练习 …………………………………………………………………………… 70

第四章 观察法 ………………………………………………………………… 71
第一节 观察法的特点与分类 ………………………………………………… 71
第二节 观察的基本程序 ……………………………………………………… 75

第三节　体育教学实践观察 …… 79
第四节　体育比赛技战术观察 …… 81
第五节　观察法应用举例 …… 86
练习 …… 91

第五章　调查法 …… 92
第一节　调查设计 …… 92
第二节　调查研究步骤 …… 96
第三节　调查方法 …… 98
第四节　调查研究案例 …… 115
练习 …… 117

第六章　实验法 …… 118
第一节　实验设计概述 …… 118
第二节　实验设计的基本要求 …… 123
第三节　无前测的完全随机设计 …… 127
第四节　有前测的完全随机设计 …… 129
第五节　所罗门四组设计 …… 131
第六节　因素设计（析因设计） …… 133
第七节　重复测量设计 …… 135
第八节　时间系列设计 …… 137
第九节　随机区组设计 …… 138
第十节　拉丁方设计 …… 139
第十一节　交叉设计 …… 140
第十二节　正交设计 …… 141
第十三节　均匀设计 …… 143
第十四节　裂区设计 …… 145
第十五节　嵌套设计 …… 146
第十六节　对实验结果的解释 …… 147
第十七节　教学实验研究范例 …… 149
第十八节　随机性和代表性 …… 152
练习 …… 153

第七章　研究论文撰写与答辩 …… 157
第一节　论文的类型与撰写原则 …… 157

第二节　期刊论文撰写的基本格式…… 160
第三节　学位论文撰写…… 169
第四节　学位论文的答辩…… 174
练习…… 181

参考文献…… 182

第一章 概 述

研究是主动寻求根本性原因与更高可靠性依据，从而为提高事业或功利的可靠性和稳健性而做的工作，已经成为我们文明社会中的一种普遍现象。研究是应用科学的方法探求问题答案的一种过程，是利用有计划和有系统地收集、分析与解释资料的方法，探索发现、解释或校正事实、事件、行为、理论，或把这些事实、法则或理论作出实际应用等的工作。研究可以在实验室、教室、图书馆、街道、运动场、异域文化等各种各样的情境中进行。在这些研究活动中，人们期望能够解释和预测现象，尤其在教育教学研究中，解释那些影响教与学的现象，从而增进人们对教育教学过程的理解，改善教育教学实践。

现代社会的发展、现代科学的进步，以及体育运动的发展促生了现代体育教学教学研究的形成和发展。体育教学研究是一个复杂综合的动态整体，是人们研究体育教学现象和揭示体育规律的创造性实践活动。从不同层次、不同角度去认识、揭示和把握体育教学研究的特征及其分类与发展趋势，对于改进体育教学、训练、管理有着极其重要的理论意义和实践价值。体育教育教学研究是提高体育教师教学能力和教育教学质量必不可少的工作，也是体育教师的重要工作职责之一。掌握基本的体育教学研究方法和知识，了解体育教学研究过程中的有关规律和特点，对促进体育教师专业化发展有重要的意义。

研究方法是研究者对研究活动本身的反思、概括和理论的提升，并通过反复的实践论证而逐渐形成的，是从事研究的计划、策略、手段、工具、步骤以及过程的总和。科学史告诉我们，每一项重要科学成果的取得，总是伴随着科学方法的突破与创新，科学的发展不仅表现在理论上的意义，而且表现在方法论上的意义。在许多教育教学研究中，方法论备受重视，研究方法越来越显示出其重要性。

中小学体育教学是一个非常复杂的过程，教学中不同类型的学生和教师处在一种复杂、多变、互动的环境中。所以我们在设计体育教学和研究教学问题时需要有不同的研究方法，从相对单一的操作到复杂的各种程序的综合运用，定性的和定量的研究兼而有之。为此，一个敏锐的教育工作者应当掌握必要的教学研究方法，包括“怎么确定研究问题”，“寻求特定问题的答案应运用什么研究程序”，“怎样收集和解释资料”，“怎么得到真实的结论”，“如何撰写令人满意的、清晰明了的研究报告”等。在具体的研究过程中，这些问题都需要掌握一定的教学研究方法。

第一节 中小学体育教学研究的基本特征

一、体育教学研究的概念

体育教学研究是指人们运用科学研究的方法和手段，以体育教学实践问题为主要研究对象，探求体育教学本质与特征，解决体育教学理论与实践问题，总结体育教学规律得出科学结论，促进体育教学质量提高的探究过程。体育教学研究包含教育学、心理学、社会学、人类学、统计学和哲学等多个学科不同程度的交叉。

二、体育教学研究的基本特征

（一）复杂性

体育教学活动由多因素、多变量构成，这些变量之间相互交织、相互制约、相互作用。教学研究就是把这种多因素的相互作用效果反映出来。任何教育现象都是客观存在的，研究者必须严格按照客观现象，准确、真实地对事实进行观察和描述，这就要求研究者尽可能排除主观偏见来收集、分析和解释资料。例如：“小学体育课程设计研究”这一课题，主要就是研究小学生体育教育，研究范围是小学体育课程设计；“中小学体育教师继续教育工程区级实验模式研究”，研究对象就是体育教师；“具有特色的普通小学办学模式研究”，研究对象重点是管理者；“义务教育中小学体育考试改革研究”，研究内容侧重于考试制度。当然任何一项研究，其对象不可能截然分为教育者、受教育者、管理者或决策者，其对象一般具有综合性。如“高中体育高考生综合素质培养的研究”，它是以研究学生为主，但其中也有体育教师教学方法、教学计划、教学改革、教学管理等方面的研究，涉及的研究对象包括学生、课改教师、学生管理者等，体现了教育教学研究的综合性和复杂性。

（二）科学性

体育教学是以授业为主体的教育过程，教与学息息相关，所有的规律都围绕着教学这一中心规律。因此，体育教学研究的过程以及研究结论的获得应具有逻辑性和实证性。从对事实的客观阐述到对资料的整理分析，再到最终结论的获得，都需要经过严谨的逻辑推理，并具有科学的依据。

（三）经验性

教育教学研究是以典型的经验取向为特征的。经验主义认为所有的知识是从感觉经验中获得的，而感觉经验来自于观察和实验。体育教学理论在教学实践基础上产生、形成，又反过来指导和影响教学实践，并使教学理论自身得到检验、修正、丰富和发展，如此循环往复、不断发展。教学研究只有为体育教学实践服务，才能成为真正有意义的研究。经验的获得必然以某种信息的形成呈现，以便于知识的概括。信息具有资料的形式，资料的形成多种多样，包括测试数据、访谈记录、问卷结果等。研究者可根据资料进行整理与分析，提出假设、验证假设等等。

（四）系统性

研究应当是系统化的研究过程，从总体上把握体育教学研究的系统结构、功能作用机制、运行方式及发展规律，用全面的、整体的和联系的观点去认识体育教育现象。研究过程一般划分成5个步骤：①确定问题；②建立假说，制订计划；③收集信息资料；④分析信息资料；⑤得出结论。若要使研究系统性，首先，研究问题的性质（特殊性）必须确定，即使只有一个大体轮廓。其次，研究性质相关的知识确定后，还要建立一个研究框架，明确必要的假设和计划以及与所研究的问题有关的条件。但研究过程并非一成不变，研究步骤可以跳跃式交叉。比如实验研究，先界定研究问题时可能就已经确定了待验证的假设，而其他的研究本质上有更多定性研究的成分，可能在资料收集完后才能形成假设，并且在对资料进行分析时还有可能对假设进行修正。特定的研究情况会在一定程度上影响研究步骤，尽管如此，所有教学研究都是有系统性的。

（五）有效性

研究的有效性分为内部有效性和外部有效性。内部有效性是指结果可以被精确解释的程度，而外部有效性是指结果能被推广的范围，主要包括人群、情境和条件等。

1. 内部有效性

例如，为了研究3种教学方案对8年级学生身体素质的影响，抽出3位教师参与研究，他们分别在不同的学校教学，其中2位教师每人教4个班的体育课，另外一位教师教3个班，并且这位教师教的是身体素质较强的班级。每位教师分别使用一种教学方案，为期8周。8周后对学生进行身体素质测试，每位教师使用自己设计的测试内容和评价标准。整个研究计划如图1.1所示。研究者分别计算出使用3种教学方案下的身体素质的平均分数。

以上3种教学方案中的内部有效性如何呢？很多无关因素（学校、教师、学

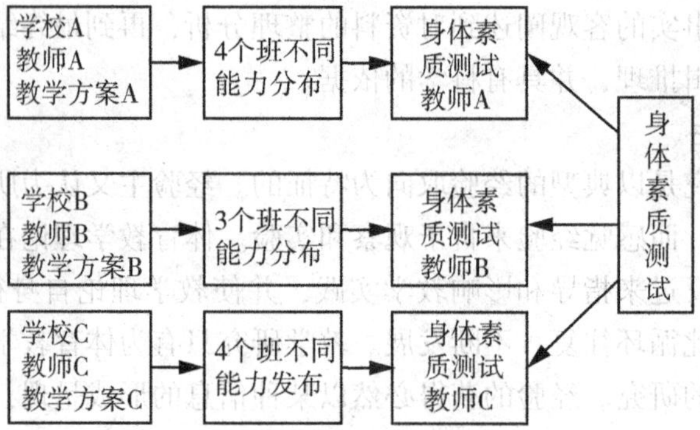

图 1.1 缺乏内部有效性的研究技术路线图

生能力、测试内容、评价标准等）可能会影响身体素质水平，而这些影响因素无法从可能的项目效果中分离出来，很难得出有效结论。

假如学校 C 的学生得分最高，那么这到底是因为这些学生的能力高还是教师 C 教的出色呢？或教师 C 的测试内容设计得比其他教师的容易？或者教学方案 C 比其他两种教学方案更有效？我们无法从结果中得出有效的解释。不管是什么形式的结果，都不能得出“教学方案 C 效果最好”的结论。这个研究就缺乏内部有效性，因为结果不能被解释，不具备科学性。

改良的设计会得出更有价值的结果。假设研究两种不同的训练方案对 8 年级男生速度素质的影响。体育教师 A 选择两个体育教学班做实验，随机在每个班级中抽出 30 名学生做实验。实验前分别对两个班级进行速度素质测试，验证实验前速度素质基本相同。之后，将两套训练方案分别运用到两个班级中，时间为 12 周。最后，对两个班进行同样的速度素质测试（如图 1.2 所示）。

这是一个具有较好的内部有效性的研究。因为，如果实验后两个班的速度素质测试成绩有差异，譬如说，2 班的均数比 1 班高，我们可以充满信心地解释这个结果，并得出训练方案 2 比训练方案 1 更有效的结论。不论结果怎样，都可以比较有把握地作出解释。因为，总的来说，两个班级之间唯一不同的是训练方案。同一位教师在同一所学校，并且每个班级都是由 8 年级男生组成。实验前验证了两组被试速度素质基本相同。

2. 外部有效性

在很大程度上，内部有效性是外部有效性的先决条件。如果结果不能被解释也就不可能被推广。

例如在一个学区的 5 所中学里，进行一项关于家长对学校体育文化感知的调查，如运动会、俱乐部等，形成了一个结构良好的电话访谈条目细则，并且有足够

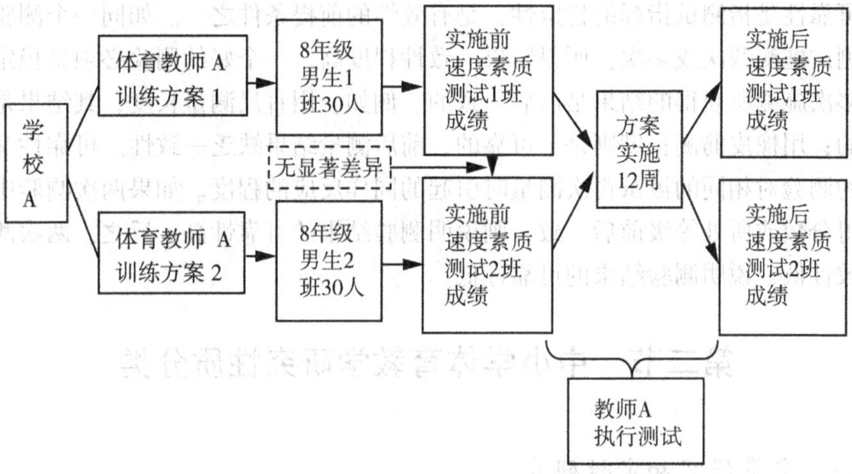

图 1.2　有高内部有效性的研究技术路线图

条目覆盖家长关心的学校体育问题。在每所中学有 25 名学生家长被随机选出进行访谈，对于那些找不到或不愿意接受访谈的家长，有一个随机抽样的规定程序来取代他们。访谈结束后，125 名被访谈者中只有 6 名是找不到而被重新替代的。

这项研究的结果可被推广的人群是在这 5 所中学就读那些孩子们的家长。按照这种调查方式和完成访谈的数目，这个结果能很有把握地被推广到这些家长中，所以，可以认为这项调查研究具有较高的或较好的外部有效性。但是如果把这项研究结果推广到其他学校系统的其他中学中将不会有多大意义。如果要这样做，需要一个逻辑基础或前提条件，如这些学校中学生的家长与其他学区中学生的家长相似性较高。

假如一项学校调查中，调查家长对学校体育工作的看法，这所中学共有 837 名学生，把问卷发给所有学生的家长，即学生的双亲或单亲家庭的监护人，共发出 712 份问卷。但即使在两次信件催促后，也仅收回 149 份完成的问卷。只有 21%的回收率。因而不能认为，回复问卷的家长能代表这个学校学生家长的总体。从本质上来说，他们仅代表这所中学愿意回复问卷的家长，而非其他人群或其他家长。可能有未知的因素作用才引起低回收率，这些结果不能被推广到该校学生家长的总体中，所以，此研究缺乏外部有效性。外部有效性涵盖了研究结果对总体或外界情境的普适性程度。

研究的有效性只是一个度的问题，事实上，也不可能得到纯粹的内部有效性或外部有效性。往往在提高内部有效性时可能会降低外部有效性，研究者需要求得一种平衡，使某一结果得到合理的解释，又具有某种程度的推广价值。

（六）可靠性

可靠性是指测试指标的稳定性，是有效性的前提条件之一。如同一个测验对同一组测试施测两次或多次，所得结果一致性程度高。一个好的测验必须是稳定可靠的，多次施测所获得的结果是前后一致的。例如，用直尺测量长度，其结果是稳定可靠的；用橡皮筋测长度则是不可靠的，前后测量结果缺乏一致性。可靠性又是指相同的测验对相同的被试再次测量时引起的同样反应的程度。如果两次测验中，被试所得分数或所处等级前后一致，则说明测验结果的可靠性高；反之，两次测验结果一致性低，说明测验结果的可靠性低。

第二节 中小学体育教学研究性质分类

一、定量研究和定性研究

定量研究是与定性研究相对的概念，也称量化研究，是社会科学领域的一种基本研究范式，也是教学研究的重要步骤和方法之一。

定量研究是指确定事物某方面量的规定性的科学研究，是将问题与现象用数量来表达，进而去分析、考验、解释，从而获得相关结论的研究方法和过程。定量就是以数字化符号为基础去测量。定量研究是通过对研究对象的特征按某种标准做量的比较，来测定对象特征数值，或求出某些因素间的量的变化规律。由于其目的是对事物及其运动的量的属性做出回答，故名定量研究。定量研究与科学实验研究是密切相关的，科学上的定量化是伴随着实验法产生的。

定量研究涉及的主要方法有调查法、相关法和实验法。

调查法是研究者为了达到设想的目的，通过制订调查计划，收集研究对象的相关材料，针对所获得的材料进行分析研究得出结论的一种研究方法。如小学生足球课兴趣调查。

相关法是指使用相关系数探求变量间关系的研究方法。相关研究的主要目的是确定变量之间关系的程度与方向。变量关系的程度，有完全相关、高相关、中等相关、低相关或零相关等；而变量关系的方向有正相关和负相关等。如体育教师技能水平与学生体育课兴趣的相关研究。

实验法是指操纵一个或一个以上的变量，并且控制研究环境，借此衡量自变量与因变量间的因果关系的研究方法。实验法有两种，一种是自然实验法，另一种是实验室实验法。如 8 周的速度素质训练对中学生 100m 成绩的影响研究。

定量研究与定性研究是社会科学领域两种对立的研究范式，两者在研究目标、对象及方法上都存在着明显的区别。

首先，研究目标上，定量研究重视预测控制，而定性研究重视对意义的理解；其次，研究对象上，定量研究强调事实的客观实在性，而定性研究强调对象的主观意向性；最后，研究方法上，定量研究注重经验证实，而定性研究注重解释建构。

方法论上的不同取向，导致了在实际应用中定量研究与定性研究存在明显的差异。这主要体现在如下几个方面：

①着眼点不同。定量研究着重事物量的方面；定性研究着重事物质的方面。

②在研究中所处的层次不同。定量研究是为了更准确的定性。

③依据不同。定量研究依据的主要是调查或实验得到的现实资料数据，定性研究的依据则是大量历史事实和生活经验材料。

④手段不同。定量研究主要运用经验测量、统计分析和建立模型等方法；定性研究则主要运用逻辑推理、历史比较等方法。

⑤学科基础不同。定量研究是以概率论、社会统计学等为基础，而定性研究则以逻辑学、历史学为基础。

⑥结论表述形式不同。定量研究主要以数据、模式、图形等来表达；定性研究结论多以文字描述为主。定性研究是定量研究的基础，是它的指南。但是，只有同时运用定量研究才能在精确定量的条件下准确定性。

定量研究涉及研究的样本和总体，多依赖于数据和统计分析。定性研究很少用到数字或统计，而多依赖于文字材料和主观分析。大多数定性研究是由相信解释主义的研究者完成的。这些研究者相信，科学的探究必须集中地研究一定社会情境中的个体思考的社会现实，定性研究者常常研究单个个体或情境（每一个体或情境都是一个案例），通过对这一案例同其他已研究过的案例进行比较而得出具体结论。虽然有些人用实证主义和解释主义指代这两种研究方法，但定量研究和定性研究这两个术语更为常用。

在实践中，定性研究、定量研究常常是混杂的。各种具体的研究方法（如人类学研究、历史研究、调查研究、实验研究、个案研究等）都可以被置于从定性研究到定量研究的连续体中。这两类研究方法都让研究者得出了重要的发现。有些研究者认为，这两类方法是互补的，而使用了两类研究方法的人才可能对教学现象的性质做出最充分的描述。

如果只重视定量分析，而不重视事实例证，就会出现三个问题：第一，因缺少深层的事实，研究获得的资料不可能有深度；第二，因缺少生动的事实，研究获得的资料不可能有血有肉，引人入胜，产生一种情景感染效应；第三，因缺少扎实的事实，研究获得的资料不可能充分说明研究的真实。反之，缺乏定量分析，则让人感到缺少可靠性，缺乏说服力。所以，研究者应该在自己的研究中做到使二者相互映衬，相得益彰。

二、基础性研究与应用性研究

根据研究的目的，研究分为基础性研究与应用性研究。基础性研究也被称为纯理论研究，指为获得关于现象和可观察事实的基本原理及新知识而进行的实验性和理论性工作，它不以任何专门或特定的应用或使用为目的。在体育领域中的基础理论研究的主要任务是探索体育运动实践和科学理论中的基本规律，它担负开辟新领域、创造新理论、寻找新方法的重要任务，是体育科学自身发展的基础。如体育哲学、体育伦理学、体育方法学、体育美学的研究，人体机能活动规律、超量恢复理论、两种不同类型的肌纤维学说等研究都属于基础理论的研究。基础性研究的周期较长，难以在较短时间内见效。一旦取得突破，对科学技术的发展会产生重要的影响和深远的意义。因而基础研究具有超前性、创造性、理论性的特点。比如现代中小学体育教育的发展方向，中国的体育教学具有哪些特点，哪些是好的传统，学生对体育具有怎样的认识，体育教师的教学能力如何，什么是教师的主导性，什么是学生的主体性，等等。因此，我们要把体育教学搞好，要构建正确的体育教学理论，就必须搞好这些基础性的描述和归纳现象的研究。

应用性研究是指采用已有的基础研究成果，探索解决问题的新途径、新方法，把先进的科学理论转化为社会各个领域中的生产技术、工艺和方法的研究活动。在科学—技术—生产一体化体系中，应用研究处于承上启下的关键环节并起转化作用。在体育教学研究领域中，它着重解决体育教学实践中需要解决的问题，结果直接与教学决策相关。例如，选择性注意策略在篮球运球低手投篮教学中的实验研究，对不同教学风格的教学效果研究，对课外体育锻炼给课堂教学带来的影响的研究等，都是应用性研究。

体育教育教学的基础性研究和应用性研究都是必要的。其区别主要在于它们的目的不同，而不在于它们的复杂程度或价值的不同。基础研究是对新知识、新理论、新原理的探索，其成果不但能扩大科学理论领域，提高应用研究的基础水平，而且对于体育教育教学改革发展具有不可估量的作用。应用研究是将基础研究发现的新知识、新理论运用于特定目标的一种研究。基础研究、应用研究的对比见表1.1。

表1.1 基础研究、应用研究的对比说明

类别	基础研究	应用研究
概念定义性质	以创新探索知识为目标的研究，称为基础研究。有特定目标并运用基础研究的方法进行的基础研究，称为定向基础研究，或目标基础研究	运用基础研究成果和有关知识探索解决问题的新途径、新方法所进行的研究

续表

类别	基础研究	应用研究
典型事例说明	1. 体育课程的技能发展模式研究 2. 中小学体育课有效负荷阈的研究	1. 足球技能发展模式研究 2. 水平三小学生体育课最佳生理负担量研究
管理原则方法	1. 没有实际要求 2. 没有时间限制 3. 不急于评价 4. 关键是带头人水平 5. 多数情况，费用没有固定要求 6. 一般没有保密性	1. 有目标、计划 2. 有时间限制，有弹性 3. 适时作出评价 4. 选题和组织工作起重要作用 5. 费用较多，控制较松 6. 有一定保密性
成功率	一般 50%～60%	一般 50%～60%，有效指导实践的可能性较大
成果形式	学术论文 学术专著	学术论文、专利、原理模型

第三节 中小学体育教学研究内容

一、有关体育教学观念问题

体育教学是人的有意识、有计划、有组织的社会性活动，一切都离不开人对这项活动的价值判断、思考、取向和定位。体育教学思想、目标的研究实质上是把握体育教学方向、挖掘体育教学功能的研究，也是体育教学研究的重要方面。特别是在体育教学面临大改革和大发展时期，这类研究尤其显得重要。

有关体育教学目标的研究主要包括体育教学指导思想、教学原理与相关事物的矛盾关系及其基础理论问题等，是体育教学改革与发展中带有根本性、方向性的研究。如初中体育课价值取向研究。

二、有关体育教学主体研究

主体是教学的主导因素，它是关于人的活动，再好的体育教学离开了教师和学生便不能进行。因此关于体育教学主体的研究实质上是围绕着教师和学生的研究。师生之间的相互作用始终贯穿于体育教学的全过程，教学研究必然要受到师生之间的相互作用的影响，同时教学研究也必然要反映这种作用，因此，要组织开展合理的体育教学活动并提高其成效，就必须加强对有关教师与学生方面的研究。

根据教学过程中教与学的辩证关系研究课的结构、课堂教学不同因素的合理组合等问题，解决教师主导与学生主体的协调，使课堂教学过程顺应教学规律的问题。有关学生的研究主要包括：学生在教学过程中的地位研究、体育教学中教与学的关系、体育教学与学生身体发展的关系、体育教学与学生心理发展特点的关系、影响学生体育学习的认知因素与非认知因素的分析、集体对学生个体的影响等；有关体育教师的研究主要包括：教师教学过程中的角色研究、教师职责及职业特征研究、体育教师知识结构研究、体育教师教学能力研究、体育教学过程中教师与学生的相互作用研究、教师专业发展研究、职前教师培养、教师教育评估和教师行为、思想、情感与记忆力等方面的研究。如校园足球改革理念的体育教师专业发展研究、专项课教学的初中体育教师适应能力研究。

三、有关体育教学内容的研究

体育教学内容是由体育教学的目标决定的，所以，教学内容的设置直接影响教学目标的实现。主要是根据学校体育目标和学生实际，研究各级学校体育教材纵、横体系，教材内容的选择与安排，解决教材内容的科学性、针对性和实效性等问题。体育教学是通过运动技术学习这一载体而实现的。体育运动技术内容丰富多彩，特点和功能各异。如何选编体育教学内容，如何将选出的体育教学内容改造成学生进行学习的体育学习内容，这些研究也都非常重要。

体育教学内容的研究主要包括：体育与健康知识的研究、体育运动文化知识的研究、体育教学内容的选择依据研究、体育教学内容的编排理论研究、体育运动技术研究、现行体育课程内容合理性研究、体育教材研究、体育教学计划研究、校本课程建设研究。如目标引领的校园足球教学内容选编策略研究。

四、有关体育教学过程的研究

体育教学是体育学习与活动的特定形式，与其他的形式很不相同，另外，体育教学过程的研究也是体育教学研究的重要内容。它既是一个基本理论问题，也是组织教学活动的理论依据。很好地研究体育教学过程，对于正确理解与认识教学过程的本质、特点和规律，有效提高教学质量，实现体育教学目的有着重要的作用。

体育教学过程的研究内容主要包括：体育教学设计、体育教学过程特点、体育教学过程的基本结构、体育教学过程的基本功能、体育教学过程的基本规律、教学方法与手段、教学组织形式、体育教学管理等。如水平三学生足球教学生理负荷变化规律研究。

五、有关体育教学评价的研究

体育教学评价是依据体育教学目标和体育教学原则，对体育的“教与学”的过程及其结果所进行的价值判断和量评工作，它对整个教学过程的实现有着重要意义。体育教学评价的研究内容主要包括：评价模式、评价指标、评分体制、教师评价、学生的自我评价、多元化评价、体育教学内容、教学过程、教学管理的评价优化、教学效果评价、教学质量评价、教学考核评价、课程建设评价等等。例如小学一年级学生体育教学评价指标体系研究。

六、有关体育教学资源开发利用的研究

体育教学资源的开发利用研究主要包括：体育资源的含义和内容、优化体育资源研究、开发利用体育资源研究、新运动器材和器具研究、体育运用现代化教育工具研究、体育环境研究等。如矿泉水瓶在小学体育教学中的应用研究。

练 习

1. 查阅关于中小学体育教学研究的文献，评价其有效性与可靠性，并判断其属于定性研究还是定量研究。

2. 分别列举两项关于体育教学观念、教学主体、教学内容、教学过程、教学评价、教学资源开发利用等方面的课题名称。

第二章 研究问题的确定

第一节 研究问题的选择

正确选题是开展体育教学研究的第一步，是教学研究的关键，决定了研究的方向和水平，是体现研究者研究能力和研究水平的重要标志。

一、研究问题的意义

（一）选题决定了研究成果的意义和价值

确定课题是研究的逻辑起点。选择了课题也就确定了所要研究的问题。同时，也就规定了研究的基本内容、目标和主要研究方法，客观上也就决定了课题研究成果的意义和价值。如果研究者提出的研究课题能敏锐地抓住某领域中新产生的问题，其研究成果就会具有新意，也会具有较高的价值。一些研究者由于缺乏问题意识，不会提问题，停留在“初探”、“浅谈”水平，即使发表了不少文章，但很多文章比较肤浅，其研究结果只是一般经验的总结和归纳，研究成果的意义和价值不大。如浅谈体育游戏在中学体育教学中的运用；中学业余体育训练队工作初探。更有意义和价值的研究如我国体育师范生就业状况调查研究。

（二）选题直接关系到研究的成败

选择和确定研究课题是研究的一个重要环节，也是关键性的一步。课题选择准确与否，直接关系到研究的成败。实践证明，善于提出问题是科学研究的关键，决定研究的成功或失败。课题选择得好，可以事半功倍，较迅速地取得丰硕成果；反之，课题选择得不好，往往会使研究工作受到影响，甚至半途而废，造成人力、物力、财力和时间上的浪费。所以，课题选择是直接关系到研究成果价值的大小和研究工作成败的关键，选定一个好的研究课题具有重大意义，是教学研究的开始。

（三）选题是衡量研究者研究能力的重要标志

独立判断问题的研究价值和正确选题是衡量研究水平的一个重要标志。发现、提出和形成一个有创见性的问题，是研究工作者敏锐洞察力的体现，是研究者对问题的综合判断力以及学识的综合反映。

为了选取有价值的课题，研究者需要学习相关理论，收集和分析有关研究资料，善于对理论与实际本身、现状与社会发展需要之间的种种矛盾进行透彻分析，从而发现、提出和形成一个有意义、有创见的问题。一些长期实践中积累的丰富资料，由于理论知识的缺乏，把握不住其内在的联系，不能把问题提炼成研究课题，结果研究成果只能停留在一般经验总结阶段。所以，学会正确选题对提高研究能力具有特别重要的意义。

二、研究问题的来源

体育教师作为特殊的教学研究群体，其研究工作应主要围绕自身的体育教学实践展开，课题来源主要有以下几个方面：

（一）将体育教学实践活动中迫切需要解决的问题转化为研究课题

教师可以把那些重要的、迫切需要解决的问题转化为研究课题。例如：中小学生身体素质发展规律是怎样的？动作学习困难学生是怎样形成的？动作学习困难学生有哪些特点？教学中怎样促进动作学习困难学生的发展？怎样培养学生的终身体育观？探究法在体育教学中有哪些特点？教学内容与教学方法有着怎样的关系？怎样提高学生对体育的学习兴趣？这些问题几乎在每个体育教师教学过程中都会碰到，并一直没有得到彻底解决。对这些突出的现实问题进行分析，转化为课题进行研究，最能充分发挥体育教师自身的优势，提高体育教学研究的水平。还可以有效结合教学改革，如校园足球改革是当前改革的方向，进行及时研究则会产生意想不到的研究效果。

（二）从体育教学实践的疑难、矛盾和困境中发现研究课题

教师可以从教学实践的疑难、矛盾和困境中发现研究课题。教师在教学过程中常常会遇到各种各样的疑难、矛盾与困境，并且没有现成的解决方法可供借鉴，这种疑难或困境至少有以下几种类型：

①教师的理想与实际存在着差距。例如，教师希望在体育教学过程中突出学生的主体性，以此为基点进行新的教学设计，试图引发学生体育学习兴趣，唤起学习热情。但实施下来效果并不明显，学生的学习效果还受到了一定的影响。

②教学情境中教师与学生、学生与学生的目标之间存在着冲突。例如，教师从

"培养学生自主体育学习能力"的指导思想出发，在教学中布置比较有挑战性的课后学练任务；但是，这种做法却容易导致一部分学生难以完成，产生挫败感，最终体育兴趣大减。

③教师与领导、同事、家长对体育教学存在的不同看法。如有的教师为了提高体育教学质量，在课堂教学中不断做出新的尝试，以改变原来的"填鸭式""命令式""放羊式"教学；但是，周围同事或学生家长却不认同，认为这会影响学生学习。这些恰恰是需要证实的实际问题。

④教学中的"两难困境"。例如，顾及了单个学生的个性发展，就有可能妨碍了学生集体；关注到了学生的体育兴趣，规范性就很可能被削弱；充分发挥学生在课堂中的主体地位，教师的引导角色就可能无法实现等问题。因此，探索针对不同学生特点，进行分类分层研究以解决教学实际问题就具有重要意义。

上述的疑难、矛盾和困境都可成为教师的研究课题，教师在研究的过程中找出化解问题的方法，从而走出困境，提升教学效果。

（三）从体育教学实践场景中捕捉研究课题

教师可以从具体的教学场景中捕捉研究课题。教育现场是教育问题的源发地，是问题产生的土壤，进入教育教学现场的教师对教育教学现场所做的任何真切而深入的分析，都可能转化成有待研究的课题。教师一直生活在教育教学实际的现场，是在现场中感受教育事实，升华教育理念，提升教育智慧的。例如，一位教师遇到一名学生，很随意地问道："课外锻炼的任务完成得怎么样？"这是一个"小"得算不上"真问题"的问题，但只要学生给出回答，然后教师顺着这个问题深入下去，继续与学生交谈，也许就能发现与之关联的教学上的一些深层次问题。学生"完成得不好"的原因中可能存在着情感、动机、能力等问题，也可能是教学过程中出现了漏洞，教师完全可以就此展开研究，展现课外体育或校外体育。

教师还要学会关注自己的教育教学实践现场，善于从中发现问题、提出问题。教师要认识到，研究课题实际上大多并不是来源于理论材料的占有和分析，而是教育教学实践场景。可以这样说，真实的教育教学实践场景既是研究得以进行的主要依托，又是发现问题的重要所在。教育教学场景蕴含着大量有待研究的问题，而要在教育教学场景中发现这些问题，则需要教师具有较强的问题意识和高度的敏感性。要能够在稍纵即逝的现象中捕捉问题，甚至在貌似没有问题的地方发现问题，不放过任何可以提出问题的细节和现象。

三、研究问题选择的基本原则

（一）问题必须有价值

选定的问题不仅要对本学科研究领域具有较好的内部价值，即理论上要有新突破，实践上要对教学改革有重要的指导作用，而且，要对相关的其他领域，如心理学、教育学、哲学等有较高的外部价值。衡量选定的课题有无意义及意义大小，主要是看两个基本方面：一是所选定的研究课题是否符合教育事业发展的需要，是否有利于提高体育教学质量，促进青少年健康发展。这方面强调的是课题要具有应用价值，选题要从当前体育教学改革实际出发，针对性要强，选取有代表性的、被普遍关注、争论较大的急需解决的问题。二是所选择的研究课题是否符合体育和教育科学本身发展的需要，能否验证、修正、创新和发展体育与教育理论，建立科学的体育与教育理论体系。

（二）问题必须有现实性

问题的现实性首先表现在要有一定的事实依据，这是选题的实践基础。研究课题是从实践中产生的，具有很强的针对性；实践经验同时又为课题的形成提供了一定的依据。选题的科学性，还表现在以体育和教育科学基本原理为基础，体育和教育科学理论将对选题起到定向、规范、选择和解释的作用。没有一定的科学理论依据，选定的课题必然起点低、盲目性大，不能切合体育教学研究的现实需要。选题的实践基础和理论基础制约着选题的全过程，影响着选题的方向和水平。为了保证选题有科学的现实性，还需要对选定的课题进行充分论证。

（三）问题必须新颖，有独创性

选定的问题应是前人未曾解决或尚未完全解决的问题，通过研究应有所创新，有新意和时代感。选题要做到新颖，就要把研究课题的选择放在总结和发展过去有关学科领域的实践成果和理论思想的基础上，要通过广泛深入地查阅文献资料和调查，搞清所要研究的课题在当前国内外已达到的水平和已取得的成果，要了解是否有人已经或正在或将要研究类似的问题。如果要选择同一问题作为研究课题，这就要对已有工作进行认真审视，从理论本身的完备性、研究方法的科学性等方面进行批判性分析，在此基础上，重新确定自己研究的着眼点。体育教学研究中，“创新”或“独创”主要体现在以下几个方面：

①利用教育学和体育科学已有的理论和方法，解决本专业领域内有理论意义和实际意义的问题，进行理论分析和实验研究，得出新的结论。

②将其他学科领域中的理论或方法引入本学科，解决本学科中有实际意义的问题。

③采用新的实验方法、测试手段，获得有意义的实验结果。

④在前人研究成果的基础上，提出新的观点并对问题有所发展和补充。

⑤对国内外的科研成果应用与解决体育实践的问题加以研究。

（四）问题必须有可行性

可行性包括以下三方面的条件。一是客观条件，除必要的资料、设备、时间、经费、技术、人力、理论准备等条件外，还有科学上的可能性；二是主观条件，指研究者本人的原有知识、能力、基础、经验、专长，所掌握的有关课题的材料以及对课题的兴趣。也就是要结合自己的条件寻找结合点，选择能发挥自己优势特长的课题。有的人擅长实践操作，可以选择实验研究课题；有的人擅长理论思维，可以选择理论研究课题；三是时机问题，选题必须抓住关键性时期，什么时候提出该研究课题要看有关理论、研究工具及条件的发展状况。提出过早，问题会攻不下来；提出过晚，又会变得毫无新意。

（五）问题涉及的范围要明确具体

研究问题涉及的范围明确具体，说明研究者的思路清晰，施加因素之间的关系明确，预期结果可信度高。同时，选的问题不宜太大，要从大处着眼，小处着手，范围不要太大、层次不能太多。例如：如何提高某一专项的运动成绩；关于某一运动专项的训练；关于体育教学方法的探讨等等。这些问题涉及的层次和要素太多，做起来有一定难度。教研题目的研究对象和目标必须明确，具体地提出来而不能把问题停留在笼统不确定的状态中，并且应对问题进行一定的了解和分析。所以，选题的原则应是先个别，后一般；先局部，后全局；先分析、后综合。

总之，选定的问题界限要清楚，范围宜小，不能太笼统。在教学研究中经常出现以下选题不当的情况。一是范围太大，无从下手；二是主攻目标模糊不清；三是问题太小，范围太窄，意义不大；四是在现有的条件下课题太难，资料缺乏。我们说，正确选题并非一蹴而就，它要求研究者不仅要有科学的理论指导，还要坚持唯物主义观点，从实际出发，通过对事实材料的分析比较，发现和抓住重要问题。

四、研究问题选择的注意事项

选题的方法是灵活多样的，不同研究课题在研究的性质、方向上不同，加上研究者本身的差异，因此选题方法无一定式。但要选好题，需要注意以下几点：

①要有明确、相对稳定的研究方向。初学研究的人，一开始总是对几个研究方向同时感兴趣。如果要在某个方面真正获得成果，就必须把主要精力集中在一两个方面上。

②要善于对问题进行分解。要把一个大的问题按照内在逻辑体系分解成相互关联的许多问题，从而找到解决这个问题的步骤和相关的脉络。也就是说，将所要研究的问题展开成一定层次结构，从而在问题具体化基础上选题。正确地对问题进行分解，实际上也是预期课题将会以什么样的方式和步骤获得解决，从而为进行课题论证提供依据。善于对问题进行分解，也是着手进行科学研究的一个重要的基本功。

③要对选定的课题进行论证。课题论证是对选定的问题进行分析、预测和评价。目的在于避免选题的盲目性，进行这种课题论证，本身也是一种研究，它必须依据翔实的资料，并以齐全的参考文献和精细的分析来支持自己关于课题的主张。通过课题论证，进一步完善课题方案，创造落实的条件。课题论证主要回答以下问

题：第一，研究问题的性质和类型；第二，本课题研究的迫切性和针对性，具有的理论价值和实践意义；第三，该课题以往研究的水平和动向，包括前人及其他人有关研究的基础，研究已有的结论及争论等，进而说明该课题研究将在哪方面有所创新和突破；第四，本课题理论、事实的依据及限制、研究的可能性、研究的基本条件及能否取得实质性进展；第五，课题研究策略步骤及成果形式。

第二节　研究问题的陈述

选择好一个研究问题并不意味着它有了恰当的陈述，好的陈述对研究计划的撰写、资料的搜集与分析等具有导向性，所以，问题的陈述是研究的重要环节。从对某一问题产生研究的动机，到根据各种标准衡量选择研究问题需要一个过程，与此类似，研究问题的陈述也往往不是一开始就清楚明了的。在研究的初始阶段可以先对问题粗略陈述一下，然后通过查阅文献系统地加以限定，最后完成一个陈述。例如，像“小学生的运动能力”这样的陈述如果作为最终的陈述，无疑是太宽泛了。这类陈述几乎不含有任何问题，对研究的方向和内容也几乎没有现实的指导意义。但随着文献查阅的进展，我们可能对运动能力的概念及其指标以及小学生中影响运动能力的可能特点有了更多的了解。这时，可以进一步把问题陈述为：大课间体育活动对水平二小学生运动能力的影响研究，这就提高了研究的可操作性。研究问题的陈述应注意以下几个方面：

一、陈述应指明问题的中心议题和问题的前后背景

在研究问题的陈述中不但要包括研究的问题或内容，还要明确研究的对象、方法等研究问题的背景。例如，“合肥市城区初中大课间体育活动开展状况的调查研究”就是一个较完整的陈述。其中研究对象是初中生，研究的问题或内容是大课间体育活动开展状况，研究的方法是调查法。当然，研究问题陈述中的信息有时也可以是暗含在陈述当中的。例如，大课间体育活动对水平二小学生运动能力的影响研究，当中研究方法并没有明确说明，但从其中的影响二字，我们大致可以知道这是一个实验研究，数据的搜集应是可量化的数据并需要对其进行统计分析。

二、问题陈述形式可多元化

陈述问题可以采用叙述或描述的形式，也可采取问题的形式。很多人偏向于采取问题的形式，其实两种形式都是可行的。陈述采用问题的形式对于焦点问题的研究效果较好，尤其是当大问题中包括小问题时效果更好。一个研究问题的陈述，最重要的一点是它必须能为研究指明足够明确的焦点和方向，要精确和无可置疑。人们从题目中可以立刻了解到你所要研究的焦点是什么，你的研究方向是什么。总

之，它应有助于研究的进行。例如：想研究小学体育游戏课对身体素质的影响，研究题目的陈述为："小学体育游戏课程"，这样太宽泛的陈述其实不含任何问题。"研究A城市小学4年级体育游戏课程对4年级学生身体素质的影响"，或者采用问题的陈述："A城市小学4年级体育游戏课程对4年级学生身体素质的影响是什么?"这两个都可以算是满意的陈述。

三、陈述应善于分解问题

也就是说当一个问题涉及的范围比较大或足够复杂的时候，要将其按照内在逻辑体系分解成相互联系的许多问题，从而找到解决这个问题的步骤和相关的脉络。也就是说，将所要研究的问题展开成一定层次结构的问题脉络，从而能在问题具体化的基础上深入进行研究。如对短跑项目技术动作的研究，可以分解短跑起跑技术、途中跑技术、冲刺跑技术等问题的研究。

第三节 常量、变量和操作性定义

一、研究变量

研究变量是指一个物体、事件、事物或人等所具有的可以取两个或两个以上值的特征。明确变量的类型、变量的测量、变量之间的关系以及对变量进行控制的方法，是分析他人的研究成果和进行自己的研究设计的必要条件。通俗地说，变量就是会变化的、有差异的因素。变量是相对于常量而言的，常量指在一个研究中所有个体都具有相同的特征或条件。而变量则是指在一个研究中不同的个体具有不同的特征或条件。例如，两种不同的教学方法对八年级学生铅球成绩的影响研究。在这个研究中，年级水平是一个常量，因为每个被试都是八年级学生，年级对于每个个体来说具有相同的值，它在研究中是不变的条件，教学方法有两种，并可按多种价值标准来衡量，因此它是变量。另外，铅球成绩也是个变量，因为两种方法实施后，不同的被试在铅球成绩的测量上会有不同的分数，铅球成绩的值是不相同的。

在教育教学研究中，常量不是要研究的内容，研究要探讨的只是变量之间的相互关系。一项研究往往会涉及多个变量及其相互关系，正如体育教学方法的研究，就被试来说，身体素质、运动能力、动机、兴趣等因素在质和量上都会发生变化，都有差异，而且这些变量的相互关系交织在一起。要把它们都拿来研究是不可能的，因此研究者必须事先决定研究的主要变量，并理清变量之间的关系。

二、自变量、因变量和无关变量

自变量、因变量和无关变量是教育教学研究中最重要的、应用最广泛的变量。

（一）自变量

自变量又称刺激变量，是引起或产生变化的原因，是研究者操纵假定的原因变量。

（二）因变量

因变量又称反应变量，是自变量作用于被试后产生的效应，是研究者要测定的假定结果变量。

（三）无关变量

无关变量有时也称控制变量，是指与特定研究目标无关的非研究变量，即除了研究者操纵的自变量和需要测定的因变量之外的一切变量，是研究者不想研究，但会影响研究进程的，需要加以控制的变量。例如，进行一项体育教学方法的改革实验，自变量是新的教学方法，因变量是对体育成绩的测定，如果不对课外体育锻炼、体力活动等无关因素进行控制，我们很难测得体育成绩的进步是由于实施新的教学方法而获得的。因为体育成绩的进步有可能是课外体育锻炼的结果，也有可能是体力活动的效应。控制无关变量就是要排除这些因素对研究结果的影响，使自变量和因变量的关系"纯化"。

通常研究要探讨的是自变量和因变量的对应关系，自变量是研究者要操纵的因素，是变化的原因。因变量是研究者测定的因素，是变化的结果。自变量的变化能引起或影响因变量的变化，而因变量的变化依赖于或取决于自变量的变化。

【举例】

①两种不同教学方法对八年级学生铅球教学效果的比较研究

自变量：两种不同的教学方法

因变量：测量的八年级学生铅球成绩

无关变量：学生性别、铅球基础成绩、学生身体素质等

②不同性别儿童身体素质特点研究

自变量：儿童性别

因变量：身体素质

无关变量：家长因素、经济条件等

③运动健身干预方案促进中、小学生身心素质提升的实验研究

自变量：运动健身干预方案

因变量：中、小学生身心素质

无关变量：学生生活方式、生活环境等

自变量、因变量、无关变量三者的相互关系见图 2.1。

从图 2.1 中我们可以看到，研究目的是探讨自变量和因变量的对应关系，图中

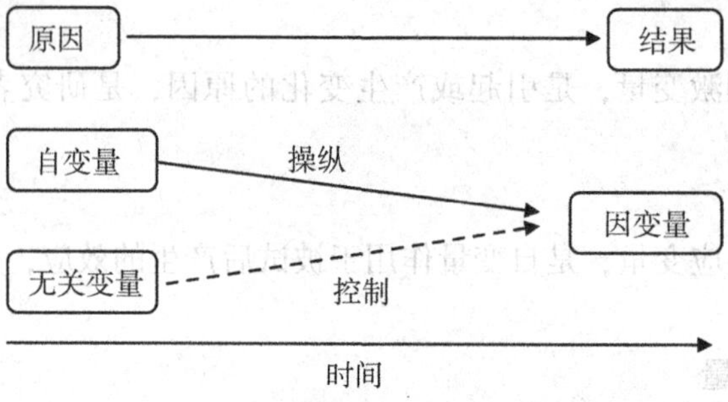

图 2.1 自变量、因变量、无关变量三者关系图

用实线表示，研究的焦点最终集中在因变量的测定上。为了达到目的，为了获得准确的测定结果，必须对无关变量进行有效的控制，尽可能排除无关变量对因变量测定的影响，图中虚线表示无关变量会影响因变量的测定结果，需要加以控制。从时间顺序上看，自变量以及无关变量总是发生在因变量测定之前。

要推断自变量和因变量是否存在因果关系。通常要同时满足三个条件：一是具有共变关系，即自变量和因变量要共同变化，自变量变化了，因变量也要随之而变化；二是具有时间顺序关系，即自变量的变化必须发生在因变量变化之前，因变量的变化取决于自变量的变化；三是对无关变量的控制，即排除无关因素对自变量和因变量对应关系的影响，使自变量和因变量的关系“凸显”。

【举例】

假设 1：小学低年级学生超过平均身体素质水平的儿童比低于平均身体素质水平的儿童更易被同学选为体育委员（一般假设）

自变量：儿童的身体素质（高于和低于平均身体素质）

因变量：被选为体育委员

无关变量：儿童的熟悉程度、教师的暗示等

假设 2：随着学生运动水平的提高，师生课堂交流的程度提高（一般假设）

自变量：不同的运动水平（高、中、低三个水平）

因变量：师生课堂交流测验量表上的得分

无关变量：师生关系、教学风格、运动特长等

假设 3：两种教学方法对铅球教学成绩没有影响（虚无假设）

自变量：两种不同的教学方法（是否引入视频法）

因变量：铅球成绩

无关变量：铅球技能练习的时间、次数，原有的技术、体能基础，身高、体重等

三、调节变量和中间变量

在决定研究变量这个环节中，确定自变量、因变量、无关变量是最基本的要求。在理解以上三种变量相互关系的基础上，我们再介绍两个变量：调节变量和中间变量。虽然这两个变量不及前三个变量那样常用，但它们对形成研究结论具有重要意义。

一般来说自变量和因变量以外的一切变量均属于无关变量。我们可以把调节变量和中间变量看作无关变量中的一部分。

（一）调节变量

调节变量指影响自变量和因变量之间的关系强度或关系方向的变量，换句话说，调节变量界定了自变量和因变量之间关系的边界条件。调节变量可以是质化形式的变量（如性别、种族、文化），也可以是量化的变量（如奖励水平）。例如研究者首先假设，健美操运动有助于提高人的身体自尊，自变量是健美操，因变量是身体自尊。接着，研究者进一步假设，这种作用在女性中比男性中表现得更为明显。这里，性别就成为调节变量，影响到健美操和身体自尊之间关系的强度。再如我们要研究学生不同篮球运球方式对运球速度的影响，把运球方式定义为曲线运球、交叉步运球、后转身运球，被试分别为4、5、6年级学生。假如三个年级的学生都能完成曲线运球，而只有6年级学生能够完成后转身运球，这就意味着年级水平调节着运球方式对运球速度的影响。年级水平就是一个调节变量。值得注意的是，如果在研究设计里设定好年级水平，并加以控制，那么可以把年级水平作为一个控制变量。但是，如果研究设计里没有设定，那么它就是混淆变量，也就是说，其存在使因变量的变化无法解释（因变量的变化是两个自变量中的哪个引起的?）。运球速度受运球方式和年级水平的影响，但是无法区分每个变量的影响程度。

（二）中间变量

中间变量又称中介变量，是介于原因和结果之间，自身隐而不显，起媒介作用的变量。中间变量是不能观测和控制的变量，它的影响只能从研究的自变量和因变量的关系中推断出来。

例如，研究兴趣与体育课成绩的关系，自变量为体育课的兴趣，因变量为体育课的测验成绩。结果是学习兴趣浓厚，体育课成绩相对要好。当我们问：为什么学习兴趣浓厚导致体育课成绩良好？原因是什么？这就是在问中间变量是什么？可能的答案是学生注意力的集中，或投入练习的时间增加，等等。理解中间变量对形成研究结论具有重要意义，因为推断中间变量可引出一般性结论。兴趣本身是不会增加体育课成绩的分数的，但兴趣可引起学生的积极锻炼，增强锻炼可以提高运动效果。认识到这一点，那么即使不采用提高兴趣的形式，只要采取各种能增强体育锻炼的手段，便可提高体育课成绩。

自变量、因变量、无关变量、调节变量都是具体的、可观测的变量。而中间变量则是假设的、潜在的概念变量，它不能直接观测，它的作用只能从自变量或调节变量对因变量所产生的作用中推导出来。像成就动机、兴趣、挫折等常被用做解释学习过程中一些变量关系的中间变量。为了更好地理解各种变量的作用，可用下图表示它们之间的关系（见图 2. 2）。

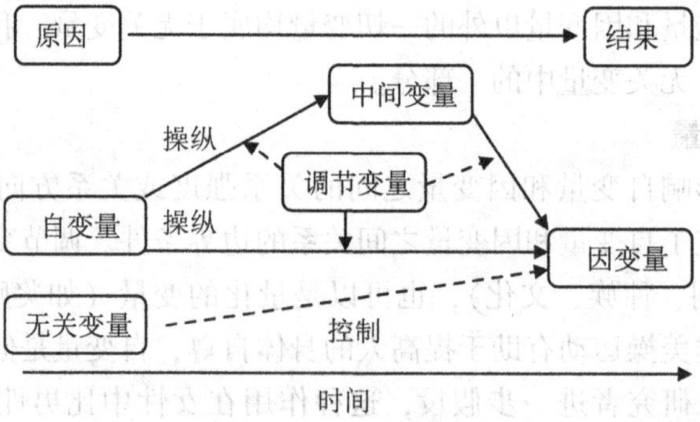

图 2. 2　变量间关系图

在图中自变量、因变量、无关变量的关系照旧，调节变量是从无关变量中分离出来的一种变量，它的作用相当于一个次要的自变量，并与自变量一起作为原因纳入研究。中间变量介于原因和结果之间，是自变量和因变量之间的可能中介，它的存在会对自变量、调节变量的影响效果具有解释说明作用。

【举例】

节选自黄赞、王新新 2015 年在《体育科学》发表的论文《体育比赛结果对纵欲消费行为的影响——身份认同感、解释水平的调节和抑郁情绪的中介》。

研究结果示意图（简化后）：

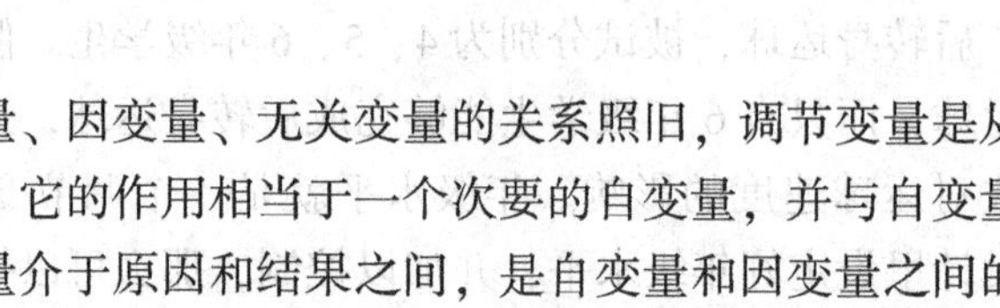

主要结论：

在体育比赛结果对纵欲消费行为的关系中，身份认同感起着显著的调节作用。具体而言，当身份认同感较高时，失利的结果显著地影响了观众的纵欲消费行为；而在身份认同感低的情况下，比赛结果对纵欲消费行为的影响作用不再显著。

在体育比赛结果与纵欲消费行为的关系中，抑郁情绪反应起着显著的中介作用。体育比赛是一种满足成就需要的间接途径。在其支持的运动队（员）失利之时，观众的成就需要没有得到满足。此时，人们可能降低对自我能力的信心，从而产生对自我的消极偏见，也就是抑郁情绪反应。

提升观众的解释水平能够有效地减少纵欲消费行为。高解释水平能够唤起个体的长期目标追求意识，增强了人们实现长期目标的动机，从而有利于自我控制能力的恢复，达到减少纵欲消费行为的目的。

该研究中的变量：

自变量：比赛结果

因变量：纵欲消费

中间变量：抑郁情绪

调节变量：身份认同感（调节比赛结果与抑郁情绪之间的关系）、解释水平（调节抑郁情绪与纵欲消费之间的关系）

四、操作定义

（一）操作定义的含义

课题中的主要变量或假设中的变量一经确定，下一步就是要给这些变量下定义，界定变量的含义。但是变量是有变化、有差异的因素，人们对它们的理解和认识往往不一致。例如，什么是运动能力，什么是身体素质，什么是高水平和低水平，等等，我们常常对它们进行描述性的定性评价。在研究中，变量或概念本身不会告诉研究者需要收集什么样的资料或怎样进行测量，缺乏规定性，这需要研究者对变量下定义，赋予变量以意义。简言之，操作性定义是关于如何或用什么方法测量变量的描述。如果我们要对身体素质下一个操作性定义，可以对被试进行力量、速度、耐力、灵敏、柔韧等方面的综合测评，也可以设计一个包括力量、速度、耐力、灵敏、柔韧等几方面能力的单一测试方案，进行单一测评。一般概念的操作定义并非只有一个，而且操作定义不同，其研究结果也可能不同。例如：对“短跑速度”下操作定义，可以是：

①30 米测试成绩；

②50 米测试成绩。

又如，“无氧代谢能力”的操作定义：

①10 秒最大负荷测试（这是对磷酸原代谢能力的测定）；

②60 秒垂直跳测试（这是对糖酵解代谢能力的测定）。

给变量下定义的途径有两个：一是下抽象定义，即从抽象的文字意义上对变量的共同本质进行概括，二是下操作定义，即从具体的行为、指标、操作程序上对变量的特征进行描述。

下抽象定义的常用方法有：

①经典的定义方法。经典的定义方法是种差加属概念，即：

	被定义者	=	种差 +	邻近的属概念
例 1	词	是	最小的	语言单位
例 2	教学	是	师生交往的	过程

②按同义词来下定义（对等式定义法）。用同义词或近义词作互相解释。如：“观察能力”就是“知觉能力”，把“有效的教学”解释为“促进学习的教学”等。又如：“合作就是与他人配合”、“侵犯性行为就是攻击性行为”。

③用概念来下定义。对变量作抽象式的、概括性的描述。如，用“自我意识”解释“自我”；把“智力”解释为“学习的能力，解决问题的能力，适应环境的能力”；“空间知觉”解释为“是对外界物体的空间特性的反映”等。

④引用词典上的定义。直接引用权威词典上相应词条对变量所作的解释。如，“运动能力”定义为“人参加运动和训练所具备的能力”。“动机”定义为“引起个体活动，维持并促使活动朝向某一目标进行的内部动力”等。又如“最大摄氧量是指在人体进行最大强度的运动，当机体出现无力继续支撑接下来的运动时，所能摄入的氧气含量”，“自我意识是指人对自身行为和心理的认识，包括自我评价、自我体验和自我控制”等。

抽象定义是对变量基本性质进行概括、描述，以便与其他变量相区别，尽管抽象定义能提供某些信息，但不能把概念与可观测的客观世界联系起来。因为，人们借助抽象的定义还很难找到研究的具体测量方法，获取有价值的反映抽象定义内容的具体指标。例如，“挫折感”的抽象定义为“当达到目标的过程中遇到障碍时所产生的情绪感觉或反应”。根据这一定义很难从科研中找到相应的测试内容，因为它不具体。当研究人员把它规定为在某一具体情景中，如幼儿在玩一个十分喜爱的玩具过程中，突然告诉他不能玩了，此时幼儿的反应就是挫折感的反应。又如，大家都知道幼儿与成人一样，也具有创造能力，但创造能力的具体指标是什么？如何去测定？大家的意见可能会很不一致。“运动能力”定义为“人参加运动和训练所具备的能力”。但是，什么样的“运动和训练”，“能力”有哪些指标等，如果这些问题不解决，运动能力是无法具体测量和操作的。因此，我们还必须对变量下操作定义。

操作定义是从具体的行为、特征、指标上对变量的操作进行描述，是将概念和事实联系起来的桥梁。它用具体的、可操作的方法或程序来界定变量，使变量成为可观察、可测量、可检验的项目。从本质上说，下操作定义就是描述怎样或用什么办法测量变量。

下操作定义的目的是客观准确地测量变量，为他人重复验证提供具体的做法，便于别人理解和同行之间的学术交流。在实证性研究中，操作定义尤为重要，它是研究是否有价值的重要前提。

(二) 下操作定义的方法

1. 条件描述法

条件描述法通常是通过陈述测量操作程序来界定一个概念，或是对所解释对象的特征或可能产生的现象进行描述，对达到某一结果的特定条件做出规定，指出用什么样的操作去引出什么样的状态，即规定某种条件、观察产生的结果。这种方法常用于给自变量下操作定义。例如，运动性疲劳对运动员动作反应的影响。其中要求运动员处于运动性疲劳状态，那么怎样才算运动性疲劳呢？假设用条件描述法给“运动性疲劳”下操作定义：5000 米跑动 15 分钟的结果。这样，大家都能对运动员的运动性疲劳状态进行实际操作。

【举例】

①相关关系——当一个或几个相互联系的变量取一定的数值时，与之相对应的另一变量的值虽然不确定，但它仍按某种规律在一定范围内变化。

②意志力——在某《意志力自评量表》（WSCE）上的测量分数。

③自信心——学生对即将来临的期终考试可能获得分数的估计值。

2. 指标描述法

指标描述法通常是通过陈述测量操作标准来界定一个概念，是指对所解释对象的测量手段、测量指标、判断标准做出规定。通常这些指标能作量化处理，常用于给因变量下操作定义，例如，要对中学生的运动能力进行研究，仅把“运动能力”定义为“人参加运动和训练所具备的能力”是不够的，因为这样的定义还没有把变量转化到可观测、可度量、可操作的程度。研究者可把“运动能力”分成不同的运动水平，如—级水平，能够在 1.5 分钟内顺利完成 400 米障碍跑；二级水平，能够在 2 分钟内顺利完成 400 米障碍跑；三级水平，能够在 3 分钟内顺利完成 400 米障碍跑。有了以上指标描述性的操作定义，大家就能依据这个指标体系或判断标准对中学生的运动能力进行研究。再如：篮球运球速度——有球队员移动中，用单手连续拍按或双手交替拍按由地面反弹起来的球的快慢。具体指标为全场直线往返运球时间10秒以下为优秀，12秒为一般，15秒以上为差。

一般这种方法可以用于描述因变量，因为这样可以获得较具体的数据资料。例如："运动能力"的操作定义为："在身体综合素质测评中的分数。"又如：短跑速度的操作定义指："30米极速跑的时间"等。这种通过测试、观察、评价等方式获得变量具体特征的数据资料的方法就是指标描述法。

3. 行为描述法

行为描述法通常是通过陈述测量操作结果来界定一个概念，是对所解释对象的动作特征进行描述，对可观测的行为结果进行描述。这种操作定义通常用于解释客体的行为，常用于给因变量下操作定义。例如，前例提到的"疲劳"这个变量，研究者也可用行为描述法定义。"疲劳"指大鼠按一定速度跑动至力竭，这样的行为表明大鼠处于运动性疲劳状态，达不到"力竭"这个行为指标的则不属于运动性疲劳状态。在研究课题中，变量有时会涉及具体的行为。如"合作"、"交往"、"依赖"、"礼貌"、"谦让"等，要将这些行为通过具体的数据反映出来可能会有一定难度，可以通过对行为特征进行描述的方法，使行为更加具体化。例如，谦让行为在分配糖果时可以分成三种水平："主动谦让"指没有任何人提醒或暗示，都能将高级糖果让给别人；"被动谦让"指在他人的提醒或暗示下，才肯将高级糖果让给别人；"不谦让"指经他人再三提醒，都不肯把高级糖果让给别人，一定要自己享用。

【举例】

①旁观——注视别人的活动达2~3分钟以上，自己未参与。

②合作——对别人的活动给予支持，并直接参与活动，成为其中一员。

③学习兴趣——指学生投入某门学科有效学习时间的总量，以及上课时的行为表现（注意力的集中程度、举手发言次数等）。

（三）下操作定义的注意事项

操作定义就是规定变量（概念）的操作程序，使变量的特征和操作条件具体化，使抽象的、笼统的概念成为可观察、可测量、可检验的项目。给变量下操作定义要注意以下几点：

①通常对重要的研究变量，如假设中涉及的变量，研究中起关键作用的新概念、新名词要下操作定义。例如，要研究中学生的创造能力，"创造能力"就是这项研究中的重要变量，不对这个变量下操作定义，研究是难以进行的。因为创造能力本身不会告诉人们如何去测量，用什么去测量。

②应根据研究目的、内容以及变量的性质来选择下操作定义的方法。如因变量通常涉及研究结果的测定。因此，采用指标描述法或行为描述法更好。一个变量可以从不同角度、不同水平上下不同程度的操作定义，但在一项研究中，只能认定其中之一贯穿始终，以保证研究结果的可靠性。

③操作定义的设计要具体、明确。具体，指别人能理解操作内容和过程并能重复研究，要使被解释的事物成为可以看得到、摸得着、可以测量计数的项目。所谓明确是指制定操作定义要满足研究需要，要与抽象性定义吻合，能代表抽象性定义的实际含义。

④操作定义在使用过程中应该是独特的，它是研究者为其研究需要而规定的特殊解释，并非对变量的全面的、唯一的解释，例如，中学生意志力定义为在《意志力自评量表》（WSCE）上的测量分数。事实上中学生的意志力水平远非仅仅指在某一意志力测验量表上所得的分数，但在下操作定义时，研究者就是把测验所得的分数看作中学生意志力水平的代表，看作中学生意志力的指标。研究者不想也不可能把意志力的所有因素都拿来进行研究。因此在这一点上，操作定义是独特的。这种情境与抽样中的总体和样本的关系类似。抽象定义相当于变量的总体，而操作定义则是总体中的部分个体，这部分个体就是作为总体的样本，代表总体。抽象定义与操作定义的关系见图 2. 3。

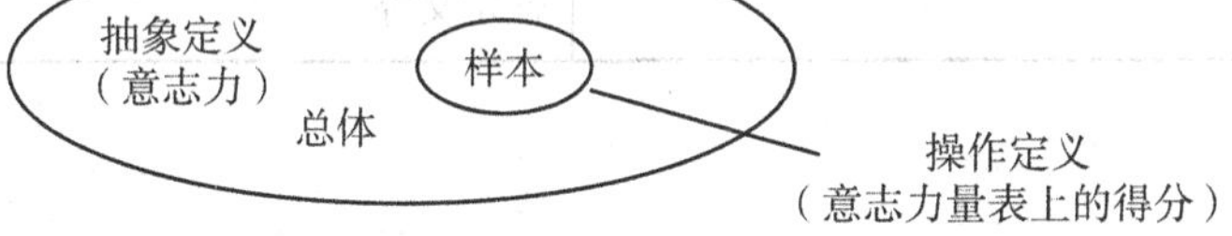

图 2. 3　抽象性定义与操作定义的关系图

（四）操作定义的特征

一个好的操作定义大致有以下特征：

①操作定义应该是可观测的、可重复的、可直接操作的；

②操作定义最好能把变量转化成数字化形式，凡是能计数或计算的内容都是可直接观测的；

③操作定义的指标成分应分解到能直接观测为止；

④操作定义所提示的测量或操作必须可行；

⑤用多种方法形成操作定义，既可以从操作入手，也可以从测量入手。

一个操作定义如果能满足以上这些条件，那这个操作定义就是一个比较好的操作定义。下操作定义实际上是一个将抽象的概念具体化的过程。在实际工作中，我们往往只需对变量或概念追问一个“什么”的问题，便可判断这个变量或概念的可操作性。例如，在幼儿园生活中经常会要求儿童热爱祖国、学会尊重别人、与他人合作、友好相处、讲文明礼貌、能独立学习、举止得当等。当我们在这些概念前加上一个什么是……即什么是独立学习，什么是热爱祖国，什么是举止得当等，这时我们会发现这些内容本身很难客观地观测，很难操作，它需要做进一步的了解，需要具体化。相反，有些概念的描述则比较容易理解和观测，如：能行进间投篮、能用头颠球、独立穿衣、脱衣、会使用电话、会刷牙、会用筷子、能从 1 数到 20 等。

通常判断一个操作定义是否具有较好的操作性，可将这个操作定义向第三者（最好在这个方面是外行）描述。如果他表示理解了，并知道该怎么做，那么这个操作定义往往是个操作性比较好的定义。操作定义和抽象定义的比较见表 2.1。

表 2.1　操作定义和抽象定义的比较

	操作定义	抽象定义
目标	具体：描述变量的具体行为、特征和指标	抽象：描述出变量的本质特征
作用	实用：可以借助它在研究中设计好内容	介绍概貌，便于读者了解有关变量
方法	条件描述、行为描述、指标描述法等	经典定义、对等式定义、抽象定义、解释性定义等

第四节　研究假设

一、假设的含义

体育教育教学研究的任务在于探索教育教学中的未知，逐步形成理论。假设则是理论建构和发展的重要基础，也是体育教育教学研究过程中的重要环节。在确定课题后，应根据研究的性质决定是否需要假设。通常定量研究、探究性研究要求明确提出假设，而定性研究、描述性研究则不一定要预先提出假设，其假设往往隐含在研究过程之中或在研究过程中形成。在教育教学研究中，预先提出假设的研究称有框架研究，没有明确提出假设的研究称无框架研究。

假设又称假说，是研究者根据已有的知识、经验对所研究的问题预先赋予的某种答案，是对研究结果的预测，是对课题涉及的主要变量之间相互关系的设想。假设在日常处理问题过程中是大量存在的。例如，教室里有一盏灯不亮，我们会去试一下开关。这意味着我们假设灯不亮的原因是开关没开，如果试一下开关，灯亮了，这就证实了原先的假设，问题得到解决。如果灯仍不亮，我们会继续假设：是启动器的毛病，是灯泡坏了，是线路的问题等，然后针对假设进行验证。

体育教学研究与上例处理问题过程相似，通常研究要探讨的是两个变量之间的关系，在尚未获得结果之前，研究者事先提出一种暂时性的、推测性的答案这就是假设。例如，我们要研究下肢爆发力与跳远成绩的关系，在未得到事实结果前，我们可以假设：下肢爆发力与跳远成绩正相关，即下肢爆发力越大，跳远成绩相对较好，下肢爆发力越小，跳远成绩相对较差。

假设通常由论题、关系陈述、推论三个要素组成。论题就是研究所要回答和解释的问题，如下肢爆发力与跳远成绩关系的问题；关系陈述是关于问题可能的答案和解释，如将下肢爆发力与跳远成绩的关系定格为正相关；推论是这种假定性答案的理论依据，即下肢爆发力与跳远成绩的正相关可以根据研究者的经验、常识产生，也可以由逻辑推断产生，或者通过数据统计产生。

假设的基本特点有两种：一是科学性，假设不是凭空造出来的，而是建立在一定理论或事实的基础之上的，经逻辑推断或经验归纳而提出的，并且假设应该是可以被检验的；二是假定性，假设所陈述的关系和基本预言尚待证实，假设毕竟不是事实，是猜测。任何假设都含有一定的合理性和不确定性，二者是辩证的统一。

> 例如：研究者要探讨幼儿完成视觉空间作业的成绩与实验刺激物大小的关系，根据日常观察的事实，提出在实验中呈现给幼儿较大的刺激物比较小的刺激物幼儿的成绩会更好的假设。
>
> 又如：《趣味游戏对4~5岁幼儿自控能力影响的实验研究》，针对选题，可以提问：有哪些理论依据，假设是什么？
>
> 理论：游戏是幼儿的主导活动，幼儿阶段活动具有情绪性，趣味游戏就是幼儿所特别喜爱的活动；游戏本身具有一定的规则性，幼儿通过游戏会逐渐养成遵守一定规则的行为习惯；4~5岁是幼儿自控能力发展的关键期。
>
> 因此，最终提出假设：趣味游戏能够促进4~5岁幼儿自控能力发展。

二、假设的作用

假设是有根据的猜测，严格的研究一般都事先提出假设，假设是建立在一定理论或事实基础上的，经过逻辑推断或经验归纳而提出的假定性解释。假设的作用概括起来有以下几点：

①假设是研究的核心。在有假设的研究中，整个研究过程实际上就是围绕着验证假设展开的。当然验证的结果并非总是假设被证实，也有被证伪的可能性，但是

不管最终结果如何，假设就如大海中的航标，为研究指明方向，使研究不偏离航向。

②假设能更明确地说明和规定课题。有假设的研究，内容更具体，方向更明确，目标更集中，既便于研究者把握研究的主攻方向，集中火力，又易于别人理解课题内容。

③假设是通向理论的桥梁。从假设到理论是科学认识发展的必经之路。提出假设并不是认识的终结，而是为过渡到理论做准备。一般来说，假设具有理论的某些特征，是有关现象的概括。当假设被证实或被证伪，这个假设就可能上升为理论。

假设的最终结局有两种，一是假设被证实，这是通常认为的理想结局；二是假设被证伪，事实上这也是一种理想的结局；因为假设被证伪、被否定，这并不意味着研究本身的失败。否认本身就是科学研究中认识发展的一种形式，也是研究成果的一部分。何况有些假设（如虚无假设）的提出，其目的就是被否定，被拒绝。假设的证实或证伪不取决于人们的主观判断，而只能是事实检验的结果，事实是检验假设的根本标准。

三、假设的类型

从不同的角度可对假设作不同的分类。按假设中变量关系变化的方向可分为三类：

①条件式。假设两个变量有条件关系。即如果 A 成立，则 B 也成立。这是假设的典型模式，例如，如果教师教学方法不当，则可能对学生造成心理、学习和行为等方面的影响。

②差异式。假设两个交量间存在差异关系。如，可假设 $A=B$，可假设 $A\neq B$，可假设 $A>B$，也可假设 $A<B$。例如，如果教师教学措施不同，学生的练习态度会有差异。

③函数式。假设两个变量之间存在因果共变关系。如果 X 表示原因，Y 表示结果，那么函数公式就是 $Y=f(X)$，即表示“Y 随 X 的变化而变化”的函数关系。例如，随着学生年龄的增长，其体育活动的自控能力会得到发展。

在体育教学研究实际操作过程中，通常按假设的性质来分类，可分三类：

①特定假设。特定假设是推测特定对象之间关系的假设，指向个别的、具体的、特定的事例。例如，运动能力上，男孩 A 比男孩 B 运动能力强。

②一般假设。一般假设是推测一般种类之间关系的假设，指向普遍的、抽象的、可推广的事例。例如，体育学习能力上，男孩比女孩的能力强。

③虚无假设。虚无假设是推测某种不存在的、无倾向关系的假设，指向中性的、无差异的、无区别的事例。例如，在运动能力上，男孩与女孩无差异。

【举例】

我们要对小学生的体育学习行为进行研究。对某小学甲班学生进行两天的观察，发现男孩好动，于是我们做了个特定假设，“甲班学生中，男孩的体育学习积极性比女孩高”。在这里研究对象是特定的，只指甲班学生，并非针对其他班的孩子。我们也可作个一般假设，“男孩的体育学习积极性比女孩高”。在这里男孩和女孩是指一般种类，即研究结果可推广到其他的男孩和女孩中去，研究结果具有普遍意义，我们还可以作个虚无假设。“男孩的体育学习积极性和女孩的体育学习积极性一样高。”在这里设想的男女学生的体育学习积极性是无差异的、无区别的。至于实际上是否有差异，则由事实数据来检验。

特定假设和一般假设在表述上具有倾向性，是定向假设（方向性假设），它示意结果的预期方向，定向假设易于理解和讨论。虚无假设是非定向假设，与统计学中的零假设类似。只要拒绝虚无假设，也就认可了某种定向假设了。例如，当“男孩的体育学习积极性和女孩的体育学习积极性一样高”这个虚无假设被拒绝时，我们便可以从男女儿童侵犯性行为的平均次数上判定其方向性。虚无假设的提出，本意是想通过事实的检验来否定自己，否定了虚无假设，结果的方向性便可明确地显现出来。虚无假设虽然要比特定假设和一般假设难以理解，但是为了避免研究过程中主观偏向的先入为主，为了便于统一检验和解释目的，很多研究者更愿意用虚无假设。

四、假设的特征

（一）设想两个或两个以上变量之间的期望关系

一般一个假设只能涉及两个变量，如果涉及多个变量之间的关系，则可将变量一一对应地组合成几组假设。如要研究中学生的运动技能与教师运动技能和教学经验的相互关系，这里涉及三个变量：中学生的运动技能、教师运动技能、教师教学经验。我们不要将假设表述为，“中学生的运动技能与教师运动技能和教学经验正相关”。因为教师的两个变量混在一起，研究难以验证中学生的运动技能是教师的运动技能起决定作用，还是教师的教学经验起决定作用。我们可将三者关系分为两组假设分别进行验证：

①中学生的运动技能与教师的运动技能正相关。

②中学生的运动技能与教师的教学经验正相关。

（二）用陈述句形式简洁明确地描述

用陈述句形式是指不要用问句形式，因为假设是研究者对研究问题预先赋予的答案，而不是把问题转问他人。像“中学生的运动技能与教师的运动技能有没有关系”这种假设是没有意义的，因为研究者没有对这个问题的结果做出推测，这个问题原该研究者回答的，而不是研究者去问别人的。

如果无法用绝对肯定或绝对否定的形式来描述假设时，可用虚无假设，也可用条件肯定或条件否定的方式描述，如：

①对于男生，中学生的运动技能与教师的运动技能正相关。

②对于女生，中学生的运动技能与教师的教学经验无关。

另外，假设的表述应尽可能简洁明了。假设要直截了当，不要隐含在文字描述之中，一般一个假设用一句话来表述。假设中尽可能少用或不用含义模糊的形容词。

（三）假设应当是可检验的

无法被检验的假设只能算是猜测，一般不能作为研究假设，因为无法检验其有效性。假设可检验条件：假设中的主要变量可以通过数量化，或以可操作的形式来重新表示。如，中学生的运动技能可表述为在某一标准化测量上的得分；教师的运动技能可根据运动等级划分等；教师的教学经验可按教学年限的长短划分为1~5年、5~10年、10~15年、15~20年、20~25年、25~30年等。当假设中的变量具体化到这种程度，这个假设便具有了被检验的可能性。

五、好假设的标准

（一）科学性

假设应有一定的事实和理论依据，应合乎逻辑，理由充分，易于定量。

（二）预测性

假设应具有预测性，假设的正确与否有待于事实的检验，它对因果关系的解释是不确定的、或然的，即两个变量的关系非真则假，非此即彼，要么接受，要么拒绝，不存在中间道路。

（三）新颖性

假设是对变量之间关系的大胆设想，具有创新意义。

（四）可行性

假设涉及的概念、变量应是可以操纵、测量的，具有被证实或被证伪的可能性。

（五）简明性

假设在表述上应简要明晰，易于理解。

在提出假设的过程中应注意，既要从事实出发，又要敢于超越事实；既要遵循原有理论，又不能被其束缚；既不要轻易放弃假设，又要勇于接受现实；假设有可能被验证，也有可能被推翻。即使假设全部被否定，也并不意味着研究的失败，证实和证伪本身就是研究成果的两种不同的表现形式。对于研究来说，两者具有同等的价值。胡适有一句名言："大胆假设，小心求证。"这对我们进行体育教学研究具有借鉴意义。

第五节　抽　样

一、抽样的基本原理

抽样就是从一个总体中抽取部分具有代表性的个体作为样本，然后用这一样本的结果去推断总体。在这里，总体指研究对象的全体，样本是指从总体中抽取的部分个体。

例如做汤，为了知道汤的咸淡，没有必要等到一锅汤喝完后再对汤的味道下结论，只需舀一勺汤品尝一下，然后根据尝的味道推断这锅汤的味道。在这里，一锅汤就是研究的总体，而这一勺汤则是从总体中选取得到的样本。又如，我们要了解合肥市 8 年级学生的体质状况。由于全市 8 年级学生数量巨大，不可能给每个学生都测量一下，研究只能在合肥市 8 年级学生总体中抽取部分个体对他们进行体质测验，然后从得出的研究结果推断全市 8 年级学生的体质。假设合肥市 8 年级学生总体为 100000 人，从中随机抽取样本 1000 人，并对这 1000 人进行体质测试，获得结果为平均体质 85 分。然后根据测试结果推断合肥市小学三年级学生平均体质为 85 分左右。抽样的基本原理见图 2.4。

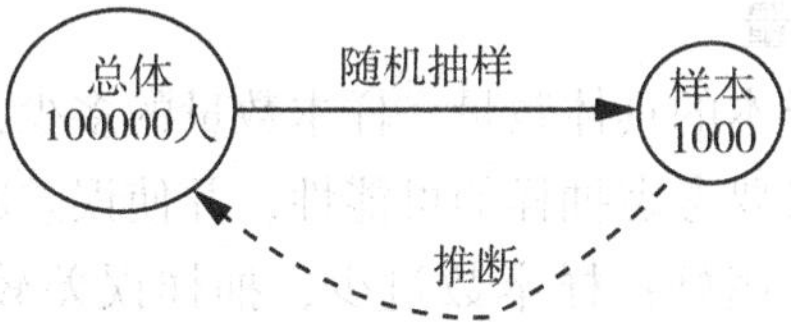

图 2.4　抽样基本原理关系图

抽样是以概率论为理论基础。抽样的作用是为了合理地减少研究对象，既可以节约人力、物力、时间，又可使研究力量相对集中，使研究工作深入、细致，从而提高研究的准确性和可靠性。

一般来说，定性研究中抽取的样本很小，样本有时仅仅是一个案例或一个个体，研究目的是对所研究对象进行更深入的了解。定量研究的样本数较大，样本可以是一群个体，并要考虑样本能否准确代表总体，能否对总体做出推断。

二、抽样的基本要求

（一）确定研究总体范围

抽样，首先要明确抽样的总体范围，通常研究课题和研究目的决定了总体的范围。如，“合肥市8年级学生体质状况研究”，这个课题的总体就是合肥市8年级学生，不包括外省市的8年级学生，也不包括合肥市其他年级的学生。如果总体范围不很清楚，在抽样前应对总体做出明确规定。否则，会对抽取样本和结果推断造成麻烦。需要注意的是，研究者打算将来把结果推广到哪一范围，就应该在那个范围（总体）内抽样。

（二）抽样的随机化

随机化是指总体中的每个个体被选入样本的概率不为零。换句话说，总体中的每个个体入选的机会均等。抽签、摇奖就是根据抽样的随机化原理设计的。抽样必须是随机的，这样可避免研究者的主观倾向或人为因素造成的偏差。

（三）样本的代表性

样本的代表性指样本应具备总体的性质或特征，样本能在较大程度上代表总体。样本的代表性会影响研究结论的可靠性，影响研究结论的推断程度。对样本代表性的最大威胁是抽样偏差，常为人引用的例子是1936年美国《文摘》杂志上的一项有关总统大选的民意调查，调查结果预测兰登将在总统选举中获胜，罗斯福落选。但事实正好相反，选举结果是罗斯福当选总统。虽然民意调查是随机抽样的，而且样本数也不少，但调查者的样本主要是从电话号簿和汽车登记册中抽取的。1936年有电话和汽车的人仅代表了美国选民中的某个特定阶层，对于选民总体来说不具有代表性。这次民意调查的失败在于抽样偏差，样本没有代表性，抽取的样本在质上与总体特征不吻合。

（四）合理的样本容量

样本容量是指抽取样本的具体数量。样本数量的多少，既要符合研究目的、内容，满足统计的要求，又要考虑抽样的可能性，并使误差减少到最低限度。一般来说，样本数越多，代表性越好；样本数过少，抽样误差较大，代表性也较差。但是，仅仅依赖增大样本数并不是保证充分代表性的必要条件。如果，抽样的程度发生偏差，遗漏了总体的某些部分，增加样本就意味着偏差更大。另外，样本数过多，会造成不必要的浪费。

样本数量多少为宜，这是一个复杂的问题。一般来说，样本大小取决于以下一些因素：

①研究的类型、范围；②统计分析的精确程度；③允许误差的大小；④总体的同质性程度；⑤抽样的方法；⑥研究成本，包括时间、精力、财力；⑦分析类别的多少；⑧对无关变量的控制程度。

如果研究是定量研究，研究范围广，要求的精确度高，允许的误差值小，总体的变异性大，变量的相关程度低，条件控制不严，测定指标信度低，因果关系复杂，分析的类别多，那么样本数量可多些。反之，则可少些。

根据经验，在教育教学研究的调查研究中，样本数量最好不要少于100；相关研究中，样本数量最好不要少于 50；实验研究中，样本数量最好不要少于 30。当然以上给出的数字仅仅供参考。在研究中具体样本数为多少，还需根据实际情况作出决定。

另外，推算样本数可用公式计算出总体数量与样本数量的参照数据，见表 2. 2。

表 2. 2 有限总体数量与样本数量关系表

总体数（N）	10	20	50	100	200	500	1000	2000	5000	10000	50000	100000
样本数（n）	10	19	44	80	133	217	278	322	357	370	382	384

注：可信度为 95%，允许误差为 5%。

从总体与样本数量的关系表中可以看出，样本数并不是随总体数量的增加而同步增加的，而是随着总体数量不断增加，样本数的增长逐步减缓。如，总体数为 1000，抽取 278 个被试便可满足可信度 95%，允许误差不超过 5% 的抽样要求。如果总体为 10000，满意样本数为 370；总体为 100000，满意样本数为 384。由此可见，当总体达到 10000 以上，接近于无限总体时，样本数的增长很少，在曲线图上几乎就是平走（见图 2. 5）。

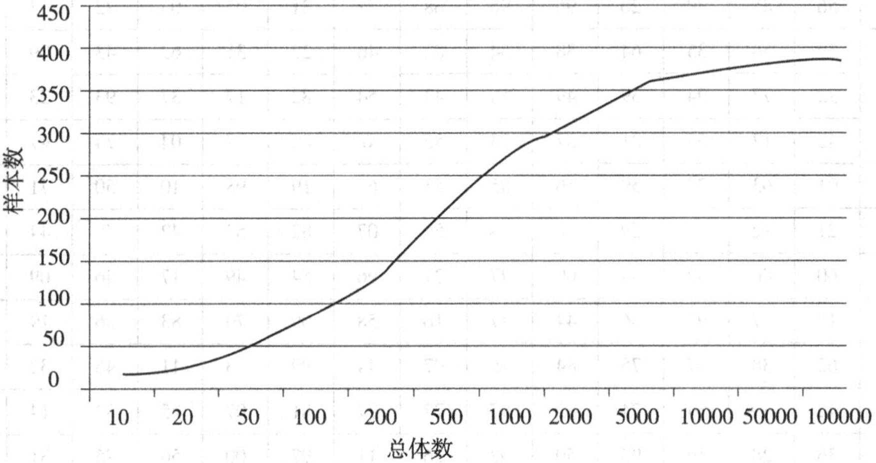

图 2. 5 有限总体数量与样本数量关系曲线图

三、抽样的基本方法

抽样的方法多种多样，主要分为两大类：概率抽样和非概率抽样。

（一）概率抽样

概率抽样就是每个研究对象被抽取的概率是已知的，抽样方式是随机的。概率抽样常用于定量研究或大规模的正式研究中。具体的抽样方法有：

①简单随机抽样。简单随机抽样是随机抽样方法中最基本的，运用最广泛的，简便易行的抽样方法，是其他抽样方法的基础。简单随机抽样总体中的每一个体都有被抽到的同等机会，主要适用于小总体的情况。但是当总体规模相当大，简单随机抽样实施难度就会变大。可通过抽签、随机数字或摇号机摇号来实现抽样，具体方式如下：

抽签：先将总体的每一个体编上号码，每个号码做一个签，将全部的签充分混合后，随机从中抽取，被抽到签号的相应个体就进入样本，直到取够所需样本数目为止。

随机数字表：随机数字表是由许多随机组合排列的数字组成的表（见表 2.3），用它可以进行简单随机抽样。

表 2.3　随机数字表（部分）

03	47	43	73	86	36	96	47	36	61	46	99	69	81	62
97	74	24	67	62	42	81	14	57	20	42	53	32	37	32
16	76	02	27	66	56	50	26	71	07	32	90	79	78	53
12	56	85	99	26	96	96	68	27	31	05	03	72	93	15
55	59	56	35	64	38	54	82	46	22	31	62	43	09	90
16	22	77	94	39	49	54	43	54	82	17	37	93	23	78
84	42	17	53	31	57	24	55	6	88	77	04	74	47	67
63	01	63	78	59	16	95	55	67	19	98	10	50	71	75
33	21	12	34	29	78	64	56	07	82	52	42	7	44	28
57	60	86	32	44	09	47	27	96	54	49	17	46	09	62
18	18	07	92	46	44	17	16	58	09	79	83	86	19	62
26	62	38	97	75	84	16	07	44	99	83	11	46	32	24
23	42	40	54	74	82	97	77	77	81	07	45	32	14	08
62	36	28	19	95	50	92	26	11	97	00	56	76	31	38
37	85	94	35	12	83	39	50	8	30	42	34	7	96	88
70	29	17	12	13	40	33	20	38	26	13	89	51	03	74
56	62	18	37	35	96	83	50	87	75	97	12	25	93	47
99	49	57	22	77	88	42	95	45	72	16	64	36	16	00

例如，要从总体800人中抽取100人的样本，首先把800人按1~800的编号排列，然后从随机数字表的任何一行、任何一列的任何数字开始，按任意方向依次取3个数，由于总体为800，是3位数，直至取足100个3位数为止。其中如果某号大于800或已被抽取过再次出现，则跳过不算。例如从随机数字表某行某列开始向右取3位数，167，602，276，656，502……直到抽足100个号为止。这100个号码的被试就组成了研究所要的简单随机样本。

另外，功能较全的计算器、Excel软件都编有随机数字程序，可利用计算器的这一功能进行随机抽样。

②系统随机抽样。系统随机抽样又称等距抽样或机械抽样，是把总体中的所有个体按某种顺序排列编号，然后依据固定的间隔抽取样本（间隔的大小视总体与样本数量的比率而定）。换句话说，当样本的第一个个体被随机选定后，其他的个体就可按一定的规律抽出。

例如，要研究小学生的身体发育情况，要从某小学120人中抽取30人为研究对象。首先将全体学生按身高顺序排列编号，1~120，然后求出抽样的固定间隔为120÷30=4，即4个号为一组，共30个组，再随机决定每组中第几号为抽取对象，假定每组中第3个号为抽取对象，那么编号3，7，11，15，19，23……119这30个号就组成系统随机抽样的样本。

系统随机抽样使样本分配均衡，更具代表性，抽样误差较简单随机抽样小，操作也较简单，实际运用较广。

③分层随机抽样。分层随机抽样又称分类抽样或配额抽样，是将总体按某一属性或特征分成若干层次或类别（子总体），然后以各层或各类在总体中所占比重，按比例随机抽取样本。

例如，对某校800个学生的体育学习态度进行调查，拟抽取2/10的学生（160人）作为样本。首先按文化课成绩评定标准将学生分成优、良、中、差4层，优（160人），良（320人），中（240人），差（80人）。然后用简单随机抽样在4层中按比例分别抽取样本，从优等中抽取160×2/10=32人；从良等中抽取320×2/10=64人；从中等中抽取240×2/10=48人；从差等中抽取80×2/10=16人。这160人组成了分层随机抽样的样本。

分层随机抽样确保每层子总体都被包容在抽样范围内，避免了某一子总体出现“超载”现象或出现意外样本。由于样本中各层数量构成与总体中的数量构成比例相当，从而能保证样本的代表性。在总体构成比较复杂，总体数量较大，各层次标志明显的情况下，宜采用分层随机抽样。

【例题】

某单位有老年人28人，中年人54人，青年人81人，为了调查他们的体育锻炼状况，需从中抽取一个容量为36的样本，适合抽取样本的方法是(　　)。

A. 简单随机抽样　　　　B. 系统抽样

C. 分层抽样　　　　　　D. 先从老年人中排除一人，然后分层抽样

分析：相对身体状况来说，总体是由个体差异明显的三个部分组成的，故可排除A，B，因为人数比为28∶54∶81，且36不能整除（28+54+81），而在D中，人数比为27∶54∶81＝1∶2∶3且（27+54+81）能被36整除，所以选D。

④整群随机抽样。整群随机抽样是将总体按照某种标准划分为一些子群体，每个子群体作为一个抽样单位，用随机的方法从总体中抽取若干子群，将抽中的子群中的所有单位合起来作为总体的样本。整群随机抽样与其他抽样方式的区别在于，它的样本单位是群体，不是个体。例如，在全市中学中随机抽取20所初中学校进行一项新的教学方法的实验研究。

采用整群随机抽样比较方便，切实可行。这种抽样不会因研究而打乱原有的班级，能兼顾到常规的教学秩序、师生配合等问题。另外，群体可作为分析的单位，对统计分析具有意义。但是整群随机抽样所获样本分布不均匀，群体间可能会存在差异，在一定程度上会影响样本的代表性，因此，在选择研究群体时需要慎重考虑。

（二）非概率抽样

非概率抽样是指每个研究对象被抽取的概率是未知的，抽样方式不是随机的，样本是按研究目的而选择的。非概率抽样常用于定性研究或小范围的非正式研究。具体的抽样方法有：

①目的抽样。当研究情境不能运用随机抽样时，为达到研究目的而选择样本称为目的抽样。目的抽样与随机抽样的区别在于它们抽取样本的方式不同，它们运用的逻辑基础不同。随机抽样的逻辑基础是所选择的样本要有代表性，而目的抽样的逻辑基础是想掌握和了解样本的实际情况。目的抽样并不是随意的，样本的选择是以事先确定的目的、准则为依据的。

例如，有位研究者想进行一项中学体育课程改革的实验研究，由于人力、物力等条件的限制，无法以随机抽样的方式获取被试，他只能按目的选择所在中学的一个班进行实验。虽然这样的研究结果不一定能推广到总体，但获取样本方便。

②完全抽样。完全抽样是样本数量和总体数量完全一致。这是抽样的特例，通常在总体数量极少的情况下适用。例如，某学校有 12 个田径运动员，研究者就将这 12 个运动员全部作为样本进行研究。

③异质抽样。异质抽样就是抽取某种特征完全不相同的，差异最大的个体为样本，目的是为获得两类信息，一是不同个体之间的区别和差异；二是不同个体之间的共同之处。例如，要描述中小学体育教学现状，可选择学生特征、教师水平、学校所处环境以及其他特征都不相同的学校作样本，也可选择反差最大的，处于问题两头的极端个案作为样本。采用异质抽样的研究常常是比较研究。

④同质抽样。选择具有典型意义的、特征相近的个体为样本。与异质抽样相比，同质抽样走的是中间道路。如在一项研究中，所选择的学校既不是最好的，也不是最差的，而是中等程度的学校。这些学校的特征具有典型性和相似性，能代表大多数的普通学校。

⑤立意抽样。立意抽样又称定标抽样，是研究者根据自己确定的标准，凭自己的经验和主观判断来决定所需样本。立意抽样注重样本质的方面，能有针对性地研究某些问题，经济实用，但抽样的主观性较强。如研究者想研究五禽戏在市区小学实施的可行性，根据经验某重点小学满足研究需要，征得同意后，就以该学校学生作为研究样本。

⑥随意抽样。随意抽样又称偶然抽样，指按研究者的需要和方便，利用现有的机会对偶然遇到的对象进行抽样。例如，抽取广场锻炼者进行调查；抽取过路的行人进行调查；抽取某次广场体育活动进行调查等。随意抽样简便易行，是新闻记者常采用的方法，但它受研究者主观意志支配，很难保证样本的代表性。

在体育教学研究中，选择研究对象是需要考虑的实际问题。当选择概率抽样时，研究目的是能从样本推断总体，因此必定要用随机抽样的方法，这样样本才具有代表性。然而，随机抽样并非在任何情况下都是可行的，不同的研究目的会要求不同的抽样方法来与其相适应。当运用非概率抽样时，代表性就不可能在概率的基础上进行讨论，而必须在逻辑的基础上进行讨论。通常非概率抽样灵活性较强，使用方便，不受统计原理严密的框架限制，但抽样的主观性较强，缺乏代表性。

总之，具体抽样的类型、标准、方法以及样本容量的大小，应根据研究的实际情况而定。一般来说，概率抽样不受抽样者主观意志的影响，能确切地定义样本，确定抽样概率，抽样误差较小，并能从样本推断总体，为研究结果的准确性和可靠性提供保证。因此，在条件许可的情况下，应尽可能采用概率抽样。实际研究中，经常各种抽样方法同时交互使用。

在抽样之类的问题上需要对具体细节加以描述。抽样计划必须用研究方案的内部效度和外部效度加以考察。当抽样时，研究者总是千方百计地想对一个更大一些的总体进行推论。因此，必须仔细选择样本，使样本能够代表总体。

例如，有一项研究要对一个区域的高中高年级学生进行抽样，但仅仅说将要从这个区域的高中学校对高年级学生随机抽样还是不够的；还要具体描述抽样的细节。要提出一个有关高中高年级学生的操作定义，研究者必须首先指出总体中的所有成员如何界定。哪些类型的信息可以被用来包括所有符合定义的高中生？是否要进行分层抽样？如果需要，怎样分层？这样分有什么意义？是否要通过一个中介单位进行抽样？如果所选中介单位拒绝参加，备用方案是什么？

这些问题都要仔细作答。例如，如果抽样设计是按一定比例进行分层随机抽样，就要对分层变量下一个操作性定义，以使读者清楚：可以分层变量的术语从总体中界定学生。简单地指出学区容量作为分层变量也是不够的，还要给出分层变量具体类别的界定，例如，少于2000个学生，2000~5000个学生，等等。要提出资料的来源，它可能是一份文件，学区容量就来源于此。最好是能提供选择分层变量具体类别的理由。这种完整的描述向读者提供了怎样选择样本和为什么这样选择样本的根据。

四、抽样的原则

抽样大有讲究，但不管采用哪种方法抽样，随机性原则和代表性原则是必须遵循的两条基本原则。除此以外，一个优秀的抽样设计还应满足以下4个方面的原则：

①目标定向原则。目标定向原则是指对抽样方法设计时要以研究设计和研究目标为依据，从研究问题的实际情况出发，为获取数据和进行预分析进行必要的测量。整体上综合考虑哪种抽样方法最符合研究目标，确保研究目标与研究内容相吻合。

②可测性原则。可测性原则指选择抽样方法时要考虑为统计分析提供必要的数据。抽样的基本原理就是要由样本推断总体，由部分推论整体，这种推断需要以数据来说明。可测性要求样本数量足以保证统计分析的需要，能使研究者从样本数据有效地推断出总体特征。

③可行性原则。可行性原则指选择抽样方法时要考虑抽样方案在现实情境中是否行得通。理想上的抽样方案与具体实施方案可能是两码事。例如，要在一所小学某个年级进行一项对比实验，理想的抽样方案是将这个年级的班级打乱，再按随机分配的方式重新编班，分成实验组和对照组。但是，这样的抽样方案很少能行得通，学校一般不愿意这样做，因为这将打乱原有的教学秩序。因此，较为可行的方案是采用整群随机抽样。可行性原则要求抽样设计更多地从实际情况考虑，方案更

详尽，操作更具体。

④经济性原则。经济性原则指选择抽样方法时要考虑与可得资源相吻合，资源包括时间、财力、人力等。由于教育研究的经费往往很有限，获取样本又是以时间和经费为代价的，而且样本数量并不是越大越好。用2匹马可以拉的车，用10匹马来拉就是浪费了。经济性原则要求抽样既要保证达到研究目标，又不奢侈浪费。

科学地设计抽样方案，可以收到事半功倍之效。最大限度满足以上原则往往难以做到，有时为了满足抽样的代表性和可靠性，样本容量可增加至最大，但却牺牲了经济性原则，因此选择抽样方法实际上是所有原则的综合平衡问题。这也正是为什么有时研究者不采纳简单的抽样方法，而去运用比较复杂的抽样方法的原因。

第六节　学位论文开题报告的撰写

研究计划是撰写有关研究的打算，而不是完成研究课题。在撰写计划时，我们讨论的是要进行的研究是什么，为什么要进行这一研究，以及打算怎么去做。研究计划就由对这些问题的回答组成。学生的学位论文研究计划是开题报告的核心，具有相同的核心要求。

开题报告是学位论文工作的重要环节，是指为阐述、审核和确定学位论文题目而做的专题书面报告，它是学生实施学位论文课题研究的前瞻性计划和依据，是监督和保证学位论文质量的重要措施。同时，也是训练学生科研能力与学术作品撰写能力的有效的实践活动。

撰写开题报告是研究课题的重要环节之一。在美国有这样一个实例：美国科学基金会曾同时收到关于同一科研课题的两份开题报告，一份是获得过诺贝尔奖的西博格写的；另一份是由名不见经传的一位青年研究者写的。经过专家们的认真评议，认为青年人设计的研究方案科学性、可行性更高，结果批准了那位无名小卒的申请，把这一课题的研究经费拨给了他。在美国，许多科学家每年几乎要用两个多月的时间从事课题建议书（即开题报告）的起草工作。就我国的情况看，关于科技工作者要写“科研开题报告”，大学研究生、本科生申请学位要写“学位论文开题报告”等规定，都已经处于实施之中。今后，随着科研管理的加强，在开题报告写作方面的要求也会越来越高。

一、开题环节的必要性

（1）建立研究思路。撰写开题报告作为多层次科研工作的第一个写作环节，非常重要。通过开题报告，开题者可以把自己对课题的认识理解程度和准备工作情况加以整理、概括，以便使具体的研究目标、步骤、方法、措施、进度、条件等得到更明确的表达，还可以为评审者提供一种较为确定的开题依据。“言而无文，其行不远”，以书面开题报告取代昔日广为运用的口头开题报告形式，无疑要切实可靠得多；如果开题一旦被批准，课题得以正式确立，则还可以通过它，对立题后的研究工作发生直接的影响：或者作为课题研究工作展开时的一种暂时性指导；或者作为课题修正时的重要依据等。总之，开题报告是选题阶段的主要文字表现，它实际上成了连接选题过程中备题、开题、审题及立题这四大环节的强有力的纽带。

(2) 培养研究设计能力。学生独立完成的一份专业科研设计作业，能够培养学生基本创新能力。这份较为系统的科研设计作业，使学生在教师的个别指导下能够完成科学研究和教研设计的初步训练，能够掌握专业论文写作和教研设计的基本方法，能够具有一定的专业研究和设计模仿能力。学生有机会理论联系实际，弄清楚一个专业上的理论问题，并在该专业问题上产生具有一定程度的个人观点与见解，最终形成具有一定理论价值和实际意义的创新性成果。

(3) 完善研究计划。开题的意义在于完善论文设计方案，使论文设计方案更加系统化、收集信息、听取各方意见、明确思路以坚定论文设计者的信心。通过撰写开题报告，要求学生讲清题目的来龙去脉，从而使学生明确毕业设计课题的目的和要求，对题目有更深刻理解与认识，会使原来的论文设计思路更加完善和系统，对自己的工作做到“胸有成竹”，减少盲目性，避免出现不知从何处入手的尴尬局面。同时可以培养学生撰写课题论证报告的方法和能力，提高学生承担专业技术工作的能力。抓好开题报告，加强论文设计论证环节能一举多得，对于提高学生毕业设计的质量、培养学生创新能力和专业素质能起到关键性的作用。

二、开题环节的组织

开题是研究设计的先导环节。根据指导教师下达的课题任务，学生查阅教师指定的参考资料和相关文献，在深入消化资料的基础上，对题目的实施方案的可行性、技术先进性进行论证，并提出比较详细的技术路线、设计方案和研究方法。具体而言，开题报告应包括：选题目的和意义、国内外研究设计水平和现状、技术路线或设计方案、拟解决的技术关键、具备的基础条件、预期目标、工作计划等主要内容，是否掌握国内外研究设计现状、是否有清晰的研究设计方案或技术路线、是否理解教师给定的任务书要求、参考资料是否齐全和新颖、工作量是否适量、学生选题准备工作是否充分、是否完成英文翻译，且有适量的英文应用、是否有适量的计算机应用、进度安排是否合理、是否理解学校和学院颁发的毕业论文设计工作手册、毕业论文设计文本和图纸规范性要求、选题是否新颖和完成任务的可能性、语言表达能力、回答问题时的逻辑思维能力、衣着仪表和精神面貌。指导教师应对论文设计的广度、深度、贴切度、重点和难点等提出具体的修改意见。

从学生的角度来讲，进行开题报告的实质是向专家汇报自己学位论文工作的准备情况，目的是请专家帮助判断：自己选择的问题有没有研究价值、选用的研究方法可不可行、自己的论证逻辑有没有明显缺陷。然后，由专家给出具体的建议，从而达到进一步明确研究目标、理清研究思路的目的。同时，在文献和研究方法方面获得更多的帮助。因此“主要研究内容”和“研究的角度、方法与拟实现的目标”是开题报告的重点。如果对自己的研究内容、研究方法不进行深入论述，一带而过，评审专家将无法判断你的研究前景，也就无法对你的研究给予切实的指导和建议。

在开题评审会之前，每个学生应按规范书写论文开题报告。学生持经指导老师签字同意的选题报告书、任务书及其他相关资料上台汇报选题的目标和意义、拟采取的技术路线和方法、工作基础、预期成果和工作计划等内容。评审小组根据学生自述和选题报告书及其他文本内容，对学生论文设计是否达到专业培养目标要求和完成论文设计的可行性进行考核。但从学术研究的规律和原则来说，开题和答辩不同，不存在是否被批准通过的问题；是否可以按照开题的设计展开论文设计，应由学生自己决定。开题报告公开论证后，学生一般应根据论文指导小组的评议意见，对选题方案进行修正、补充和提高，修改方案通过后可正式进行论文研究工作。论文设计的正确性是由学术民主的氛围来保证的。但对不合格的选题报告书，则要求另择时间重新开题。

三、开题报告（研究计划）的撰写

（一）问题的确定（选题）

题目是学位论文中心思想的高度概括，要求：①准确、规范。要将研究的问题准确地概括出来，反映出研究的深度和广度，反映出研究的性质，反映出实验研究的基本要求——实验因素、受试对象及实验效应等。②简洁。要用尽可能少的文字表达，一般不得超过20个汉字。

撰写论文首先要有选题，确定研究的问题。选题就是确定论文的研究题目。选题有几种来源：来自于个人的生活经验或专业经验、来自文献阅读、来自于专家的建议。选题还会涉及选题的大小、选题的范围。这些都是相对而言的，也可以根据研究能力强弱来确定。例如，“课堂教学有效性研究”可以缩小为“小学课堂教学有效性研究”，还可以缩小为“小学体育课堂教学有效性研究”，甚至再缩小为“小学体育游戏课堂教学有效性研究”，由此可以看到选题由大到小的变化。

学位论文选题一般要求满足以下要求。①开拓性：前人没有专门研究过或虽已研究但尚无理想的结果，有待进一步的探讨和研究，或是学术界有分歧，有必要深入研究探讨的问题；②先进性：硕士学位论文要有新的见解，博士学位论文要做出创造性成果；③成果的必要性：所选课题应有需要背景，针对实际的和科学发展的需要，即应有实际效益或学术价值；④成果的可能性：课题的内容要有科学性，难易程度和工作量要适当，充分考虑到在一定时间内获得成果的可能性。以上要求说明，题目不是给定的，而是研究出来的，只有在对所研究领域的过去、现在的研究资料等信息进行全面把握、深入分析的基础上，才能够确立满足以上“四性”要求的选题，从而为完成高质量的学位论文奠定坚实的基础。无论是结合导师已有科研任务的选题，还是自选课题，选题之前的“信息积累”与“发现问题”均是研究者所必须经历的过程。

研究中选题常常出现以下问题：题目系统性不强，目的难以明确；题目不具新意，难以发挥创造性；课题内容无应用价值，学生无兴趣，难以产生激情；纯理论的题目，无法锻炼学生的动手能力；纯实验的题目，不利于提高学生综合业务水平；过易的课题对能力较高的学生来说不能充分发挥其能力，会扼杀其创造力，而偏难的课题对能力较差的学生又力所不及，会挫伤其积极性。从以往开题发现部分指导教师题目不和生产实际或科研相结合，题目大且空洞，论文设计内容也空洞。

（二）选题的目的与意义

即回答为什么要研究，交代研究的价值及需要背景。一般先谈现实需要——存在的问题导出研究的实际意义，然后再谈理论及学术价值，要求具体、客观且具有针对性，注重资料分析基础，注重时代、地区或单位发展的需要，切忌空洞无物的口号。

选题意义可以理解为研究目的，选择一项研究到底要达到什么目的，这是研究者首先需要明确的目标，通常选题意义或研究目的可从以下几个方面来看：第一是学术意义；第二是理论价值；第三是实践价值；第四是个体目的；第五是知识发展。任何一项选题都可能从以上几个方面来设定其意义，但并不是每一个选题都要达到这些目的，这要视选题大小、范围和类型而定。在选题意义上，作为一种科学研究，论文的意义在于填补知识的空白或探索新知识、找到一些现象的起因、描述一些现象、解决一个实际问题或验证一个假设。

要以查阅文献为前提，所查阅的文献应与研究问题相关，但又不能过于局限。与问题无关则流散无穷；过于局限又违背了学科交叉、渗透原则，使视野狭隘，思维窒息。要注重分析研究，善于发现问题，突出选题在当前研究中的位置、优势及突破点。这些参考的相关文献为阐明所研究的问题提供来龙去脉，这样问题才可以得到明确的阐明。介绍性用语可以是下列之一：“这个计划打算研究的问题是……”“被提出的研究疑问是……”“研究的意图是……”“研究问题需要明确的是……”

实证结果固然重要，但极少有研究仅以产生数据为研究目的。不论何种类型的研究，都应该为该领域的知识拓展做出贡献。所做的研究要么能填补现有知识的空白，要么能回答先前研究提出的问题。毫无疑问，一项研究为后继研究提出建议或界定问题也是一种贡献。

研究的预期成果与研究的实际意义有关，研究结果对教学实践人员来说有什么意义？不管成果如何，研究结果对教学计划和教学方法是否有影响？如果研究为改善教育的行动筹划了可供选择的途径，这将是意义重大的贡献。研究的结果会给教育带来什么改善或改变？研究的结果如何去实施？随之而来的革新将会是什么？可以不同形式的研究成果回答上述问题。

教学或学术研究结果可能会对政策产生影响。例如，学校委员会可能利用研究结果进行决策。当研究学生就业时，特别是与体育专业学生就业方向有关时，研究会有助于确保学生毕业时掌握必要的技能，并明确其作用。

研究意义也可以在文献综述部分陈述。当研究的必要性必须在此提及，并且这种需求和研究的意义有联系时，这样做是合适的。不过，当研究的意义非常关键，例如在论文计划时，最好在文献综述中附加专门的部分讨论研究的意义。如果把专门阐释意义的部分置于计划书的末尾，读者可以较好地了解该项研究，这样所申请项目的研究意义可能会更加明显。

（三）综述本课题

综述包括“综”与“述”两个方面。所谓综，就是指作者对占有的大量素材进行归纳整理、综合分析，使文献资料更加精炼、更加明确、更加层次分明、更有逻辑性。所谓述，就是对各家学说、观点进行评述，提出自己的见解和观点。综述实际上是要求开题者（学生）写一篇短小的、有关本课题国内外研究动态的综合评述，以说明本课题是依据什么提出来的，研究本课题有什么学术价值。综述的撰写在文献研究章节中有专门介绍。

（四）研究的基本内容，拟解决的主要问题

本栏目由开题者（学生）填写。“研究的基本内容”和“拟解决的主要问题”在内容上虽然紧密相关，但角度不同，在填写时，可以分别表述。

1. 研究的基本内容

“研究的基本内容”就是论文（设计）正文部分的内容，是研究内容的核心。正文内容又分为若干部分和层级。填写此栏目实际上是编写论文基本内容的写作提纲。

基本内容提纲的写法有两种：一种是标题法，即用一个小标题的形式把一个部分的内容概括出来。标题法的长处是：简明、扼要、能一目了然。短处是：只能自己理解，别人看不明白，而且时间一长，自己也会模糊。另一种是句子法，即用一个能表达完整意思的句子形式，把一个部分的内容概括出来。句子法的长处是：具体、明确，无论放下多久，都不会忘记，别人看了也明白。短处是：写作时不能一目了然，不便于思考，文字也多。上述两种写法，各有优缺点，用哪一种好，还是混合使用好，这由作者自己确定。不管是文科论文，还是理工科论文写作提纲，都没有必须遵循的固定模式，一切视研究内容的需要而定。

2. 拟解决的主要问题

“拟解决的主要问题”，就是论文的主攻方向、研究目的。具体是指开题者预先设想的、将要在论文中证明的某一个新的理论问题，或某一个新的技术问题，或某一个新的方法问题等，以及开题者对这个问题的基本观点（赞成什么，反对什么）。填写此栏目，就是要求开题者用明确、具体的文字（力求用一两句话）把论文题目中的上述信息传达出来。

“拟解决的主要问题”是在综述本课题国内外研究动态的基础上提出来的，论文正文的各个部分都是为了论述这一主要问题，而主要问题的解决将得出研究成果。

一篇论文只有一个中心，一个重点。不管文章长短，材料多寡，主题只有一个。集中也是深刻的保证，只有集中于一个主题，才能论述深刻。如果一个课题，要解决两个或两个以上的主要问题，就有可能导致主攻方向不明确，在论述过程中发生种种困难，或观点冲突，或逻辑混乱，或主次不分。所以，一般情况下，一篇科研论文论述一个基本观点，解决一个主要问题。

（五）研究技术路线

技术路线是指研究者要实现研究目标准备采取的技术手段、具体步骤及解决关键性问题的方法等研究途径。技术路线在叙述研究过程的基础上，采用流程图的方法来说明，应尽可能详尽，每一步骤的关键点要阐述清楚并具有可操作性，具有一目了然的效果。技术路线强调完成项目研究内容的流程、顺序、各项研究内容间的内在联系和步骤。合理的技术路线可保证顺利地实现既定目标。以下是两种技术路线图范例（分别见图2.6和图2.7）。

（六）研究方法与措施

研究方法是指分析论证课题时的思维方法，它属于认识论范畴。没有正确的研究方法，就不能深入认识事物的本质，揭示其客观规律。没有正确的研究方法，就不能有所发现、发明、前进和创新，自然也就不能获取研究成果。因此，有的专家学者认为，选择了好的研究方法，也等于论文完成了一半。

研究方法很多，罗列如下：归纳与演绎方法、分析与综合方法、历史与逻辑分析方法、矛盾分析法、比较分析法、定性与定量分析方法、实验法、观察法、调查法、个案研究法、行为研究法等。在同一论文中，各个部分可以分别采用不同的研究方法。各种方法互相补充，互相协调，才能揭示研究对象各个侧面或各个层次的特殊规律，进而证明总论点。

需要提出的是，对于初写论文的本科生来讲，有的不知道有哪些研究方法，写论文不讲方法；有的不问青红皂白，生搬硬套，乱用研究方法；有的虽然知道一些研究方法，但在论文中往往只局限于一种方法，思维单一，视野狭窄。为此，开题者（学生）首先应该学习研究方法方面的知识；开题者（学生）在论文写作中应该具体问题具体分析，灵活地使用各种方法，才能收到事半功倍的效果。

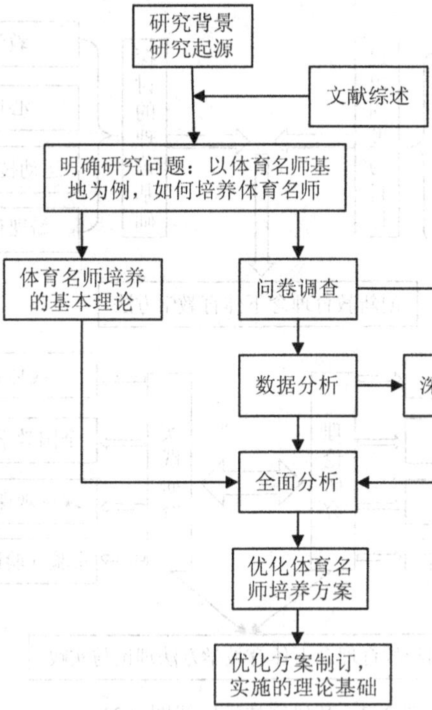

图 2.6　某研究技术路线图（1）

资料来源：卢伯春．中小学体育名师的培养研究——以上海市体育名师基地为例．上海：上海师范大学博士学位论文，2013.

研究措施侧重于完成论文（设计）工作的条件方面，涉及范围很广，应结合自己的各种现实需要及困难来写。例如：写论文要充分占有文献资料，要有必要的仪器、设备、材料、场所等，如果在这些方面存在一定的困难，你将采取什么办法加以解决？要提高认识，正确处理课堂学习、考研、实习、就业等与论文写作的关系，不怕困难，抓紧时间，有序守时，保质保量地完成写作任务。要独立思考，刻苦钻研，不耻下问，等等。

（七）研究工作进度

时间进程。研究行动的进程表是用来保证所有的相关活动按照适时的方式进行。进程表应该契合实际，并且应考虑到突发事件所造成的延迟。

本栏目由开题者（学生）填写。本栏目与任务书的“计划进度”栏目基本相同，其填写内容也包括各阶段工作内容和时间安排，填法也相同，此处不再赘述。如有调整，则按调整的内容填写。

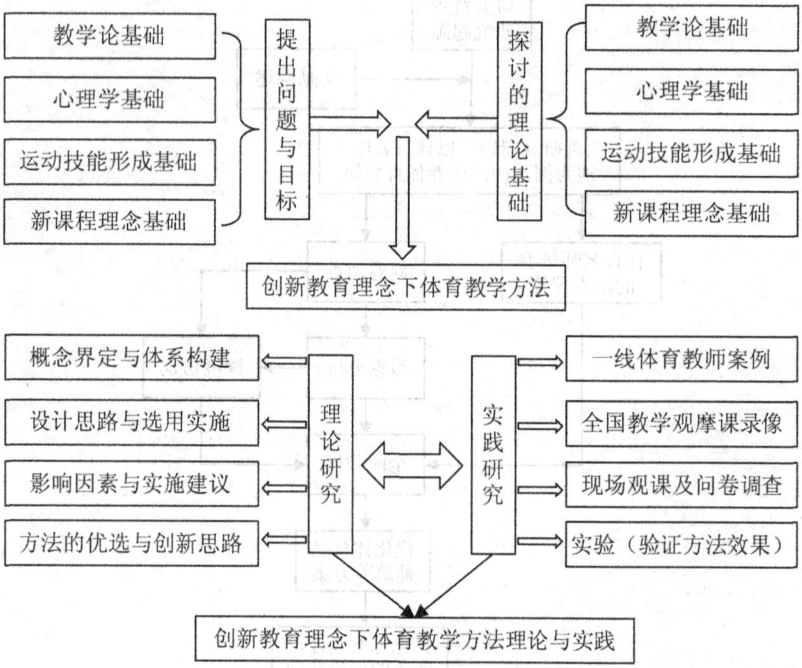

图 2.7　某研究技术路线图（2）

资料来源：霍军．创新教育理念下体育教学方法理论与实践研究．北京：北京体育大学博士学位论文，2012.

（八）研究经费预算

预算：研究资助机构要求在呈交计划书的同时呈交预算；通常放在计划临近结束的部分。准备预算时，计划撰写人要依据研究资助机构和有关代理机构的指导手册。这里要考虑诸如管理费和利率等问题。一般预算分类包括劳务费、附加费、耗材、器材费、电话费、数据处理费、邮费、影印费、打印费和其他费用。如果不按照指导手册来预算，会导致相当大的预算重新核算，而且很可能难以达成预期的协议。不合适的、结构不合理的预算可能导致计划遭到拒绝。

为学位论文、毕业论文进行的研究通常无需外部资金，因此，可以不准备预算。然而，对毕业论文、学位论文做预算也是一个值得做的训练，这样可以让学生了解到做研究的实际费用。也许，有些学生的毕业论文就是通过一些更大的、有外部资金的方案来研究的，不过，即使在这种情况下，也很少需要学生单独对毕业论文进行预算。

（九）主要参考文献

本栏目由开题者（学生）填写。这里的主要参考文献，是指在撰写综述时阅读并直接引用过的主要参考文献。开题报告的“主要参考文献”栏目与任务书的“主要参考文献”栏目填法相同，不再赘述。至于篇数，应比任务书中导师规定的主要参考文献略多，因为还要包括自选文献中的主要文献。在填写开题报告主要参考文献时，可以在抄转导师规定的主要参考文献篇数基础上，再列出2~4篇自选的中外文主要的参考文献。

(十) 系（教研室）评议意见

评议意见一般分三个层次：①该生对本课题有深入的认识，准备充分，完全达到开题要求。或者评议意见为：开题报告的内容和形式完全符合要求。②该生对课题认识有一定深度，准备工作较充分，需进一步修改完善。或者评议意见为：开题报告的内容和形式基本符合要求。③该生对课题认识不深，准备工作不充分，未达到开题要求。或者评议意见为：开题报告的内容、形式不符合要求。

毕业论文设计教学分散，加上学生专业基础和创新能力参差不齐、教师指导风格各异、指导水平层次不同，给毕业论文设计教学质量监控带来了许多困难。毕业论文设计对指导老师依赖性强、选题不规范、缺少论证、有的内容过于陈旧、论文设计不规范等是常见性问题。除此之外，越来越多的学生根据自己的兴趣爱好和将来从事工作的性质来选题。通过毕业论文设计教学提高本科生创新能力和专业素质，以增强学生就业竞争力，是一个重要的教育理念问题。

练　　习

1. 为了了解全校240名高一学生的身高情况，从中抽取40名学生进行测量，下列说法正确的是（　　）。

A. 总体是240　　　　B. 个体是每一个学生

C. 样本是40名学生　　　　D. 样本容量是40

2. 为了考察一段时间内某路口的车流量，测得每小时的平均车流量是576辆，所测时间内的总车流量是11520辆，那么，此问题中，样本容量是________。

3. 为了解初一学生的身体发育情况，打算在初一年级10个班的两个班按男女生比例抽取样本，正确的抽样方法是（　　）

A. 随机抽样　　　　B. 分层抽样

C. 先用抽签法，再用分层抽样　　　　D. 先用分层抽样，再用随机数表法

4. 从5名男生、1名女生中，随机抽取3人，检查他们的篮球技术，在整个抽样过程中，若这名女生第一次、第二次均未被抽到，那么她第三次被抽到的概率是多少？

5. 某县有30个乡，其中山区有6个，丘陵地区有12个，平原地区有12个，要从中抽出5个乡进行调查，则应在山区抽______个乡，在丘陵地区抽______乡，

在平原地区抽______个乡。

6. 有一项关于三种不同教学方法对 8 年级学生体育技能的影响研究。在同一所学校里，随机抽取 3 组 8 年级男生作为样本。3 组分别由 3 名教师来教，每一组选用一种教学方法。通过 10 周的教学，对学生进行体育技能测试。请确认自变量、因变量和可能的无关变量。

7. 假定练习 6 描述的研究，从 7、8 年级分别先选 6 个班，使用上题中的教学方法。男生和女生都包括在内，这个研究在两所不同学校进行，每一所学校选取同一年级 3 个班，每个班采用一种不同的教学方法。请确认现在包括的可能的控制变量。

8. 假定一研究者想从事“小组教学”对中学生体育成绩的影响研究，哪些术语需要下操作定义？举一些对这些术语下操作定义的例子。

9. 某研究者想了解当地学区是否需要对 4~6 年级的学生进行体育教育，写一个有关这个选题的研究问题。

10. 对下列研究问题陈述，设计出两个或两个以上的相关假设，指出各种可能的变量种类，并设计出它们的操作定义。根据这些陈述可以提出不同假设，请你说出所有假设或具体条件。

a. 对郊区 4 所小学体育教学开展状况的调查。

b. 3 个运动训练计划对高中男生上肢力量的影响研究。

第三章　文　献　法

第一节　文献概述

按照国际标准化组织《文献情报术语国际标准》（ISO/DIS5217）对文献的定义：“文献是在存贮、检索、利用或传递记录信息的过程中，可作为一个单元处理的、在载体内、载体上或依附载体而存贮有信息或数据的载体。”我国颁布的《文献著录总则》中则定义：“文献是记录有知识的一切载体。”这两个定义对文献一词的含义规定得非常广泛。从其外延来看，文献囊括了各种信息与知识载体：不仅包括传统的书刊、文稿，包括用声音、图像以及其他现代手段记录知识的全部出版物和非出版物，如缩微品、音像资料、机读资料和电子出版物等新型的信息知识载体，而且包括会议文献、科技报告、专利文献、学位论文、科技档案等各种类型的出版物，甚至涵盖了如古人的摩崖石刻或兵器印章、现代的运动会入场券、奖牌、邮票等实物载体。所以我们可以这样理解：文献是记录有信息或知识的一切载体。

文献包括三个要素：载体（媒介）、知识（信息）和文字图形声音符号等（记录形式）。知识是文献的实质内容，载体是文献的外在形式，而记录是联系知识与载体的手段。文献中记录着大量的知识和信息，这些知识、信息为读者所利用时就转化为情报。中小学体育教学研究中，文献法是指对中小学体育教学研究相关文献的检索、收集、整理、分析并进行利用的研究方法。

在体育教育教学研究过程中，文献资料占有十分重要的位置。研究表明，一项科研成果的完成，在研究之前要花费40%~60%的时间和精力去筛选课题所需要的文献。在选题时，需要了解与课题有关的背景资料；在研究过程中，需要及时了解与课题研究有关的进展情况；而在对研究结果的分析时，还需要用文献资料来充实论据。与此同时，对历史资料的研究，也是认识事物发展规律的一种途径。因此，文献法不仅是一种收集资料的方法，而且还是一种分析研究的方法。

一、文献出版的类型及著录

（一）文献出版的类型

1. 图书

图书是论述或介绍某一领域知识的出版物，往往是著者在收集大量第一手资料基础上，经分析归纳后编写而成的。其特点是内容比较系统、全面、成熟、可靠，但出版周期较长，报道速度相对较慢。图书主要可用于对大范围的问题获得一般性的知识，或对陌生的问题需要获得初步了解。

图书包括以下种类：普通图书（包括专著、教材等）、会议论文集、资料汇编、学位论文、报告（包括科研报告、技术报告、调查报告、考察报告等）、参考工具书（包括手册、百科全书、字典、图集等）。

2. 期刊

期刊一般是指名称固定、开本一致的定期或不定期连续出版物。期刊论文内容新颖，报道速度快，信息含量大，是传递科技情报、交流学术思想最基本的文献形式。对某一问题需要深入了解时，较普遍的办法是查阅期刊论文。据估计，期刊情报占整个情报源的60%~70%。因此，期刊论文受到科技工作者的高度重视，大多数检索工具也以期刊论文作为报道的主要对象。

3. 会议文献

会议文献是指在国际或国内重要的学术或专业性会议上发表的论文。会议文献学术性强，往往代表着某一领域内的最新成就，反映了国内外科技发展水平和趋势，是获得最新情报的一个重要来源。

4. 科技报告

科技报告是指政府部门或科研生产单位关于某项研究成果的总结报告，或是研究过程中的阶段进展报告。报告的出版特点是各篇单独成册，统一编号，由主管机构连续出版。在内容方面，报告比期刊论文等专深、详尽、可靠，是一种不可多得的情报源。

5. 专利文献

专利文献主要由专利说明书构成。专利说明书是指专利申请人向专利局递交的有关发明目的、构成和效果的技术文件，它经专利局审核后，向全世界出版发行。专利说明书的内容比较具体，有的还有附图，通过它可以了解该项专利的主要技术内容。由于只有符合新颖性、创造性和实用性的发明创造才能获得专利权，所以专利说明书对于工程技术人员，特别是产品工艺设计人员来说，是一种切合实际、启迪思维的重要情报源。

6. 学位论文

学位论文是指为申请硕士、博士等学位而提交的学术论文。学位论文的质量参差不齐，但都是就某一专题进行研究而做的总结，多数有一定的独创性。学位论文是非卖品，属难得的文献。学位论文通常保存在相关学校的图书馆中。

7. 报纸文章

正式出版的各级各类报纸文献资源。

8. 电子文献

载体为 DK（磁盘 disk）、MT（磁带 magnetictape）、CD（光盘 CD-ROM）、网络电子报刊等的资源。

9. 文摘与复印资料

文摘是一种将大量分散的文献加以收集、摘录并分类组织整理的刊物或复印资料。它又可分为指示性文摘、报道性文摘、复印资料等类。各类文摘是检索国内外科技文献的主要工具，属于二次文献，文摘摘录了原始文献的精华或复印了在一个时期内的重要文献。

10. 官方统计资料

它是文献研究中的另一个重要的资料来源。无论是全国人口普查资料，还是由国家统计部门、各级政府部门、各级专业机构编制的月统计报表、年统计图表、年统计报告等等，都是研究社会的极有价值的资料。对于研究者从总体上认识社会现象，分析各种因素之间的关系，掌握事物的发展趋势等，它们都有不可取代的作用。

在利用官方统计资料时，应注意两个问题：一是应该对统计资料的内容、对象、范围、特点等等都具有清楚明确的认识。二是对于各种统计指标、比率和数字的实际含义、它们的计算方法等等应十分清楚，不能含糊。

（二）参考文献著录及标志

类型	普通图书	会议论文	报纸文章	期刊文章	数据库
标志	M	C	N	J	DB
类型	学位论文	报　告	标　准	专　利	计算机程序
标志	D	R	S	P	CP
类型	汇　编	档　案	古　籍	参考工具	电子公告
标志	G	B	O	K	EB

各类文献对参考文献编排格式的要求不尽相同。下面是部分常规编排格式及示例，仅供大家参考。

1. 期刊类

【格式】

[序号] 作者 . 篇名 [J]. 刊名，出版年份，卷号（期号）：起止页码 .

【示例】

[1] 宋旭 . 高校体育“三自主”教学改革的理性思考 [J]. 成都体育学院学报，2009，35（6）：82-85，92.

[2] 夏贵霞，舒宗礼，夏志，等 . 湖北大学公共体育课程“课内外一体化”教学模式的构建与实践 [J]. 体育学刊，2010，17（2）：73-77.

2. 专著著作类

【格式】

[序号] 作者 . 书名 [M]. 出版地：出版社，出版年份：起止页码 .

【示例】

[1] 毛振明 . 体育教学论 [M]. 北京：高等教育出版社，2005：95-97.

3. 报纸类

【格式】

[序号] 作者 . 篇名 [N]. 报纸名，出版日期（版次）.

【示例】

[1] 刘鹏 . 充分发挥体育在和谐社会建设中的作用 [N]. 人民日报，2007-05-21（9）.

4. 论文集

【格式】

[序号] 析出文献主要责任者 . 析出文献题名 [A]. 原文献主要责任者（可选）. 原文献题名 [C]. 出版地：出版者，出版年：起止页码

【示例】

[1] 常璐艳，张大超 . 中、澳两国中小学体育教学内容比较研究 [A]. 中国体育科学学会（China Sport Science Society）. 第九届全国体育科学大会论文摘要汇编（2） [C]. 上海：中国体育科学学会（China Sport Science Society）：2011：159-160.

5. 学位论文

【格式】

[序号] 作者 . 篇名 [D]. 出版地：保存者，出版年份：起始页码 .

【示例】

[1] 霍军 . 创新教育理念下体育教学方法理论与实践研究 [D]. 北京：北京

体育大学，2012.

6. 研究报告

【格式】

［序号］作者．篇名［R］．出版地：出版者，出版年份：起始页码．

【示例】

［1］朱家荷，韩调．铁路区间通过能力计算方法的研究［R］．北京：铁道部科学研究院运输及经济研究所，1989. 34.

7. 译著

【格式】

［序号］原著作者．书名［M］．译者，译．出版地：出版社，出版年份：起止页码．

【示例】

［1］Volker Nolte. 划得更快——赛艇训练的科学和艺术［M］．曹春梅，张秀云，译．北京：北京体育大学出版社，2011：67-68.

8. 电子文献

【格式】

［序号］主要责任者．电子文献题名［电子文献及载体类型标志］．电子文献的出版或获得地址，(发表更新日期)［引用日期］．

【示例】

［1］国际赛艇联合会．2014 年赛艇世锦赛成绩公告［EB/OL］．http：//www. worldrowing. com/events/2014-world-rowing-championships/lightweight-womens-double-sculls/，（2014-8-31）［2015-5-21］．

二、文献资料的收集

（一）常用文献收集途径

1. 网络途径

随着科学文化的发展，网络文献信息量大、增长快，分布广泛，形式多种多样，有文本型的，有声音型的，有图像型的，无论哪种形式均以磁介质直接存贮于网络服务器的硬盘、光盘或 U 盘中。这些新型的网络文献具有节约空间、形象逼真、便于下载携带、服务迅速等优点，越来越受到人们的重视。

随着网络文献信息涵盖量的迅猛发展，网络文献信息量急剧增长，实现了全球文献信息资源的共享和交流。网络文献分布在世界各地的计算机上，以各种可能的形式存在，如文件、数据库、公告板、目录文档和超文本文档等。同一种网络文献可通过不同的网站不同的检索途径访问它。这些文献信息涵盖政治、经济、科技、文化、教育、娱乐等几乎所有领域。常用的文献网络途径包括中文期刊网：中国知网（www. cnki. net）、万方数据库（www. wanfangdata. com. cn）；也可以采用百度、google 等搜索引擎收集电子报刊、图书、数据库等资料，但是后者所收集的资料往往可靠性不高。现以中国知网为例简单介绍期刊文献的基本检索方法（见图 3.1）。

2. 图书馆途径

学校图书馆文献资源一般分为以下三类：馆藏印刷版文献，如图书、期刊、标准、学位论文、会议论文等；馆藏电子资源，如全文数据库、文摘、索引数据库、光盘、缩微平片等；图书馆自建或整合的网络资源。

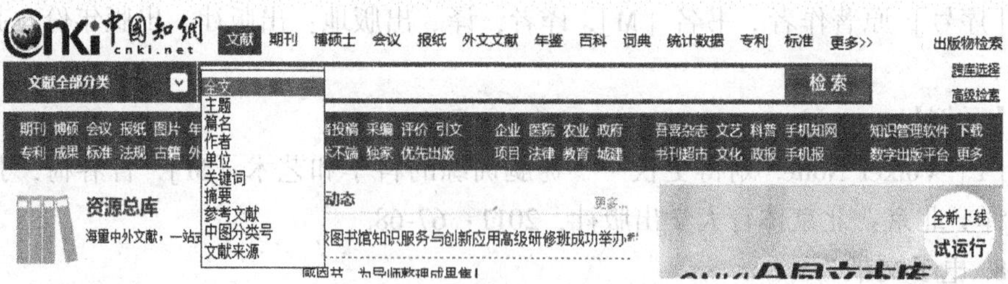

中国知网首页

↓

按篇名检索“体育健康”

↓

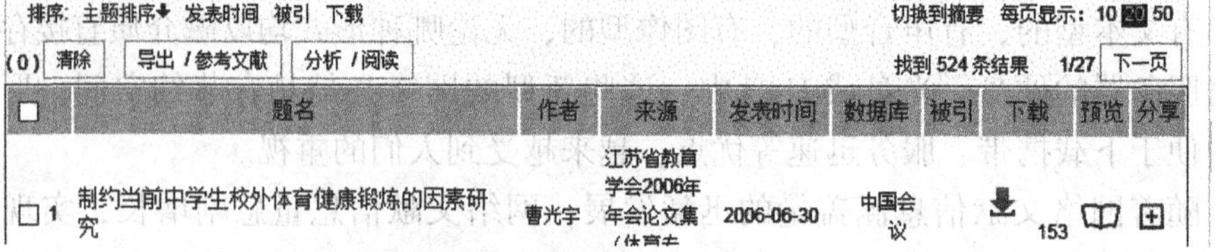

按篇名检索“体育健康”的结果

↓

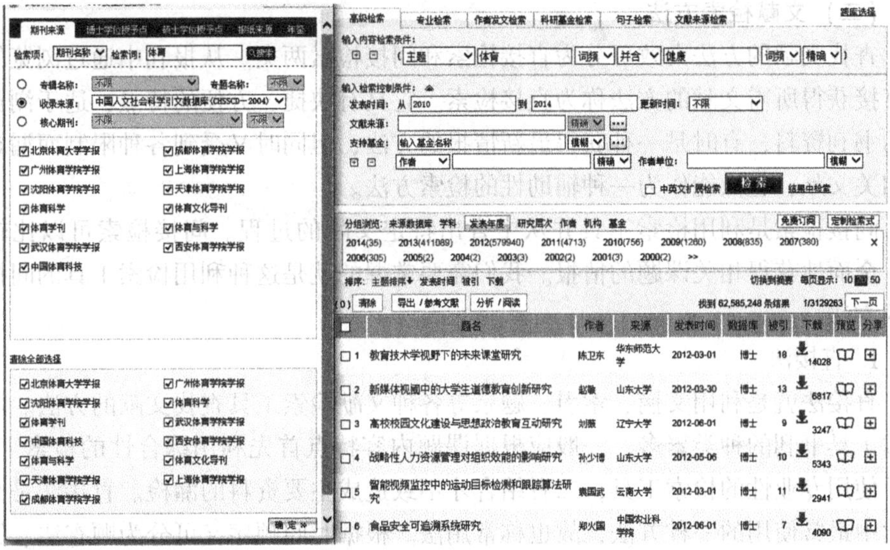

按主题高级检索“体育”、“健康”

↓

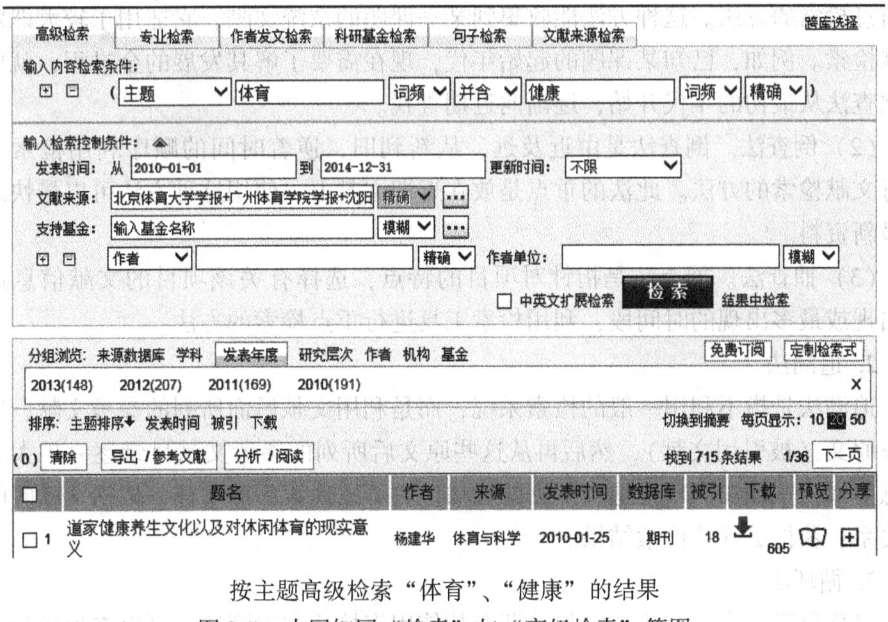

按主题高级检索“体育”、“健康”的结果

图 3.1　中国知网“检索”与“高级检索”简图

总的来说，现在获得文献的途径很多，越来越容易，但是对文献的消化吸收严重不够。我们不能变成文献的收集者，要做文献的利用和使用者，研读文献，注重基础学习才是关键；要让信息成为财富，关键是消化吸收。

（二）文献检索方法

查找文献的方法大致可分为直接检索和间接检索两类。从报刊中通过浏览的方法直接获得所需文献的方法称为直接检索。它具有快捷、方便的特点，适于浏览新到的书刊资料，有时是一种获得最新情报的方法，但同时又受到各种限制而漏查很多相关文献，它只能作为一种辅助性的检索方法。

间接检索是利用检索工具并从中查出特定文献的过程。间接检索可以比较系统、全面地获得相关课题的情报。我们需要掌握的就是这种利用检索工具的间接检索的方法。

1. 直接法

直接法就是利用文摘、索引、题录等各种文献检索工具查找文献的方法。由于检索工具书刊的种类繁多，一般应根据课题内容特点首先利用综合性的检索工具，然后使用专业性的检索工具，二者结合才不致造成主要资料的漏检。直接法是文献检索中最常使用的一种方法，故也称常用法。根据时间顺序又可分为顺查法、倒查法和抽查法三种。

（1）顺查法。顺查法是指按照时间的顺序，由远及近地利用检索系统进行文献信息检索的方法。这种方法能收集到某一课题的系统文献，它适用于较大课题的文献检索。例如，已知某课题的起始年代，现在需要了解其发展的全过程，就可以用顺查法从最初的年代开始，逐渐向近期查找。

（2）倒查法。倒查法是由近及远，从新到旧，逆着时间的顺序利用检索工具进行文献检索的方法。此法的重点是放在近期文献上。使用这种方法可以最快地获得最新资料。

（3）抽查法。抽查法是指针对项目的特点，选择有关该项目的文献信息最可能出现或最多出现的时间段，利用检索工具进行重点检索的方法。

2. 追溯法

追溯法是指不利用一般的检索系统，而是利用文献后面所列的参考文献，逐一追查原文（被引用文献），然后再从这些原文后所列的参考文献目录逐一扩大文献信息范围，一环扣一环地追查下去的方法。它可以像滚雪球一样，依据文献间的引用关系，获得更好的检索结果。

3. 循环法

又称分段法或综合法，它是分期交替使用直接法和追溯法，可以查得较为全面而准确的文献，是实际中采用较多的方法。

文献检索总是根据文献的某种特征，从各个不同的角度进行的。在检索工具书刊比较丰富的条件下，可以利用常用法；在获得针对性很强的文献的条件下即可利用追溯法获得相关性较强的文献；获悉研究课题出版文献较多的年代即可利用抽查法。总之，只有视条件的可能和课题的需要选用相应的检索方法，才能迅速地获得相关的文献，完成课题检索的任务。

第二节 文献研究

一、文献的阅读

阅读研究文献的方法一般有浏览、粗读和精读三种。这三种阅读方法各有所长和不足，对于研究工作者阅读分析文献来说，均为非常有用的方法，都应当很好地掌握，并善于在研究过程中综合、灵活地运用。

（1）浏览

浏览就是把收集到的文献资料快速地翻阅一遍，目的是对文献的内容、价值和相关性有一个初步的认识和判断，并据此对文献进行分类和排序：把相关性高和有价值的资料放在一起，以便对其精读；把相关性较小和初步看起来价值不大的资料放在一起，以备下一步粗读。浏览文献时，要善于从文献的大小标题、关键词和摘要中把握文献的概况。

（2）粗读

粗读就是把文献资料粗略地阅读一遍，以便了解研究的意义、方法和结论。通过对文献资料的粗略阅读，一方面可以增进对研究课题全貌的了解和把握；另一方面可以对文献资料作进一步的划分，以确定阅读的次序和精细程度。粗读虽然不要求对文献逐字逐句地阅读，但对问题的提出、研究的意义、研究的方法和过程以及研究的结论等内容要放慢速度，读得相对仔细一些。

（3）精读

精读是文献查阅中最为关键的一步，它是在浏览和粗读的基础上对比较有价值的文献资料进行的一种求深、求精、求透、求创新的阅读方式。精读是一种理解性、创造性的阅读，包括准确阅读文献，全面把握文献的内容和逻辑结构，对文献的观点和材料等提出质疑，提出超越所阅读文献的新思想、新观点、新方法等四个阶段。在精读时，应随时记下文献启发的思考——文献的要义、文献的创新之处、存在的问题、对文献的评价、自己提出的新见解、解决问题的新观点等。

二、文献研究方法

文献研究方法就是对文献进行查阅、分析、整理并力图找寻事物本质属性的一种研究方法。广义的文献研究法既包括定性研究，又包括定量研究。狭义的文献研究法仅仅指定性研究。文献研究法主要有非结构式定性分析方法和结构式定量分析方法，它们各自从不同侧面对文献中所包含的信息进行加工和整理。

（一）非结构式定性分析

研究者常常倾向于对文献进行定性分析，应用逻辑推理探索事物之间的逻辑关系，而不是其数量关系。

通常说来，文献是对有关事物性质、功能和特征等方面的描述，这些定性描述较少展现研究主题内的变量关系，因此研究者往往倾向于应用逻辑推理探索事物之间的逻辑关系，而不是它们的数量关系。对文献进行定性分析研究成了研究者最常用的方法之一。

定性分析一般是对文献中所包含的信息进行分类，选取典型的例证加以重新组织，并在定性描述的基础上得出结论。文献的定性分析在辨别过去的趋势并用该信息去预测与此相关的未来模式方面，具有特别的价值。与定量分析相比，定性研究有其显明的特点：

①它不太注重文献资料的数量特征和完整程度，更注重对文献性质做出分析研究，探索规律性或特殊性。

②文献的定性分析的一个重要方面是个人文献研究。包括对信件、日记的分析研究，注重的是文献的个案，允许从事研究的人员选择足以证明某一观点和问题的例子。

③从某种意义上说，文献的定性分析类似于观察研究，在研究时比较灵活随意，研究过程的规范程度不太高。

④定性分析难免主观，所以定量研究就成为一种必要的补充。

文献的定性研究具有主观性。由于定性分析存在着明显不足，因此我们在文献研究时不能仅仅满足于对文献的性质、特征和属性做出描述和分析，揭示其逻辑关系，还必须对文献中各个因素间的数量关系做出研究，即进行结构式的定量分析。

（二）结构式定量分析

定量分析又叫内容分析，是对文献内容做客观而有系统的量化并加以描述的一种研究方法。

定量分析主要用于趋势分析、比较分析和意向分析等方面。

趋势分析定量分析可利用同一对象在不同时期内容资料量化结果的比较，分析某种现象或思想观点的发展过程、演变规律及今后趋势。例如，通过收集某一时期我国体育学期刊有关教学方法方面的文献，做出内容分析，可以发现我国课程政策的变化过程及趋势。

比较分析定量分析可通过对同一中心问题但对象或来源不同的样本量化结果的对比，对不同地区、学校和个人的教学理念、方法、效果等进行比较。例如，比较不同国家和地区各类体育教学问题的异同，比较两个学术流派学术观点的异同，比较不同学校、不同教师教学方式和教学效果的异同，比较两种不同教学计划的差异，比较两个不同学校学生体育学习态度、体育参与状况的差别等。

意向分析定量分析可通过某一对象在不同问题或不同的场合所显示出来的文献资料进行内容分析，研究该对象的意向。例如，分析某优秀教师的经验特点，分析不同类型教师、学生的心理状态、潜在动机和价值观念。

三、文献研究的步骤

（一）确定研究问题并拟定研究计划

查阅文献，确定研究问题，根据研究问题拟定研究计划。

（二）文献资料的阅读与整理

阅读与整理收集到的文献，是文献整理与加工的重要工作，往往也是一项艰苦的工程。其中，筛选要阅读的文献应注意以下三个方面：

1. 文献与研究课题的相关程度

研究者对文献的研究内容、方法、结果、结论与当前课题的关系进行判断，如果在任何一方面均没有实质性的联系，则此文献应剔除。事实上，一个具有创新的课题，在文献的筛选过程中，很难查阅到与课题完全相关的文献，可根据文献相关和拥有程度来取舍。

2. 文献的代表性程度

文献的代表性主要体现在选题、理论取向、方法与结果等方面。研究者既要选择不同时期的典型性文献，也要重视独特性文献，可考虑文献的作者、出版发行单位、社会传播等方面的因素。

3. 文献的学术水平

对于不同类型的文献，其学术水平评定标准存在一些差异，研究者可通过考虑文献的理论框架、研究设计、研究方法是否严密、阐述深度、研究结论的可靠性等判定其学术水平，决定剔除与保留。

（三）文献资料的评价

1. 外在批评

评价文献的有效性。在确定文献的效度时涉及许多方面的因素，有时任何一个方面都有可能导致文献无效。从记录文献的角度看，作者在事件发生背景中的地位非常重要。作者是否处在能够写出有效文献的位置上？作者是现场观察者吗？时间和地点等因素是否与已知内容相符？以第一手资料形式出现的文献是否为代笔人所写？

2. 内在批评

文献研究中的内在批评在于评价文献内容的意义和可信程度，强调的是文献内容本身。有时，内外批评之间会有交叉。

内在批评在检验文献内容、确定文献真实性程度时，作者是一个重要因素。例如，作者是否有什么偏见？一个对现行教育政策持反对意见的人可能比赞同者更多地强调不利因素。同时，对作者的写作风格和技巧进行适当分析也很重要，作者写作时大量引用了他那个时代已有的文献吗？作品是比喻性的还是真实事件的记录？

（四）综合分析文献内容

对内容进行整理、描述、分析并得到结论的过程。

（五）形成结论

在很大程度上依靠对从文献中得来的信息的逻辑分析。

第三节 文献综述的撰写

文献综述是文献综合评述的简称，指在全面收集、阅读大量的研究文献的基础上，经过归纳整理、分析鉴别，对所研究的问题在一定时期内取得的研究成果、存在的问题以及新的发展趋势等进行系统、全面的叙述和评论。文献综述是一切研究的基础，在论文写作中占据着重要的地位，是论文中的一个重要组成部分。文献综述的好坏直接关系到论文的成功与否，反映出研究者的研究能力，同样，也与研究者对文献综述作用和功能的认识紧密相关。

一、文献综述的作用

一篇好的文献综述表明作者熟知某一知识领域，由此而建立起对当前研究的可信度和可靠性。通过文献综述，读者可以了解到作者熟知某一研究领域的主要问题，并为读者勾勒出某一问题研究的发展历程，将研究的起源、发展和现状展现在读者面前，将当前研究置于一个相关的大的研究背景之中。

文献综述是对某一研究问题的研究成果进行分析和综合。一篇好的文献综述要有机地整合相关领域的不同的研究成果，通常评价研究结果，指出这些研究结果的异同，研究结果是否具有代表性，还有哪些遗留问题没有得到有效的解决等，为今后的研究指明方向，提出合理化建议，从而激发新的思想和研究灵感。读者会从中得到启发、受益，为自己的研究找到突破口。

二、文献综述的种类

（一）背景式综述

背景式综述介绍某一研究问题的意义、背景情况，将该研究问题置于一个大的相关的研究背景下，让读者了解到该研究在整个相关的研究领域中所占的比重和位置。这是文献综述中最常见的一种，通常在文章的开头部分出现。读者可以从背景式综述中看到该研究问题与前期研究的相关性，并了解到前期研究中存在的问题和不足。例如，赵飞飞在其硕士毕业论文《中学体育教师的教学技能对体育教学安全影响的分析与研究》中，通过对体育教学技能、体育教学安全等方面的综述，指出了目前研究的四点不足。简要内容（文中引用文献的标注已删除）如下：

1.3　文献综述

……

1.3.1　体育教学技能的研究

合格的体育教学，首先是会教学，然后才是体育教学，在张志勇主编的《体育教学论》中，他将“教学”表述为：教学是一种以教材为中介，以学生的全面发展为目的，学生在教师的指导下掌握知识的认知活动。在明确“体育教学技能”的具体含义之前，我们要首先明确“体育教学”的含义……根据毛振明的《体育教学论》……他将体育教学技能定义为：教学技能是指在课堂教学过程中，体育教师完成某种体育教学任务所采用的一系列的行为方式。根据以上论述我们可以总结体育教学技能是体育教师在完成以合理的身体活动或身体练习为中介，以增进学生健康，促进学生的身心和谐发展为最终目的，学生在教师的指导下掌握体育知识、技术、技能的认识和实践活动的过程中体育教师所采用的一系列的行为方式。

1.3.1.1　体育教学技能分类的研究

……国内外诸多权威专家学者，对教学技能通过不同视角进行归纳分类研究。

国内毛振明主编的《体育教学论》一书将教学技能细化到课堂教学技能的具体方面，其分为：设定教学目标技能、教学语言技能、导入技能、讲解技能、演示技能、提问技能、反馈技能、控制、板书和结束技能。而杨静……陈高如……孙志刚……王利娥……张铁牛……

在国外……

1.3.2　体育教学安全的研究

……

1.3.3　目前研究中的不足

通过查阅大量的相关文献，综上所述，当今体育教学技能的培训和体育教学安全问题成为众多学者研究的热点，目前学校体育研究人员主要从宏观、微观及场地器材等方面对学校体育安全问题进行了研究，旨在预防、控制体育安全问题的发生，从而保证学校体育工作顺利开展。体育教学技能方面对体育教师的培训途径及提高改善体育教学技能的方法也是研究众多，虽取得了一定的成果，但是对于体育教师教学技能对体育教学安全影响的分析与研究涉及得相当少，这些不足具体表现为：第一，研究内容单调，研究主要集中在学校体育安全问题的原因、对策、现状及发展；第二，研究主要停留在表层研究，对学校体育安全的主观因素研究太少；第三，研究中与其他主观因素的相交点太浅。第四，研究对象中涉及高校比较多，而关于中小学的相关研究较少，不能更好地为开展体育教学活动服务。

……

(二) 历史性综述

历史性综述是一种介绍性的综述，主要用于追溯某一思想或理论形成和发展的来龙去脉。研究者们往往对某一领域中最重要的问题作历史性综述，历史性综述对介绍某一学科领域具有重要的作用。读者通过阅读历史性综述，会对某一学科的全貌有一个基本的了解和认识。如，崔宗祥、赵晚霞发表的《我国当代体育教学原则体系研究综述》，按照我国历史发展进程，对中华人民共和国成立以来我国体育理论界有关体育教学原则体系的主要成果进行综述，分析了该体系的整体发展脉络、原因及其指导意义，认为现代体育教学原则体系应根据现代体育教学的特点、发展趋势从整体、综合的观念出发构建。简要内容（文中引用文献的标注已删除）如下：

……因此，对我国当代体育教学原则体系的主要研究成果加以评析、综述，对体育教学原则体系自身的完善、更好地指导教学实践，也就愈显出其必要性和积极意义。

1. 我国当代体育教学原则体系研究概述与分析

1.1 1949—1966 年

中华人民共和国成立初期，党和政府都十分重视学校体育工作，为迅速提高国民体质、保证青少年学生的身体健康，毛泽东同志曾两次做出“健康第一”的指示。……

1.2 1966—1978 年

“文化大革命”期间，由于学校体育思想扭曲，一段时间盛行“体育无用论”。至 1979 年扬州会议前，学校体育处于混乱、倒退阶段，对体育教学原则体系的研究处于空白区，形成发展上的断裂。

……

1.5 2000 年以后

进入 21 世纪后，现代教育发展对学校体育及人才的培养提出了新的更高的要求。随着“以人为本、健康第一”学校体育教育指导思想的深入，体育教学原则体系的研究中也更加注重体育的健康观。

……

从以上的体育教学原则体系中可以看出，随着相关学科的发展，体育教学原则体系的理论基础更加坚实，内容有效地反映出新思想、新观念，体育教学原则体系的构建表现出整体性、综合性的特点。

2. 结论

(1) 体育教学原则体系是一个开放的系统，随社会的进步、教育的发展及人们对体育教学认识的提高和实践经验的积累而发展、丰富。

(2) 体育教学原则体系研究过程中，早期存在着不能适应当代教育理念、体系表述层次不清、内容表达移植过多的问题。

……

（三）理论式综述

理论式综述是对解释同一现象的不同理论进行综述，分别介绍不同理论，比较各种理论的优势和劣势，并评价它们对该现象的解释力。当研究者需要整合两种理论或拓展某一理论时，往往会作理论式综述。例如陶弥锋、宋欧、严财庆等2006年发表的《我国普通高校体育教学模式综述》，介绍了7种教学模式的特点，得出"俱乐部型"、"分层次型"、"三自主型"体育教学模式将成为我国高校体育教学的主要模式。简要内容（文中引用文献的标注已删除）如下：

本课题以现阶段我国部分普通高校的体育教学模式为研究对象，试图为高校体育教学模式的改革做些资料收集和分析的基础准备工作。本文把我国关于高校体育教学模式相似或者相近的观点进行归纳总结作为本课题研究的理论基础，并在此基础上试图提出自己看法。通过对国内体育专业刊物上的论文和资料的整理和综合，本文得出我国普通高校体育教学模式有以下七类，现分别综述如下：

1. "三基型"

……然而这种教学模式的弊端在教学过程中也是很明显的，比如教学内容中有一部分与中小学体育教学重复，形成"重复建设"，而缺少新意，教学过程规范但不免呆板，缺少灵活性和趣味性，且不利于学生的个性发展。

……

7. "三自主型"

以"三自主型"形式开展教学能充分调动学生的积极性、能动性，给不同层次、不同类型、不同环境、不同需求的各类学生提供了一个良好的平台。但这种教学模式对学校的师资、器材、场地、观念等其他配套设施要求较高。

综上所述，……目前，普通高校7种主要体育教学模式各有各的风格和优势，但也存在不足。"三段型"体育教学模式是目前全国普通高校采用最多的一种，但相对来讲是属于比较传统的一种教学模式。"俱乐部型"、"分层次型”、“三自主型”的教学模式是当前高校体育教学模式中较优越的3种模式，具有强大的生命力，将成为21世纪我国高校体育教学的主要模式……

（四）方法性综述

方法性综述是研究者对研究成果的方法部分进行综述，评价相关研究中研究方法使用是否正确、得当，指出不同的研究设计、不同的样本、不同的测量方法可能会导致不同的研究结果等。杨黎明2004年发表的《学分制下体育与健康课程教学方法》总结出常用的16种方法，并对其各自的教学特点与运用规律进行了阐述。简要内容（文中引用文献的标注已删除）如下：

……

2. 学分制下体育与健康课程16种典型教学方法的基本特征及运用规律

2.1　运动处方教学

……

2.16　声像教学

3. 学分制下体育与健康课教学方法的发展趋势

（1）由单一性教法向多样化、素质化模式发展。教学方法与手段的发展是以教学目标为指导的，也是为完成教育教学目标服务的。现代体育教学目标本身具有发散性，这决定了为完成教学目标所采用的方法与手段也必须是发散性和多样性的。

……

（五）整合式综述

整合式综述是研究者整合研究问题的相关论文和研究报告，为读者展现出该问题的研究现状。例如蒋建强、柴国荣2010年发表的《我国农村学校体育教学研究综述》，他们查阅了216篇关于“农村学校体育”和“体育教学”的文献资料，揭示我国农村学校体育教学研究类型主要包括改革类与现状类；农村学校体育教学研究重点主要是关于体育教师、学生、农村学校体育教学资源的开发、体育教学内容等方面的研究。简要内容（文中引用文献的标注已删除）如下：

……本研究主要以CNKI网络期刊文献为研究对象，通过以主题“农村学校体育”在CNKI期刊网搜索：截至2009年9月共有856篇文献，二次检索主题“体育教学”有186篇；另外在中国优秀硕士学位论文全文数据库上以主题“农村学校体育”进行检索的结果：从2002年4月到2009年8月共有记录285条，二次检索“体育教学”有30条记录。对收集的期刊文献从两个方面进行统计分类并作综述分析，首先从总体研究水平来看：农村学校体育教学的研究主要有关于农村学校体育改革类与现状类的研究；其次从对体育教学各构成要素的研究方面来看：农村学校体育教学研究重点主要是关于体育教师、学生、农村学校体育教学资源的开发、体育教学内容等方面的研究。

1. 农村学校体育教学研究的总体状况

1.1　研究数量呈逐年上升趋势，近十年来发展更为迅速

……

1.2　农村学校体育教学研究内容的基本情况

2. 研究集中的重点及成果

2.1　农村学校体育教学改革类的研究

农村学校体育教学改革一直是体育教学研究领域的重点。早在1989年，张海红等针对影响我国农村小学体育教学改革的原因提出……

2.6　有关农村学校体育教学内容的研究

有关农村学校体育教学内容项目的研究主要集中于把乡土游戏类教材引进课堂、对场地设施的改造、有关新型体育项目的引入等。本土游戏作为教材内容有着独特的趣味性和地方特征，将本土游戏类教材作为课程内容与传统体育教材结合进行体育教学，往往能使教学事半功倍。颜世刚、沈嘉奇认为在贫困地区的学校体育教学中引入乡土教材可培养学生热爱家乡、消除因贫困落后造成的自卑心理、增强学生自信心，同时对尊重传统、弘扬优秀传统文化、充分发挥体育教师的职能和因地制宜利用体育资源起到积极作用；黄建英认为体育游戏的易行性为体育设施缺乏的农村学校提供了丰富的教学方法和手段；张敏针对农村学校场地器材缺乏的实际状况，分别从体育课的准备活动部分、基本部分和结束部分三个方面阐述如何运用体育游戏等。

3. 农村学校体育教学研究存在的不足

……

4. 农村学校体育教学的研究展望

……

百年大计，教育为本，教育的发展在很大程度上体现着国家的发展，农村教育是中国教育的重要组成部分，农村学校体育教学的发展能否作为解决中国学校体育教育相对落后的一个突破口，能否摆脱大部分农村学校落后的窘境是研究农村学校体育教学的现实意义。希望以上的研究展望对我国农村学校体育教学的科研发展有所帮助，更希望农村学校体育教学的腾飞能成为一个新的时代标志。

三、文献写作的要求

(1) 整理、组织相关文献的笔记。一篇好的文献综述要结构合理、层次分明，如引言、结论、段落之间要环环相扣，衔接自如。

(2) 在文献综述写作过程中，要紧扣主题，清晰、有效、准确无误地表达观点。

(3) 采用批判的态度，广泛阅读相关文献。不能盲目接受他人的观点，对来自权威的观点要敢于质疑、批判。

(4) 质疑、评价所阅读的内容，要始终记得并非印成铅字发表出来的东西都是完美无缺的。

(5) 在阅读一篇论文时，要仔细阅读论文的引言和标题部分，看它们是否与论文其他部分的内容保持一致。

(6) 一篇好的论文应具有严密的逻辑性，在阅读时应找出每篇论文的逻辑关系，从而把握论文的论点、论据和结论。

(7) 一篇论文最容易出现错误和纰漏的地方是方法和结论部分。有些研究者通常不能有效地解释他们所使用的方法和得出的结论，因此，仔细阅读方法和结论部分，会找出该研究的瑕疵所在，以便完善后续的研究。

(8) 阅读文献时，要注意看结论与前面的数据是否一致。

四、文献综述的结构

文献综述一般由前言（引言）、正文、结论和参考文献四大部分组成。

(一) 前言（引言）

简要介绍所综述的课题、研究目的及意义。说明有关概念，规定综述范围，介绍本课题的基本内容：包括研究的历史、现状、前景和争论焦点等，使读者对全文有一个概括性的了解。

(二) 正文

正文是综述的主体部分，主要包括：某专业、学科在某阶段的发展历史；当前实际工作水平、成就；研究问题的论证；与同行的不同看法、观点进行分析比较研究等等。不一定完全包括以上内容，但是要客观、科学地论证和解决研究问题。

(三) 结论

结论是综述的结束语。一般包括研究的结论、意义，存在的分歧，有待解决的问题和发展趋势。还要概括作者综合分析后的见解、趋势预测与展望、改进意见及新的设想等。

(四) 参考文献

注明作者所引用的资料，供人们核对或作进一步研究用，这些按引用顺序列出

(具体细节请参考要投稿杂志的要求)。参考文献在一定程度上反映了综述的深度和广度。

五、撰写文献综述应注意避免的问题

(1) 重复综述。综述应从一、二次文献中归纳综合而成，不宜在别人的综述基础上再作相同范围内的综述。

(2) 选题宽泛。选题要切合实际，简洁明了，能够概括全篇主题，且能引人注意。单纯追求选题的大而全，范围过于宽广，反而会出现选题过宽而内容过窄，文题不符的问题。

(3) 只综不述。综述虽然是综合叙述，但它绝对不是一次性文献的叠加和堆积，必须进行再创造。综述是综合与评述相结合的产物，综合是基础，是对前人发表的文献收集整理、综合的过程；评述则是通过对材料的引用与观点的取舍，客观分析一次文献、数据和观点的过程。综合和评述两者缺一不可，只综合不评述是一种单纯的资料堆砌；只评述不综合写出来的综述形同无源之水，缺乏科学性。

(4) 添枝加叶。综述的基本原则是忠于原文、用事实说话。因而综述的内容一定要具有真实性和科学性，科学性是综述写作的生命。综述中所引用的数据、结果、结论一定要符合科学性，不能主观判断，更不能凭空想象或推测、加工。如果仅通过阅读或摘录，在别人综述的基础上作第二手综述，则可能出现片面性，甚至以讹传讹。详略把握得当，重点突出。综述由于信息量大，综合性强，在撰写时，涉及的一次性文献范围广、材料多，而且结构庞大，如果不注意详略得当，那么，重点就难以突出，就难以起到浓缩资料的作用。

(5) 引文资料跨度太长。综述的长度可以依据正在准备的研究报告的类型而定。在一篇为专业性杂志所写的文献中，其综述是非常有限的，可能只有一页纸。当然，有关研究问题的来龙去脉及其他某些内容还是必须交代的。在这样的情形下，综述可以包含 6~8 种参考材料，有时会少些（在一些文章中，由于刊物版面的限制，只包含 1~2 种参考材料），这并不意味着研究者只读过 2~3 种资料，许多内容可能已读过，但只有最相关的材料才被提及。当一份综述是为较大的研究而写时，比如一篇博士论文，许多的报告，可能有 50 种或更多资料将被涉及。在此情况下，文献综述成为一项主要任务，所写的综述自身一般也含小标题，而且从摘要中所抽取的信息也是按照小标题组织起来的，这样的综述可能占全文的 1/7~1/5。如果不考虑综述长度的话，研究者应尽可能在综述中包含最新的信息，这并不是指过去的信息是不相关的，而是综述应超前于时代。如果没有一份参考材料是近 10 年的话，这样的综述无疑有严重的缺陷和不足。

练 习

1. 检索并下载关于“体育教学”和“运动训练”方面的文献资料，包括期刊、会议文献、科技报告、学位论文、报纸文章等几种类型。

2. 选择一个关于某运动项目体育教学或训练方法方面的研究课题，撰写一篇4000字左右的文献综述。

第四章 观察法

观察法是人们为认识事物的本质和规律，通过感觉器官或借助一定的仪器，有目的、有计划地对自然条件下出现的现象进行考察的一种方法。科学的观察具有目的性和计划性、系统性和可重复性。常见的观察方法有：核对清单法、级别量表法、记叙性描述。观察一般利用眼睛、耳朵等感觉器官去感知观察对象。由于人的感觉器官具有一定的局限性，观察者往往要借助各种现代化的仪器和手段，如照相机、录音机、显微录像机等来辅助观察。

观察法在基础教育和体育教学研究中有着重要的作用。首先，科学的观察是获得并积累感性材料的重要渠道。教学活动包含师生相互作用、学生之间的协作活动、人场地器材之间的相互作用等，既有师生交互发生作用的心智活动，又有通过教师和学生应用技能所显示出来的外在行为与表象。因此，这些复杂现象的变化过程，常常要通过观察来认识。观察所直接获得的第一手材料，是理性方法所赖以进行的基础与依据。其次，观察是及时获取反馈信息、验证假说的必要手段。借助观察法能及时了解教与学双方的思想、行为变化情况，能及时地获得学生对教学情况的反馈，及时地了解教师如何调整教学策略，有效地验证假说。所以，善于运用观察法是保证教育教学水平所必不可少的。

第一节 观察法的特点与分类

观察法是观察者直接利用自己的眼睛、耳朵等感觉器官去感知被观测对象的行为，这种观察往往是在被观测对象没有觉察的情况下进行的。通过观察可以了解教师的教育、教学活动，帮助我们系统地观察教师在课堂教学中的活动情况，从而探讨与教师教学活动有关的规律；了解学生与教师的关系，研究教育者与被教育者之间的相互影响，促进学生更好地发展，揭示各项教育因素的作用，使教育过程得到更好的调控，从而产生更好的教育效果。例如，教师可在日常教学活动的环境下观察学生的精神面貌、言谈举止、行为动作、操作实践等；也可在课外活动时间里观察学生的兴趣爱好、待人接物方式、思想品德表现等；还可通过观察学生参加体育比赛的过程了解学生的思维持点、动作技能及表现风格等。

一、观察法的主要优点与局限性

（一）观察法的主要优点

观察法是一种自觉的、有目的、有计划的认识活动，而不是盲目的简单反射式感觉。日常生活中的观察是观察者通过看、触、尝、嗅等方式消极地接受外界对感官的刺激；而观察法还包括理解或从理性上领会的含义。观察法有着明确的观察目的和观察对象；有着具体而严密的观察计划，是为了提示自然现象中的规律而积极、主动地对客观事物进行考察和描述的过程。在体育教学研究中高速摄像机、高速摄影机、电子显微镜、三维测力台、数字化场地等先进的仪器设备为人类更深层地观察、探索体育运动的客观规律提供了可能。观察法具有如下特点：

①直接性。由于观察者与被观察的客观事物直接接触，中间不需要其他中间环节，观察到的结果，所获得的信息资料，具有真实可靠性，是第一手资料。

②情境性。观察一般是在自然状态下实施的，对被观察者不产生作用与影响，即无外来人为因素的干扰，不会产生反应性副作用，能获得生动朴素的资料，具有一定的客观性。

③及时性。观察及时，能捕捉到正在发生的现象，因此所获信息资料及时、新鲜。

④纵贯性。对被观察对象可以作较长时间的反复观察与跟踪观察，对被观察对象的行为动态演变可以进行分析。

⑤普适性。观察适用范围较为普遍，不但自然科学研究与社会科学研究普遍适用，而且在教育技术研究中，不少方法如调查法、实验法等也与观察法有密切关系。

总之，观察法具有方便、易行、灵活等特点。对观察者而言，他可在自然条件下随时随地进行观察；根据需要，观察时间可长可短，观察者可多可少。对观察对象而言，他可以不受人为干扰，以保证观察者在正常的自然状态下完成相应的工作。因此，观察法可以直接收集到具体、真实、可靠性较高的材料。

（二）观察法的局限性

1. 被动性、偶然性和片面性

由于观察法是在“自然”条件下，对人或客观现象进行的考察，因此，如果所要观察的现象不出现，则观察者往往要消极地、被动地等待，而即使所要观察的现象出现了，观察所得也往往是片面的和不系统的；观察者没有主动权，对于影响观察结果的种种因素难以控制，因此，单凭观察法得到的结果是不够科学的。

2. 难以数量化

利用观察法所得结果一般是描述性的，即使是定量观察，也往往只能限于经常性和百分比处理，如次数、发生率等，因而不能进行统计学处理。同时，观察法的描述性结果，使得资料的主观性较强，推论、归类较多，其中不可避免地掺有研究者的意思、情感及能力等个人因素在内。

3. 样本量小

观察法虽可通过制定一定的标准来加以评定，但不易完全统一标准，且所需时间也较长，被动等待并不一定会出现的现象将受到时间、空间的很大限制，更影响了大样本观察的可能性。因而，观察法一般不易大规模进行。

总之，观察法既有其优点，也有其固有的局限；如能以科学的、客观的态度来进行观察研究，并结合其他研究方法，则能得到较为可信的结论。

二、常用的观察法类型

对某一个特定研究问题，从成本和数据质量的角度出发，需要选择适合的观察方法，通常采用描述性观察法、抽样观察法、评价观察法等三种观察方法。

（一）描述性观察法

描述性观察法是指通过详细记载时间或行为发生、发展的过程而获得资料的方法。它又可分为以下几种：

1. 日记描述法

日记描述法是一种记录连续变化、新的发展或新的行为的观察方法。这是一种纵向记录的方法，在较长时间内重复观察同一研究对象。日记描述法要求记载详细、具体、有背景、有情节，能提供发展的完整次序，观察的时间很长，比较费时、费力。如达尔文（C. Darwin）在关于他儿子多边行为发展的日记中，对从多边的、最早的反射活动直至推理、道德判断等复杂行为都进行了详细记录；我国教育学家陈鹤琴从儿子陈列鸣出生的第二天开始，就对其身心发展进行了长达808天的连续观察，并进行了文字、摄影记录，内容包括幼儿反射性动作、行为、能力、情绪、言语、知识、思维等各方面的发展情况，共354项在儿童发展中具有重要意义的事件，并著成《儿童心理之研究》（1925年），这是我国学者采用长期观察、追踪记录的方法，首开对儿童身心发展规律进行个案系统观察研究的先河。

2. 轶事记录法

轶事记录法与日记法都是描述性的，但它不像日记描述法那样连续记载新的发展或新的行为，而是着重记录某种有价值的行为或研究者感兴趣的事例。它可以用于评价学生发展领域的主要技能、习惯、态度、兴趣、评价的那些行为上。将观察聚集于几种典型行为上，并关注某些重要但不常见的事件。把观察限定到少数几个需要特殊帮助的儿童身上。轶事记录法不受时间限制，不需要特殊的情境，不需要特殊的步骤，简单易行。

3. 连续记录法

连续记录法是对自然发生的顺序事件或行为在一定时间内作连续不断的记录，其记录要求描述足够详细精确和足够完整的情节，一般比轶事记录法更完整。这三种描述方法的记录都要求：描述要具体，设法写出具体行为，不要归纳或用抽象形容词和副词，尽可能避免使用个人自己的描述词和解释词。描述性方法的主要不足是记录信息、分析综合资料所需时间太长。例如哈佛大学的布朗（R. Brown）领导的一项关于儿童与母亲的自然语言交往的研究，研究者每隔一周访问一次儿童的家庭，每次至少观察记录两小时，历时两年，使人们对儿童的语言获得的典型过程有了基本的了解（1964 年）。

（二）抽样观察法

抽样观察法是指观察者因受各种条件的限制，而不可能在一定时间内对全部观察对象进行全面系统的观察，而只能根据研究目的，从研究对象的总体中抽取有代表性的样本作为观察对象的方法。样本既可按行为、事例，即特定的教育活动情境来抽取；也可按时间，即特定的活动发生时间依比率来抽取。我国学者曾采取按行为事例抽样的方式来观察儿童的独立性、助人行为、依赖性、攻击行为和友好行为（1984 年）；而上海电视台对学生课余时间如何安排做抽样调查的节目，则按时间抽样的方式来间接观察学生的负担（1998 年）。抽样观察法是缩小范围的聚焦观察。抽样观察法首先对观察的行为或事件等进行分类，通过分类将其转化为可以数量化的材料；其次，用具体的、可感知的方式对每种类别进行界定；最后，根据类别设计出记录表，从而便于记录。抽样观察法大致有四种。

1. 时间抽样法

时间抽样观察法是常用的观察法之一。观察者事先确定所要观察的维度，然后据此有选择地在某些时间段内观察某一特定行为或发生的事情，并把所观察到的结果记录到事先拟定的编码记录表上。时间抽样设计观察的主要指标有：①规定时间内某种行为是否出现及出现的种类；②规定时间内行为发生的频率；③规定时间内行为的持续时间。时间抽样对观察的事物或行为由于有一定的时间限制，因此适合研究高频率发生的行为，一般认为 15 分钟内不出现一次的行为，就不能用此种方法，如观察学生在上课开始后 15 分钟内的课堂违纪行为。

2. 事件抽样法

事件抽样法是指观察前选定所要观察的行为或事件，观察中只注意观察这些选定的行为或事件，如观察一堂优质展示课，一场典型比赛案例等。当确定所要观察的事件时，要进行现场判定并将事件完整记录下来。比如观察一项体育比赛，记录比赛过程所发生的行为和事件等。事件抽样法研究的事件记录比较完善，便于分析前因后果，同时，事件抽样法不受时间限制，因此可以研究多种行为和事件。

3. 个人抽样法

个人抽样法是对单个被试连续抽样，以个人为单位，在规定时间、场景内，记录关于这个个体的所有行为和事件，然后再选择另一被试进行观察，如此反复进行，最终获得多个个体组成的样本。在个人抽样中，最重要的一点就是被试的选择要保证随机性，否则被试不具有代表性，收集到的资料会失去其应有的价值。比如，选择一个初一年级的学生观察并记录其在体育课堂的情况，在每节体育课的前20分钟，观察者首先要选择一个不同的学生进行观察，作为反映这个班所有学生的情况，从而获得资料。

4. 场所抽样法

场所抽样法就是选取某一场所作为观察的对象，比如观察学生在操场或体育馆的体育行为表现。抽样观察法的最大优点就在于记录简单，结果数量化，便于分析，但是记录结果没有描述法那样详细、具体，缺乏事件和行为发生的背景资料。

(三) 评价观察法

评价观察法也称为等级量表法，在观察前，要确定观察的行为，并对这些行为预先确定标准，即划分不同的等级。观察者根据预定标准，在观察行为的同时，要对观察的行为做出评价。根据评价方式的不同，评价观察法可以分为数字等级法、图标评价法、语义类别法、强迫选择法等不同的类型。评价观察法的优点是使用方便，而且测量也很迅速，但是容易受到观察者主观偏见的影响，因此其观察信度较低。

第二节　观察的基本程序

一、制订观察方案

观察方案是组织进行观察的依据，内容应包括：目的、任务、观察对象、观察内容与方法、观察指标（或规格）、观察方法（时间、方式和位置等）等。

(一) 观察的目的、任务

明确观察目的、任务，是制订观察方案的基础。它决定着所要选择的观察对象、观察指标、观察方法以及观察的组织等。观察目的：一是通过观察，收集客观材料，提出新问题；二是通过观察，发现新问题，提出研究方向。因此，应明确观察问题的中心，范围不能太广，否则观察工作不能深入，影响观察效果。

(二) 观察对象的选择

根据观察目的、任务，选择观察对象的范围和人数（队、班、组或个人）。观察对象应具有代表性。

(三) 观察的内容和方法

根据目的、任务确定观察内容和方法，是一个很重要的基本环节，是决定观察成败及成果大小的重要因素。确定观察内容时要注意：①要有的放矢地选择与研究问题相关的内容；②既要有重点，又要全面地收集影响因素的相关内容；③根据条件和可能确定观察内容。确定观察方法时要注意：①应取得有关单位的支持和配合；②要了解观察对象的一般情况；③要统一思想、统一方法、统一规格、统一符号，并熟悉观察记录方法；④观察时使用的工具、器械、仪器的准备、检查和核对校准。

(四) 观察指标选择原则

观察指标具体内容的确定应遵循以下原则：

(1) 观察指标内容客观性。例如，身高、体重、臂长、腿长、弹跳、血压和心率等都是可以测量出来的，又是能在限定的条件下重复出现的。可以说，重复性就是客观性的体现；

(2) 观察指标内容的完整性，即所有出现的事件都要考虑到，并能够记录到观察量表中；

(3) 观察指标内容的可操作性，即观察中所有出现的事件必须有一个明确的定义，各种事件之间界限要明确，这样才能在实际的观察中进行操作；

(4) 观察指标内容的有效性，即观察指标能反映所要研究的问题。例如，研究一堂体育课（或训练课）的运动负荷或强度时，应选择心率、血压和尿量等内容的测定作为观察指标；若选择呼吸差、肺活量作为观察指标就不合理，不能客观地反映研究的对象；

(5) 观察指标的可能性。现代科学的发展，使得准确、灵敏的观察往往要借助仪器，以增强人类进行观察的感官作用、扩大观察的幅度、加深观察的深度，使观察更为深刻和准确。例如，进行技术分析时，可采用高速摄影机、录像机等科学仪器。

二、观察前的准备工作

制订观察方案之后，做好观察前的准备工作是顺利观察和获得可靠观察资料的前提，是观察的序曲和前奏。观察前，应做好以下几项工作：

①应取得有关单位的支持和配合。

②要了解观察对象的一般情况，如训练水平、一般和专项素质、技术水平、战术意识、个人特点等。

③要统一思想、统一方法、统一规格、统一符号，并通过练习熟悉观察记录方法。

④观察时使用的工具、器械、仪器的准备、检查和核对校准。如记录表格、秒表、照相机、录像机等。

三、观察过程

根据观察的任务选择具体的观察方法，计划出整个观察过程，包括观察的次数、每次观察时间、地点、方向、角度、位置等具体情境及要求，并提出明确的具体方法等。

1. 严格按照计划执行

尽量严格按照计划进行，观察的目的明确，忠实于原定的观察范围。观察过程中如发现原定计划确有不当之处，或观察现象有所变更时，则应见机行事，务求能妥善地完成原定任务，尽可能地取得最佳效果。

2. 选择最适宜的观察位置

观察者的位置应根据观察目的和中心来选择：一方面要保证所要观察的现象，能全面、清楚地落入视野范围之内；另一方面要保证不影响观察对象的常态或其他人的正常活动。

3. 要善于辨别重要的和无关紧要的因素

所谓重要，主要是根据与研究任务关系的大小，及是否能提供有利的资料而定。如果观察者被无关紧要的或次要的因素所纠缠或干扰，则势必影响观察的效率。

4. 要善于抓住引起各种现象的原因

在观察过程中，需要保持思维的清晰和注意力的高度集中。每当一种现象出现时，要能找出影响学生注意力的因素，清楚判断导致学生注意力分散的原因。

5. 要注意在观察范围内各种活动引起的原因

反映有关体育的各种现象，在绝大多数场合，是由一系列的活动及其所引起的反应构成的。例如，教师、教练员的示范动作引起学生的反应；一个体育小组长的活动引起其他组员的反应等。应把注意力集中放在这些活动及其反应上。

6. 借助仪器观察

在某些情况下，借助仪器可使观察更加精确，或可观察到正常视野观察不到的现象：照相机、电影摄影机、录音机、录像机都是观察中有用的辅助仪器。例如，电影或电视的某些“慢镜头”（减速放映）对分析和研究运动员的动作有很大帮助。确定采用何种仪器时，必须考虑其运用的正确性，运用得不正确反而会妨碍观察，影响正常观察工作的进行。

7. 较复杂的观察任务适宜分组进行

分组进行观察必须有明确的分工；每组既要有确定的观察中心，同时也要注意全面观察情况。在进行观察的过程中，各组应采用统一的标准、统一的记录表格和统一的记录符号，以便于进行观察后的核对及综合分析。

8. 要保持观察对象的常态，并取得其密切配合

不要因为方便观察，而影响观察对象的正常活动。因此，必须保持观察对象不受观察的影响，从而使观察材料更真实地反映客观实际情况。

四、记录

1. 不要依赖记忆

观察时，必须及时作好全面记录，凭记忆留下来的东西，不能保证其准确性，内容越复杂、细节和数字越多、时间越久，记忆就越不可靠。

2. 要尽可能节省写字的时间

记录只要求把主要事实记下来，可不用完整的句子。经常出现的情况可用速记符号，字数要尽量少，但记录的内容要尽量全面。注意要把更多的时间用于观察。

3. 记录要清楚、易读、易用

记录要迅速、文字要简洁、字体要清楚易认。速写符号应预先规定并有注释，否则记录符号将成为不可理解的障碍；同时，条理要分明。所以宜用记录表格。

4. 不同的观察任务和内容需要不同的记录表格

一种记录表格不可能对各种观察情况都是很适宜的。观察者可根据具体情况和具体要求自行设计最方便、最适用的记录表格。

5. 借助仪器记录，有利于观察后的研究

照片、影片、录像、录音机等机械性记录，可以把观察时的客观情况保存下来，供以后反复、仔细地分析研究。这些记录往往是很有价值的，但也都有它们的局限性。

五、观察材料的整理

观察记录只是对客观事物的现象进行描述的一种形式，要想从观察记录中找出客观事物发展变化的规律，还必须对观察记录的材料进行加工整理。观察结束后，首先必须全面审核观察记录，剔除可能有错误的材料；对漏记指标或数据，可结合他人同类观察记录或通过其他途径予以校补，但依据不足时应坚决予以删除，绝不可想当然地随意填补。根据不同研究任务的需要、不同指标的性质与特征，可对观察材料进行分类加工、整理，对量化指标进行专门的统计分析处理，以确定某些研究指标与研究问题的相互关系及规律。

第三节　体育教学实践观察

在客观条件下对教学对象进行观察具有真实、直观的特点，能直接反映教学中不同环节的变化。做好课堂观察首先要确定观察指标，也可以借助于一定的仪器、设备。体育课堂教学具有动态的复杂性。因此，在进行体育教学观察时，必须尊重和突出体育课堂教学的诸多特性，强化体育课程的核心价值与基本目标，清楚体育课堂应该观察哪些方面，从哪些角度观察和具体观察些什么等具体问题。

观察层面是指课堂观察所涉及的领域或范围，属课堂观察的宏观层面，具有引导观察方向和确定观察重点的作用。观察视域应基本涵盖教师行为、学生状态以及由师生活动衍生出的体育效果和体现出的课程特性等几个方面。

观察角度是指能反映观察视域基本特征的不同的观察角度，属课堂观察的中观层面，具有把观察视域进一步具体化和明细化的作用。例如我们可以通过目标制定、教材选择、教学条件等几个角度来考察“课程特性”这一视域，评价课堂教学是否很好地体现了体育课程的特性。

观察点是指能反映观察的具体问题。例如我们可以通过教师讲解是否有效(清晰、准确、简明)，教师示范是否有效（正误、方向、示范面和位置）等具体教学细节进行观察，从而揭示和发现体育教学规律和特点。

选择合适的体育课堂观察内容结构体系，是体育教师进行全面性或专题式的课堂观察研究的前提，在此基础上可以通过查阅、记录、询问、观察、录像、测量、计算、制表等课堂观察的技术手段，对体育教学可研究的视域、视角和视点进行教学观察、判断、推论、评价。部分体育教学观察的视域、视角、视点如下：

视域 1：课程特性（见表 4. 1）

表 4. 1　课程特性观察视点

视　角	视　　点
目标制定	教学目标（知识、技能、体能、情意等）是否体现体育课程性质 教学目标是否符合学生（年龄、性别、基础等）的实际 教学目标的制定是否清晰、具体、可观察、可评价
教材选择	教材是否符合课程性质和选材原则（教育性、健身性、趣味性、安全性等） 教材难度、容量等是否符合学生实际，有利于促进学生的身心发展 教材处理（重点、难点、教法、学法等）是否合理、有效
条件创设	场地、器材布置（距离、位置、高低等）是否合理 场地、器材（人均面积、器材数或每件器材使用人数）是否能满足教学需求 场地、器材安全可靠性如何（是否平整坚固无杂物，落地区有无沙坑或垫子）

视域 2：教师行为（见表 4.2）

表 4.2 教师行为观察视点

视 角	视 点
组织管理	教师口令、哨音（清晰、准确、力度、响度等）是否合理、有效 教师组织调队是否合理、有效（简洁、省时、利于衔接） 教师是否具有较强的课堂调控能力（应变、调整、机智）
教材呈现	教师讲解是否有效（清晰、准确、简明、语速、音量、节奏） 教师示范是否有效（正误、方向、示范面和位置） 教师呈现教材的时机是否恰当、合适
学习指导	教师能否及时发现个别学生的动作错误并给出有针对性的纠正方法 教师能否及时发现学生在学习中的共性问题，并给予有效的指导 教师能否及时调整练习（内容、形式、间隔、次数）以有利学生学习

视域 3：学生状态（见表 4.3）

表 4.3 学生状态观察视点

视 角	视 点
学习准备	学生是否提前来到集合地点 学生着装（衣服、鞋子，饰品）情况是否符合体育课要求 学生是否对本课学习内容有所了解（上次课是否预告）
练习投入	学生是否注意倾听教师讲解或同学发言，观察教师示范 学生是否按照教师要求（或创造性地）参与体育学习活动 学生在练习活动中是否全身心投入（次数、幅度、速度、规格等）
心理发展	学生是否对学习内容有兴趣并表现出较强的意志力（坚毅、勇敢、果断等） 学生是否产生良好的情感体验（快乐、开心、振奋、激动、不服输等） 学生情绪在下课和上课时是否有所不同（积极、消极、平淡等）

视域 4：课堂互动（见表 4.4）

表 4.4 课堂互动观察视点

视 角	视 点
师生关系	学生是否勇于向教师提出问题或要求（何时、何地、何问题） 教师语言、行为等是否与学生平等（口气、语言、声调、表情等） 学生对教师的态度如何（喜欢、害怕、尊敬、亲近、远离等）

续表

视　角	视　　点
关注差异	教师是否面向全体和关注差异；体育弱生的参与程度和学习态度如何 教师对发生不良行为的学生的惩戒是否理性（时机、方式、态度、效果等） 教师能否抓住时机对学生进行鼓励、欣赏、表扬等激励性评价
人际交流	学生之间语言或身体的交流（交谈、指导、帮助、保护等）状况如何 教师与学生是否发生了身体接触（帮助、保护、抚触、击掌等） 教师与学生是否发生了面对面的语言交流（交谈、指导、鼓励、询问等）

视域5：教学效果（见表4.5）

表4.5　体育效果观察视点

视　角	视　　点
练习密度	学生全课练习密度达到多少 练习密度是否与本课练习强度相适应 教师有没有增加练习密度的意识和行为（调整器材数量、练习方法、形式等）
运动强度	学生最高心率达到多少；出现时间是否合理 学生平均心率达到多少；与教材内容是否相符 运动强度（重量、距离、幅度、速度）是否符合教学内容与学生实际
动作技能	多少学生基本掌握了所学动作技能（独立或保护下完成） 学生完成动作的质量如何（幅度、速度、距离、姿态、稳定等） 学生是否了解或理解与所学动作技能相关的知识（名称、要领、特点等）

以上的体育课堂观察内容体系为我们进行体育教学研究提供了观察框架，研究者可以根据研究角度的需要选择不同的观察内容，围绕研究目标细化研究的具体内容，确保研究的科学性。

第四节　体育比赛技战术观察

在体育教学、训练、竞赛中，了解和学习对手与本方的技战术特点，为体育教学、训练、战术设计提供科学依据，是提高技战术训练水平，比赛获胜的先决条件。随着计算机软硬件技术和网络的飞速发展，利用电脑、摄像机和网络在比赛现场采集技战术数据已成为一种趋势。通过比赛分析可以了解高水平运动员和运动队的技战术发展动态和方向，作为教学、训练的参考依据。通常的分析手段主要有现场观察和视频观察法，通过观察指标体系与数据处理分析存在的问题和发展方向从而制定训练和比赛策略。

体育比赛技战术分析的基础是比赛观察，它具有系统性、直接性、不参与性、研究性与借助媒介手段等特点。为了能准确地反映比赛的技战术过程，比赛观察应尽可能地将比赛客观、完整地用事先制定的观察指标系统地记录下来，以便在赛后为各种不同的分析提供数据或进行统计学处理。比赛观察的直接性是指对运动员的技战术进行直接观察，而不是通过某种现象或效果进行，如检测运动员比赛的脉搏、测定脚步移动的蹬地力或者触球速度等。非参与性是指研究人员本身并不参与比赛的行为，而仅仅是对比赛进行客观记录，如用摄像机、计算机、录像机、麦克风等。最后一个特点是指比赛观察必须借助于媒介。为了能尽可能客观完整地描述比赛，在比赛项目中必须借助于录像带、计算机磁盘、移动硬盘等媒介。

观察比赛指标的选择一般应依据三个原则，即有效性、经济性和可观察性。观察指标的选择要能反映比赛的过程，以便为比赛的统计、分析和诊断提供有效的信息。尽管现在可以借助计算机记录比赛的各项技战术行为，但仍然存在着比赛分析前期原始数据录入的瓶颈问题。因此，观察指标的经济性是比赛分析需要重点考虑的问题。另外，比赛观察的一个主要特点是它的客观性，所以可观察性也是评价一个比赛观察指标的重要内容。

一、隔网对抗项目观察指标

隔网对抗项目比赛的共同特点是每一次击球后有 3 种可能的结果，即得分、失分或继续；每一分球结束后则只有两种结果，即一方得分或对方得分。比赛中，既可观察各项指标的得、失分，也可观察其效果。隔网对抗项目的观察指标一般可分为技术指标和战术指标两种。

1. 乒乓球比赛技战术观察

①击球技术：发球、弧圈球、挑打、快攻、扣杀、劈长、摆短、挡球、削球、放短球、放高球。

②击球落点：正手短球、正手半长球、正手长球、中路短球、中路半长球、中路长球、反手短球、反手半长球、反手长球。

③击球位置：正手位、反手位、侧身位、反侧身位。

④战术行为：发球、接发球、进攻、相持、防守、控制。

⑤战术特点：强上旋、中上旋、不转旋、中下旋、强下旋，侧上或侧下旋、长球或短球、发球至对方正手位或反手位等，接发球到位率、半到位率、失误率。

⑥得分特点：进攻、防守、失误、正手或反手、弧圈或快攻、得分时间。

2. 羽毛球比赛技战术观察

①击球技术：发球、高球、吊球、扣杀、劈杀、搓球、推球、勾对角球、挑球、扑球、平抽球、平挡球。

②击球落点：正手网前、反手网前、中路网前、正手前场、反手前场、正手中场、反手中场、中路中场、追身中场、正手后场、正手后场中路、头顶后场、头顶后场中路。

③击球位置：正手、反手、头顶、中路、后场、中场、前场、网前。

④战术行为：发球、接发球、进攻、相持、防守、控制、过渡、机会、被动。

⑤战术特点：技能型、体能性、技能体能结合型、持久战术。

⑥得分特点：发球得分、发球抢攻得分、接发球抢攻得分、后场技术得分、网前技术得分、得分时间。

3. 网球比赛技战术观察

①击球技术：发球、抽球、凌空抽球、截击挑高球、高压球、切削球、放小球、抢截球、穿越球、反弹球。

②击球落点：右前场、右中前场、右中后场、右后场、中路右前场、中路右区中前场、中路右中后场、中路右后场、中路左前场、中路左中前场、中路左中后场、中路左后场、左前场、左中前场、左中后场、左后场。

③击球位置：右区位、中路右区位、中路左区位、左区位、侧身位、反侧身位。

④战术行为：发球、接发球、机会球、相持、被动。

⑤战术特点：双打站位：前后、澳式站位、双前、双后、双前对双底、双底对双前、双前对前后、前后对双前、双底对前后、其他。

⑥得分特点：发球得分、发球抢攻得分、接发球抢攻得分、后场技术得分、网前技术得分、得分时间。

4. 排球比赛技战术观察

①击球技术：发球、垫球、传球、扣球、拦网。

②击球落点：前场球（左、中、右）、中场球（左、中、右）、后场球（左、中、右）。

③击球位置：1 号位、6 号位、5 号位、4 号位、3 号位、2 号位。

④战术行为：发球、接发球、拦网防守、组织、进攻（强攻、立体攻、快攻）。

⑤战术特点：被拦、被拦起、拦回率、失误率，防守的到位率、半到位等。

⑥得分特点：发球得分率、扣球的得分率、拦网的得分率、发球轮得失分率、接发球轮得失分率、得分时间等。

二、同场对抗比赛观察指标

在传统的比赛分析中，尽管各个运动项目的技战术统计指标不同，但其特点是共同使用描述性的统计指标，如某项技术或战术的得分率、失误率、使用率、平均数、标准差、显著性等。

1. 篮球比赛技战术观察

篮球比赛进行临场技术统计时，应遵循统一的统计尺度。临场技术统计指标包括：球中篮、罚篮、篮板球、失误、助攻、抢断、盖帽、协防、球员上场时间以及统计准确性的检验。在所使用的统计指标中，球中篮、罚篮、失误和助攻是衡量球员或者球队进攻能力的指标，抢断、盖帽和协防是衡量球员或者球队防守能力的指标，篮板球这一指标用来衡量球队在双方都没有控制球权时争夺球的能力，球员上场以及上场时间用来统计球员的上场时间，结合这一指标可以更公平地使用技术统计的数据衡量球员的表现。

（1）篮球比赛的常规技术统计内容主要包括：得分、失分、总投篮次数、总投中次数、总投篮命中率、2 分球投篮次数、2 分球投中次数、2 分球投篮命中率、3 分球投篮次数、3 分球投中次数、3 分球投篮命中率、罚球次数、罚中次数、罚球命中率、篮板球次数、前场篮板球、后场篮板球、抢断、盖帽、助攻、失误、犯规、个体球员技术特点等。这些统计数据能反映出比赛双方的技术运用情况，且统计中又易于判断和记录，故常规技术统计已在大型比赛和各篮球队中广泛应用，可作为科学研究、检查教学训练工作和提高训练质量的客观依据。

（2）篮球比赛的攻防战术统计内容主要包括：2—3 联防和 3—2 联防、半场人盯人防守、3/4 场区域紧逼和全场区域紧逼防守、混合防守、比赛战术变化、快攻发动速度、端线抢发球意识和后卫接应、阵地进攻、外线进攻、内外进攻、内外配合、个体球员战术路径。

2. 手球比赛技战术观察

（1）手球比赛攻防技术统计内容主要包括：远射、近射、边射、快射、突射、其他射、7 米线、助攻、失误、警告、罚出场 2 分钟、取消资格、射门成功率、个体球员技术特点。

（2）手球比赛攻防战术统计内容主要包括：阵地进攻、右内、右边进攻、外围射门、战术配合、快攻意识（守门员与前锋队员快攻配合，后卫组织者与前锋的快速推进）、个体球员战术路径。

3. 足球比赛技战术观察

（1）比赛进攻技术指标：进球区域主要划分为禁区内、禁区外；射门方式包括配合射、突破射、直接射与间接射；击球部位主要划分为脚部和头部；进攻技术类型包括接控、传球、运过、射门；得分包括大小、区域、时间、方式。

（2）比赛防守技术指标：抢截球技术、争顶球成功、抢球成功、断球成功、铲球成功、犯规情况（红、黄牌）、失球数量、失球时间、失球区域。

（3）战术特点：比赛阵容、基本阵形及主要变化情况、边路和中路进攻情况。

（4）攻防主要特点：进攻主要特点：整体特点、前锋线进攻特点、前卫线进攻特点、前卫队员助攻特点；比赛防守主要特点：整体特点、守门员防守特点、后卫线防守特点、前锋线防守特点、主客场比赛战术安排因素。

4. 击剑比赛技战术观察

击剑是技能主导类格斗对抗性项目，其特点是对运动员的技战术水平要求很高。在高水平的击剑比赛中，运动员技战术水平的发挥往往会决定比赛的胜负。因此，击剑教练员和运动员了解现代技战术分析的理论与方法，对提高比赛水平有着极其重要的意义。

（1）佩剑

进攻技术：直接、转移、击打、击剑线、跟进。

防守技术：第一、第二、第三、第四、第五、距离。

反攻技术：直接、对抗、击打。

对攻技术：抢、拉、防、反、对抗。

得失分部：头部、上肢、躯干、大腿、脚、手。

（2）花剑

进攻技术：直刺、转移、击打、甩剑、延续、对抗、交叉、击剑线。

防守技术：第一、第二、第四、第六、园四、园六、距离、反还击、拦截。

反攻技术：蹬直、侧身、直接、对抗。

得失分部：躯干、腰部、背部、肩部。

（3）重剑

进攻技术：下刺、转移、击打、延续、对抗、冲刺。

防守技术：第一、第二、第四、第六、园四、园六、距离、反还击。

抢攻技术：下蹬、角度、直接、对抗。

挑引技术：直刺、甩剑刺、角度刺。

得失分部：位头部、上肢、躯干内侧、躯干内侧、手。

5. 跆拳道比赛技战术观察

跆拳道技战术观察以一个有效的交手回合为基本单位，完整地记录比赛相关的技战术特征信息。例如：运动员的站位、所处的场地位置、采用的战术、运用的技术、击打的部位、击中情况、得失分情况、犯规情况等，均会被完整地记录下来，为技战术分析提供系统的数据资料（见表4.6）。

（1）比赛技战术指标。跆拳道是典型的交手对抗性项目，根据跆拳道的基本特征，其技战术分析指标可以分为：进攻技术、反击技术、迎击技术、防守技术、步法技术、站位技术和多项战术。跆拳道各项技战术的效果指标可分为：击打部位、击打效果、得分结果和犯规。

表 4.6 跆拳道技战术分析指标

站位方式	进攻技术	反击技术	迎击技术	防守技术	步法技术	战术指标
左势开式 左势闭式 右势开式 右势闭式	前横踢、后横踢、下劈踢、旋风踢、双飞踢、后踢 后旋踢、推踢、侧踢、 钩踢、拳击打	前横踢、后横踢、下劈踢、旋风踢、双飞踢、后踢、 后旋踢、推踢、侧踢 钩踢、拳击打	前横踢、后横踢、下劈踢、旋风踢、双飞踢、后踢、 后旋踢、推踢、侧踢 钩踢、拳击打	格挡 闪躲	上步、撤步、前进步、后退步、侧移步、弧形步	进攻战术 反击战术 迎击战术 防守战术 对峙战术

（2）比赛场地区域划分。为了分析技战术发挥与场地区域的关系，将比赛场地划分为9个区域：中心区域，四角（A、B、C、D），四边（E、F、G、H），采集时通过点击相应区域采集数据。

三、难美项目比赛观察

竞技体操、健美操、艺术体操、武术等项目根据自身的规律，表现难美项群各竞技项目按照其自身的规律，在国际评分规则导向的作用下，表现出阶段性的特征，但是，动作的“难”和“美”始终是表现难美项群最显著的特点：“难”是成套动作的生命和价值；“美”是成套动作的核心和灵魂。难与美的高度统一是表现体操难美项群技术发展及取胜的最关键的两大因素；而“力、新、稳、健、高”则是体操难美项群在国际大赛中取胜的保障。

（1）基本动作流程：动作连接、动作创编、动作难度。

（2）技术动作特点：惊险性、独创性、熟练性，难度动作之间的连接。

（3）运动员表现力：运动员的气质、专项素质（难美项群需要发展运动员的力量素质、耐力素质、协调性、柔韧性等综合素质。）、身体形态（柔韧性、爆发力、空间感、体态）、运动员的灵活性、稳定性。

（4）得分特点：难、美、准、稳、高、力、健、新。

第五节 观察法应用举例

案例1：不同教学风格下学生课堂表现观察

一、问题提出

进入初中后，学生在课堂上的表现不如在小学时那么积极了，而且随着年级的提高，这种现象越来越明显。学生变得沉默了许多，而上课讲话、睡觉、做小动作或发呆的情况比以前有所增加。某中学的教师为了改善学生在课堂上的表现，在实践中探索新的教学风格。

学生在课堂上和老师积极交流，无论对学生本人还是老师都有十分重要的意义。对学生而言，和老师同学交流比自己一人思考会有更大收获，而且可以维持良好的注意力，另外更能锻炼自信心和沟通能力。对教师而言，有了学生热烈的反馈，无疑会增加上课的热情和积极性，形成良性循环。鉴于此，某中学的教师希望能改变以往的教学风格，采用新的教学风格改善学生在课堂上的表现。该学校的老师决定采用观察法来检验新的教学风格是否真能促进学生积极投入课堂学习，并将研究题目确定为：不同教学风格下学生课堂表现研究。

二、确定观察对象

（一）选择学生

在全年级中随机抽取一个班级，由于班级的人数将近50人，而观察人员数量有限，无法在有限时间内观察记录过多人的表现。因此，决定在该班级内随机抽取10名学生作为观察对象，其中男女生各占5人。

（二）界定“课堂表现”

将“课堂表现”分为两大类：学习行为和非学习行为。学习行为又分为：听课（做笔记；视线追随老师，伴有面部表情或动作言语等）、举手回答问题、提问。非学习行为分为：与同学讲话（与前后左右的同学讨论与上课无关的话题）、睡觉（伏案闭眼5秒以上）、做小动作（注意力不在老师身上，玩弄书本、笔、橡皮等；玩弄手指或其他身体部位）、发呆（没有和其他人说话，保持安静，但注意力涣散，面无表情）。

三、确定观察方法

为收集真实、有效的反应，因此决定借用摄像设备。在教室的隐秘位置分别安装4个摄像装置，将焦点主要集中在之前随机选定的10位被观察者身上，确保能全面记录下他们的言行举止以及表情。

分别抽取两个时间段，记录两种教学风格下学生的反应。具体操作过程如下：在原有教学风格下，选取周一和周五早上第一节课作为观察时间，记录学生的课堂表现。然后采用新的教学风格，为了记录到稳定的行为，等新方法实行两个星期后再进行观察。同样选取周一和周五早上第一节课作为观察时间。

四、制定观察记录表

本次研究所要观察的行为有七类：听课、举手回答问题、提问、和同学讲话、睡觉、做小动作和发呆。可以采用时间取样记录为主要形式，每5分钟为一个间隔时间，一节课中共有8个观察时间段。由于回答问题和提问的频率较低，因此主要记录这两种行为的次数。每隔 5 分钟记录所观察的 10 名同学的行为，将结果填写到相应方格中，每人次计 1 分，分值越高行为状况越好。

采用标记标明每个被观察者的性别，便于在统计时进行性别比较。采用的记录表见表 4.7。

例如，在对 10 名同学前 5 分钟的观察中发现，7 人听课（男 4 人、女 3 人），3 人回答问题（男 2 人、女 1 人），1 名男生睡觉，做小动作和发呆的各 1 名女生。时段积分=7×10/13=5.38 分。学生总体表现的积极性中等（3 分）。

五、实施观察

根据学生行为按照要求实施观察并记录。

表 4.7 学生课堂行为观察记录表

周次：________ 节次：______ 班级：______ 授课教师：________
观察组别：________ 观察者：________

指标类别	时间 / 指标	0—5	6—10	11—15	16—20	21—25	26—30	31—35	36—40
学习行为	听课	4—3							
	举手回答问题	2—1							
	提问	0							
非学习行为	和同学说话	0							
	睡觉	1—0							
	做小动作	0—1							
	发呆	0—1							
学习积极性总体表现		1 2 ③ 4 5	1 2 3 4 5	1 2 3 4 5	1 2 3 4 5	1 2 3 4 5	1 2 3 4 5	1 2 3 4 5	1 2 3 4 5

注释：1. 每隔 5 分钟记录所观察的 10 名同学的行为，将人数填写到相应方格中。学习行为每人次计 1 分，非学习行为每人次计-1 分，分值合计为时段得分。每时段积分方法：时段得分×观察人数/行为次数。课堂行为积分办法：时段积分均值/观察人数×100。分值越高行为状况越好。

2. “学习积极性总体表现”中的“1、2、3、4、5”分别指代五种行为，其中 1 代表很不积极，2 代表不积极，3 代表一般，4 代表积极，5 代表很积极。在相应得分上画“○”。

六、观察结果的整理和分析

首先整理记录表中的数据，得到课堂行为时段得分和总体得分，以及被观察者在一节课中出现各种行为的次数。接着可以对以下几个方面进行统计：① 在原教学风格下，男生课堂中哪些行为出现的次数较多，女生课堂中常有哪些行为出现，比较两者之间是否有差异，有怎样的差异。②与①相似，考察在新教学风格下，男女生的课堂表现是否有差异。③ 比较在不同教学风格下，学生总体上学习行为是否有显著性增加，非学习行为是否显著性减少。④比较男女生在不同教学风格下，学习行为和非学习行为是否有变化，有怎样的变化。

七、结论

根据整理结果，判断新的教学风格是否真的能有效改善学生的课堂表现。

案例 2：课堂“教”与“学”的观察（见表 4.8 至表 4.11）

表 4.8 课堂观察记录表单（1）

任职学校	三中	任教学科	体育	任教年段	初一	姓名	
观察视角	一、教什么			观察记录人：×××			

观察视点	视点得分（满分为 10 分）
1. 教学目标：是否明确而恰当	8
2. 核心知识：教师是如何呈现给不同学生的	7
3. 内在联系：是否注意建立知识横向或纵向联系及与生活的联系	8
4. 学科特点：是否体现了学科特点与本质	9
5. 详略得当：是否做到了易懂的少讲或不讲、易混的细讲并辨析	7
6. 教学资源：是否合理使用教材和校内外教学资源	6
7. 学法指导：是否注重学习方法的指导和培养	6
补充视点：	
教学改进建议	教学中要充分发挥小组的合作学习作用

表 4.9 课堂观察记录表单（2）

任职学校	三中	任教学科	体育	任教年段	初一	姓名	
观察视角	二、怎么教				观察记录人：×××		

观察视点	视点得分（满分为 10 分）
1. 先学后教：能否通过预学，暴露学习中的问题	10
2. 以学定教：能否针对学生的问题有效教学	9
3. 课堂提问：启发式提问的次数，无效提问的次数	8

续表

4. 示范操作：教师能否示范高水平操作行为	9
5. 变式训练：能否分层设计变式训练题	5
6. 当堂检测：能否当堂检测学习效果，及时反馈回授	7
7. 平衡教学：能否将探究式教学与有意义接受式教学相结合	8
补充视点：	
教学改进建议：	教师在教学中要针对不同层次的学生设计不同标准的练习内容

表 4.10 课堂观察记录表单（3）

任职学校	三中	任教学科	体育	任教年段	初一	姓名	
观察视角	三、怎么学					观察记录人：×××	
观察视点						视点得分（满分为 10 分）	
1. 指导预习：是否布置学生预习和思考练习，从中发现学生的问题						8	
2. 学思结合：是否引导学生思考教学内容，并主动发现、提出问题						8	
3. 合作学习：形式、次数，是否有效组织、汇报交流、点拨指导						9	
4. 聆听心声：教师能否细心聆听学生不同意见，然后灵活积极地回应						7	
5. 情境导入：是否创设情境，导入新课，激发兴趣，引导学生主动学习						10	
6. 活动作业：学生活动、作业时间、内容、效果，活动的交流与指导						8	
7. 学法指导：学生用工具、记笔记、抓要领、做小结、做对比等情况						7	
补充视点：							
教学改进建议：						队形调动得比较多，队形调动欠合理	

表 4.11　课堂观察记录表单（4）

任职学校	三中	任教学科	体育	任教年段	初一	姓名	
观察视角	四、学得如何					观察记录人：×××	
观察视点						视点得分（满分为 10 分）	
1. 目标达成：通过当堂检测检查预期教学目标是否达成						8	
2. 各有所得：全班不同水平的学生是否各有所得						6	
3. 特殊需要：是否能了解、满足学生的特殊教育需要						9	
4. 时间空间：是否给学生创设必要的时空进行独立思考与实践						7	
5. 问题解决：学生学习中的疑难问题，是否得到有效解决						7	
6. 作业完成：老师分层布置的作业，学生完成的程度						6	
7. 相异思维：学生对同一问题有无独特的思考和创见						8	
补充视点：							
教学改进建议：						可以小组内解决简单的问题，小组间解决不了的较难的问题，教师和学生共同解决	

案例 3：比赛观察（见表 4.12）

表 4.12　太阳队比赛数据统计（节选）

首发		时间	投篮	3 分	罚球	前场	后场	篮板	助攻	犯规	抢断	失误	封盖	得分	+/−
史蒂夫-纳什	PG	34	4−6	2−3	3−4	0	2	2	6	0	0	6	0	13	0
香农-布朗	SG	31	4−12	0−2	0−0	1	1	2	2	1	4	1	0	8	−2
钱宁-弗莱	C	32	5−10	2−6	4−4	1	4	5	3	2	0	2	0	16	−6
贾莱德-杜德利	SF	40	7−14	4−7	0−0	0	2	2	4	2	0	2	0	18	+5
马尔钦-戈塔特	C	36	6−11	0−0	2−5	5	9	14	2	1	0	1	0	14	+6
替补		时间	投篮	3 分	罚球	前场	后场	篮板	助攻	犯规	抢断	失误	封盖	得分	+/−
马基夫-莫里斯	F	17	2−9	0−3	1−1	2	5	7	1	2	0	1	0	5	+9

练　　习

1. 举例说明在体育教学研究中运用到的观察法。
2. 为评价一堂体育课，需要记录的观察指标有哪些？
3. 观察一场你喜欢的体育比赛，并做好记录。

第五章 调 查 法

调查法是指在教育理论指导下，有目的、有计划地对部分研究对象进行访谈、问卷，了解其总体现状，进而分析其因果关系，揭示教育规律的一种研究方法。

任何类型的研究工作首要任务都是收集事实材料。由于调查法要求研究者直接接触研究对象，或者到事物正在发生的现场进行调查，所以研究者对所获取的事实材料有着特别强烈的直观印象。这种直观、形象的事实材料是以任何文字或其他方式所记载的事实材料无法比拟的。这对研究者从事实材料出发得出对事物的认识，无疑是非常有益的。

调查法简便易行，能在较短时间内获得丰富的材料，可以开阔视野、增长知识，调查法更有利于调查者深入实际，密切联系教学、训练实践，提高课题的实用价值。

第一节 调 查 设 计

调查设计一般分纵向设计和横向设计两种。

一、纵向设计

纵向设计，是指在一段相对长的时间内对同一个或同一批受试对象进行重复研究的一种设计。其特点是数据都是在一定时间内分两次或多次收集。

（一）趋势研究

趋势研究是在一段时间内对一般总体的纵向研究，通常要在该时间内不同时段从总体中随机取样，分批次测量随机样本，形成纵向测试记录。

趋势研究常常用于较长一段时间的态度和观点研究。例如：研究者对研究A地区体育教师对待职业的态度感兴趣。在5年之中，每1年对该项态度调查一次。每一次都从体育教师总体中随机选择一组体育老师样本进行调查。总体中的成员可能和前一次不一样，至少部分不一样。但在任何特定时候，它都是属于体育教师总体（在这种情况下，叫做一般总体）。这种方式的调查就是趋势研究的一个例子。

（二）群体研究

群体研究是在一段时间内对特定群体的纵向研究，通常在该时间内不同时刻从总体中随机取样，再测量随机样本，分批次测量随机样本，形成纵向测试记录，是趋势研究的另一个变通形式。

在群体研究中，通常是研究特定的群体，而不是一般总体。通常是在一段时间的不同时刻进行随机抽样，而不是包括总体。例如：研究者对“A地区2010年的新体育教师对待职业的态度”感兴趣，这就牵涉到研究特定的人了。5年之后，将会从这个群体里留下的体育教师中随机取样，这部分人在2015年时会有5年教龄。尽管原来的一部分新体育教师可能已不从事教学工作，研究只包括2010年开始教学的新老师群体的态度。以这种方式进行的调查就是群体研究的一个例子。

在一些变化很快的群体中，群体的实际成员随着时间的推移会发生很大变化。例如，在一所大学，每隔4年对本科生的锻炼态度进行调查，本科生的实际成员将会有很大变化。但是，在这段时间中，每一时段的本科生，仍然是研究的一般总体。

趋势研究和群体研究能够帮助研究者了解一段时间中的变化和过程。但是，由于每次收集数据时，都选择不同的随机样本，因此趋势是针对群体而言，而非针对个体。如果变化已经发生，则研究者不能明确知道是哪些个体导致了这些变化。

（三）专门对象研究

纵向设计的另一个形式是专门对象研究，要求对同一样本进行两次或两次以上测量的纵向研究。样本可以代表一个特定总体或一般总体。这些样本叫做专门对象，它是在研究一开始就随机选择的。

专门对象研究的优点是不仅能够帮助研究者测出发生的变化，还能鉴别出变化是由哪些特定的个体导致的。专门对象研究还能提供关于变量之间时间次序的信息。假设我们对学生体育锻炼的动机变化感兴趣，如果一位学生锻炼动机得到提高，这是兴趣爱好的变化引起的，还是体育运动能力的提高或者运动设施的改善引起的？如果不对发生的情况进行排序，就不可能建立因果关系（排序并非建立因果关系，它仅仅表明因果关系是否可能）。

专门对象研究的缺点主要是收集数据的过程中专门对象有损耗。因此，和其他纵向研究相比，专门对象研究延续时间短。它的另一个缺点是对专门对象和研究者提出了要求，研究者必须追踪并固定专门对象。如果专门对象来自的群体变化大，最初的专门对象在以后的数据收集中便不具有代表性。专门对象研究对于短期的、静态的群体研究是可行的。例如，调查一学年中学生对专项训练的态度，就可以采用专门对象研究。还有一个可能的缺点是专门对象会对某些变量越来越熟悉。这样，他们就会在回忆和反应上更加熟练。这种情况还会以其他方式表现出来，使得专门对象变得疲劳、烦躁和粗心。

纵向设计通常是研究一段时间的变化和状态。一个特定的设计所需的时间和资料收集的数量，由研究的目的来决定。从取样的角度说，趋势研究是从整个总体中进行随机抽样，群体研究是从特定的总体中进行随机取样，而专门对象研究是对随机选取的单一样本进行一次或多次测量。

二、横向设计

横向设计是指对一个或多个代表一个或多个总体的随机样本，在某段时间内，进行一次性收集资料实施研究的设计。横向设计不能测量个体的变化，因为它仅测一次。但是，在横向设计中，不同被调查小组间的差异却代表了一个范围较大的总体的变化。请看下面的例子。

假定一名学生正在对一个城市学校系统或地区学校系统的初中 7~9 年级学生对体育课的学习兴趣状况进行调查。学习兴趣的操作性定义为学生《体育课学习兴趣量表》的得分。我们选一个包括 7 年级、8 年级、9 年级学生的随机样本，每个个体都注明年级水平。另一种取样方法是从所有的年级中进行随机取样。随后对样本进行测试，这样，研究者获得了所有 3 个年级的数据。

即使数据是在同一时刻收集的，由于 3 个年级都有代表性，所以，数据代表了初中学习兴趣状况的模式。年级水平之间的差异代表了 3 个年级中学生学习兴趣的变化情况。但是，我们不是用一组单一的某年级学生样本，对他们在每一年级上进行 3 次纵向测量，而是同时研究 3 个不同的年级水平。

从两个或多个总体中同时选择样本，并进行与同一个研究问题相关的研究，就叫做平行样本设计。平行样本设计常常表现为横向设计，尽管它们也可能是纵向设计。在后一种情况下，它们将进行两次或多次数据收集，中间有一个时间间隔。

举例来说，在一项关于教师、家长、学生对体育锻炼兴趣的研究中，采取了一个平行样本设计。这 3 种抽样被试所回答的兴趣调查表或问卷，如果不是相同的话，也是相似的。于是，不同样本的结果就可相互比较。

不同调查设计的特征概括于表 5.1 中。横向设计相对于纵向设计来说有一些逻辑上的缺点，与专门对象研究一样，数据的收集不必持续一段时间，对个人进行跟踪发送信函也是不必要的。正是由于这些原因，横向设计比纵向设计在硕士论文和博士论文的研究中更为实用。如果收集数据的时间间隔非常短——例如，少于3个月——纵向设计也可用于论文研究中。大多数纵向设计相对来说规模较大，而且许多纵向设计具有连续实施多年的时间特征。

表5.1 调查设计的特征

设计	研究的总体	如何取样
纵向设计		(两次或多次收集数据)
趋势研究	一般总体	每次数据收集时随机取样
群体研究	特定总体	每次数据收集时随机取样
专门对象研究	一般或特定总体	在整个收集数据的过程中，都用原始的随机样本
横向设计	一般或特定总体 还可能包括亚总体*	从所有总体中同时随机取样

*如果同时研究两个或多个总体，这就变成了平行样本设计。

纵向设计和横向设计的特点可以概括如表5.2所示。

表5.2 纵向设计和横向设计特点

	优点	缺点
纵向设计	1. 可以比较系统地、详尽地了解因变量（例如青少年身体素质）发展的连续过程和量变质变的规律，以及发展过程中的一些关键转折点 2. 特别适用于研究发展的稳定性问题和早期影响的作用问题（例如身体素质发展敏感期），也适用于个案研究 3. 各种变量的时间顺序清楚，更容易做出逻辑上的因果判断	1. 在研究时间、经费和人力上花费比较大，不易进行大量的研究 2. 时效性比较差，影响因素不易查明或控制（且易受科技、教育水平、社会环境等因素影响。有时候需要等待很久才能得到研究结果，有时候研究课题的意义随着时间的推移而逐渐减弱，或研究手段逐渐变得落后） 3. 由于纵向研究耗时较长，可能发生被试流失的情况，这就会影响被试的代表性和研究结果的概括性 4. 由于纵向研究需要对同一批被试重复进行研究，有时可能出现练习效应或疲劳效应

续表

	优 点	缺 点
横向设计	1. 横向研究比较节省时间和经费，易于实施 2. 由于横向研究可以同时对较多的被试进行研究，因此，被试的代表性往往较强，研究所得结果也就具有较好的概括性 3. 横向研究的时效性比较强，可以较快获得研究结果，同时避免了测试对象的流失	1. 横向研究中可能存在组群效应（被试均处于特定的背景对发展的影响） 2. 横向研究不适用于研究发展的稳定性问题和早期影响的作用等问题

纵向设计和横向设计的特点可以综合到一个复杂的设计中，这种设计叫混合设计。混合设计充分考虑到时间的变化与发展的关系，从而解决时间方面的两难问题。

例如，研究儿童运动能力：可以同时测试不同年龄的儿童运动能力并进行比较，这是横向设计；然后集体追踪几年，再对这几个年龄组同时测验、比较，这是又一次横向设计。前后结合起来就形成了综合设计，具体讲就是开始对某些追踪组测试和比较，若干年后再测试和再比较。这种方法吸收了纵向设计和横向设计的长处，而避免了其缺点，起到了扬长避短的作用。

第二节 调查研究步骤

开展一项调查研究工作首先要做好研究步骤的设计。

第一步是界定研究问题与开始形成调查设计。研究问题应当包括被研究变量的详细背景，无疑它包括对文献的查阅。对调查变量必须给出操作性定义，而且调查者应当知道、了解有关的社会和心理变量之间关系的信息。这种信息对构建调查题目、选择测量手段是有价值的。

如果研究不是测量整个总体，需要进行抽样，那么第二步便是形成抽样计划。抽样前必须确定抽样总体以及抽样的样本，所抽样本必须能对总体或任一亚总体作有效推断，抽样程序可能是非常复杂的，而且获取样本需要大量的精力和资源。

第三步便是为收集数据做准备。对于包括访谈或问卷的调查而言，这是一个重要步骤，因为调查工具必须结构化。当使用测验或量表收集数据时，诸如观察细目表，就不仅仅是应具备工具，需要对观察者或测验者进行训练，还要注意对每次调查时的客观条件做好记录，也就是填写调查记录表，包括调查日期和时间、调查对象等方面的内容。

在问卷题目设计的早期就要考虑确定问卷所产生数据的具体类型。而且，要考虑如何把数据进行列表、总结、分析。用于分析数据的方法应予以明确。数据的定量分析可能被使用，由于很多调查包括定性数据，因此定量分析和定性分析都是必要的。调查所得到的数据必须能验证研究假设或回答研究计划中所提出来的问题。

对于使用问卷和访谈法进行调查，有关答卷人的背景或信息是重要的。因为在划分变量以进行数据分析时，它有利于分辨个体。例如，假如要对男、女的答案分别进行分析或要进行比较分析，那么，了解个体的性别便是重要的。

最初的问卷或访谈应该“试一下”，也就是说要进行预试。预试对象应与准备研究的对象相同。预试的目的是纠正模糊、混乱或准备不充分的题目。预试的反馈对完善工具有很大的好处。预试一般在15~30名个体中进行即可，无须大量样本。

当测量工具被认为是令人满意的时候，便可开始收集数据了。研究者应按照抽样计划来收集数据。如果使用访谈法，要根据访谈的复杂性提供一些对访谈者进行系统检查的方法。这一点可以通过两个访谈者访谈同一个体来进行检查，这种一致性检验被称为评估者间信度。对于有些类型的访谈，也可以通过获得某一特定的访谈者访谈的一致性进行，这被称为评估者内部信度。这可以通过对访谈者两次独立的访谈录音和访谈记下的回答来完成。

数据，即对调查的反应，需要列表和汇总。对于开放性问题，需对答案进行归类，而且分类系统必须按有利于列表和汇总的目的来构建。这一系统建立在答案的内容分析或预先分析之上。数据的转化被称为编码，如果来自于问卷或访谈的信息能够直接输入计算机，这一任务会变得很容易。

数据分析有赖于数据的性质，在一定程度上，把答案量化、进行统计分析是合适的，而且也可作定量描述。分析最终必须通过验证假设和回答调查所要研究的问题的形式来体现。如果推断是对总体做出的，那么，这种分析就应当是为总体提供的。许多独立的分析通常是在单一调查所得数据的基础上进行的，而且独立分析与其他类型的分析应该有序进行。例如，有关体育锻炼兴趣的频数数据与态度量表中的数据的分析是不一样的。前者可能牵涉比例，而后者更可能牵涉频数或平均分。那些教师感知到的与学生进行社交互动的访谈数据，可能会通过描述进行综合分析。调查的最后一步是准备汇报调查结果和结论。

图5.1总结了调查方法的步骤。图的左边包括几个主要步骤，右边则展示了在每一步骤下的内容。在有些情况下部分内容可以合并，对于某一特定的调查而言，并非所有的内容都是必要的。如访谈人员的培训，仅仅对与访谈相关的研究来说才是必要的。

成功地完成一项调查不是一件简单的事，有几种可能的误区和问题会影响调查：不能为各个步骤保证足够的时间和资源，这是一个普遍存在的问题；抽样的程序可能会被破坏，或者不可能有足够的资源对题目做出充分的测试和矫正。

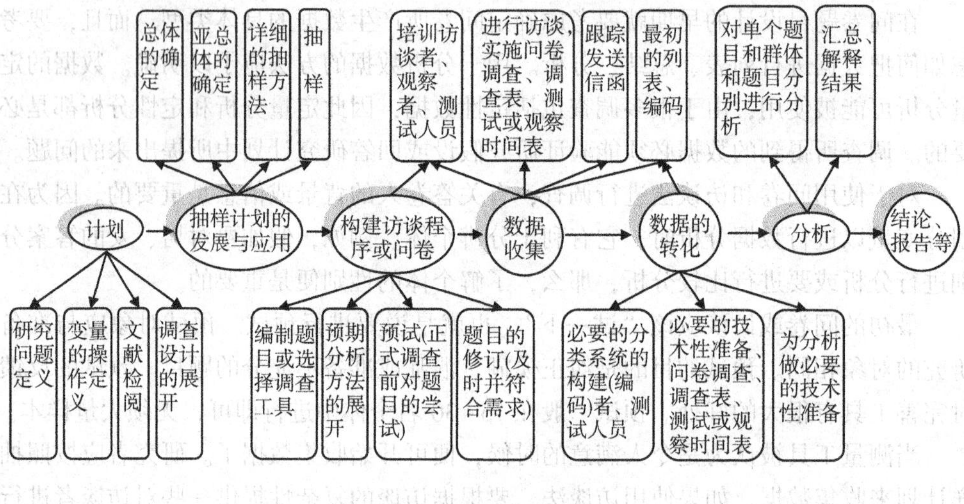

图 5.1 调查的流程图

第三节 调 查 方 法

一、问卷调查

（一）调查方式

问卷调查是有效地收集调查数据的方法之一。根据问卷发放的方式不同，可以把问卷调查分为现场问卷调查和邮寄问卷调查两类。

现场问卷调查是研究者委派主试或本人亲自到测试现场，请被试当面填答问卷，被试填写完毕后，主试立刻收回问卷。它适合于集体的、有组织的调查对象，可保证较高的回收率和有效率，并且能够及时回收问卷。会议、比赛、上课、家长会都是较好的进行现场调查的场合。

邮寄问卷调查是研究者通过邮局、快递等向被试寄发问卷，要求被试按规定填写，并在规定的期限之前寄回给研究者。其优点是可以在较大的范围内选择被试，被试在填写问卷时不受其他被测试者在场时可能产生的干扰影响，可自由从容作答。缺点是回收率较低，影响回收问卷的代表性；被试作答的过程难以控制，如无法控制代填和抄袭，因而影响研究的效度。

无论哪种问卷调查，牵涉问卷的调查都需要一系列连续的活动。所有的这些活动列在图 5.2 中。正如图中注明的，这一过程中早期一些活动可能是同时进行的，或与后面的活动相重叠。

进行问卷研究的不少精力集中在编制良好的题目以及使答卷人完成问卷上。但

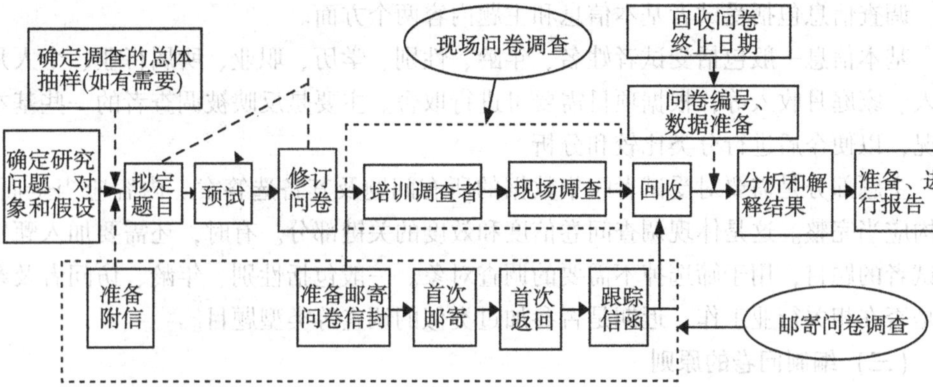

图 5.2　问卷调查的系列活动

是，所有的活动都是重要的，而且要注意细节。所有与研究相关的问题或假设都要清楚地界定。这将促进问卷题目的编制，防止包含无用的题目和遗漏必要的题目。

（二）问卷的结构

一份调查问卷主要包括标题、前言、填写指导和调查信息四部分。

1. 问卷的标题

问卷的标题要求准确、醒目和突出，概括地表达问卷的性质和内容；句式富有吸引力和感染力；言简意赅，具体明确。一般包括调查对象、调查内容和调查问卷字样，如“初中生体育学习情况调查问卷”、“学生体育学习态度调查问卷”、“体育专业学生就业意向调查问卷”。

2. 问卷的前言

前言部分一般应包括问候语、调查者身份、调查项目和内容、调查的意义和目的、保密措施、完成时间、奖励措施、表示感谢、对被调查者的希望和要求等，一般放在调查问卷标题下面的开头部分。设置前沿的主要目的是简略告知受试调查的目的和意义，期望被调查者给予配合。

例如，同学：您好！我是×××学校的本科生/研究生，正在本地进行一项有关学校体育校本课程建设情况的调查，您的回答将对我们的研究有很大帮助。回答无所谓对错，只需真实反映您的情况和看法，我们会对您的回答保密。回答本问卷大概需要 3 分钟，谢谢您的支持与合作！

3. 问卷填写指导

问卷填写指导用于指导被调查者如何填写调查问卷，如何将调查问卷返还到调查者手中，以及对调查问卷的有关具体内容进行解释。例如：

①请您在认为正确的选项上画圈“○”。

②您对选项的符合程度由高到低分别为 5 分至 1 分，请在您的符合程度上画“√”。

4. 调查信息

调查信息包括受试者基本信息和主题内容两个方面。

基本信息一般包括受试者姓名、年龄、性别、学历、职业、所属行业、个人月收入、家庭月收入等，根据项目需要可进行取舍。主要是反映被调查者的一些基本情况，以便今后进行分类比较和分析。

主题部分是需要对受试者收集数据的所有问题及其备选答案。内容应当全面，结构应当完整。这是体现调查问卷信度和效度的关键部分。有时，还需要加入甄别受试者的题目，用于筛选掉不需要的调查对象。一般包括性别、年龄、访问者及亲戚是否在相关行业工作，近期是否参加过类似的调查等类型题目。

（三）编制问卷的原则

问卷的题目编制是一个简明的过程。首先要明确自己调查的中心是什么，围绕这个调查中心会有哪些相关的内容，然后再设置提问项目。在设置提问时不要涉及个人的隐私、不能模棱两可，语言表达要清晰直接，并且设置的问题越详细得出的结论越真实。但是，如不很好地注意细节，题目可能不能为研究提供必要的数据。为此，在题目编制时应坚持以下原则：

（1）除了少数几个要求提供背景或人口统计信息的题目外，其余题目要与研究的问题、假设直接相关。

（2）题目要清楚、不含糊，使用的术语要使答卷人能明白。避免使用模糊的、技术性的术语及行话。

（3）在一个题目中只准包含一个问题。违反这条准则的例子是：“你们学校有篮球场和乒乓球台吗？”

（4）防止使用诱导性问题。这些问题隐含着假设或期望的结果，这些题目常常暗含一种具有偏向性的回答。例如一个关于运动服装调查中“你有1套篮球服，对不对？”就属于诱导性问题。该问题预设了被调查者具有运动服。非诱导性问题应当是：“你有运动服吗？”

（5）避免带有社会赞许性或职业赞许性的问题。说到根本上就是不要问那些让答卷人自我否定的问题。如问一名教练“你能管理好训练队吗？”就是违背这一准则的例子。

（6）避免问有关私人信息或微妙的问题。这些问题包括关于确定的收入、答卷人的年龄及卷入违法活动的程度等。

（7）所提问题应是答卷人能够提供信息的问题。所有的问题都要与答卷人的信息背景相适应。违反这一准则的案例是：问一名小学生“你觉得高考应当加入体育课程考试吗？”。

（8）问题简洁明了，要能使答卷人读懂题目。如给小学生发放的问题，所有题目应当是小学生能够读懂的题目，不要包含生僻字。

（9）问题短一些比长一些要好，简单一些比复杂一些要好。宁可用两个或更多的短一些的问题，而不要用一个详细复杂的问题。

(10) 当收集定量的信息时，要求答出明确的数量（如实际频率）而不是平均数。例如，可以问“在前两个星期，你从事几次体育锻炼?”而不能问“在一个月内，你平均每星期从事体育锻炼的次数是多少?”。

(11) 题目的备选项应当全面，选项应彼此排斥。对有些题目，为避免强迫答卷人作不愿作的回答而提供一种中立或中庸答案是必要的，例如“没有明确的态度”、“不确定”或“一般”等。

(12) 备选项应该符合题干。在设置题干时，应避免非常强烈的同意和非常强烈的不同意的情况。例如，想用一道题测量对教师教学的满意度水平，题干是，“你对A老师教学非常满意吗?”，选项为“非常强烈的同意”到“非常强烈的不同意”，这并不能很好地测量满意度水平，它测量的是对“非常满意”的同意程度。可以把这个题目改为，“评价你对A教师教学的满意程度”，选项可以设置为从“非常满意”到“很不满意”。

(13) 避免使用无根据的假设。例如，“你认为A学校体育教师有能力实施体育教学改革吗?”，这道题是在假设A学校体育教师想要实施教学改革的前提下提问题的，若该校体育教师根本就不想实施教学改革，这个问题就没有必要了。再如，“即使课外体育活动会影响到课程教学，你也希望多开展课外体育活动吗?”，这道题是在假设课外体育活动会影响到课程教学的前提下提出的，课外体育活动是否会影响到课程教学还需要理论或实践依据。

(14) 尽可能避免使用否定性问题和双重否定性问题。使用否定性问题的例子如：“下列教学策略你不用哪一种?”

这些准则可能太泛，但实际上它们是简明的。尽量使答卷人完成问卷的任务变得容易些，以使他们能够有效地完成，而不致产生困惑。

（四）题目的形式

1. 开放性问题

让被访者自由回答，不受限制。例如，“请问您或您的家人最喜欢的体育品牌有哪些?为什么?”。

2. 二分类问题

把问题简化成是与否的两类答案。例如：你喜欢体育运动吗?选项：(1) 喜欢；(2) 不喜欢。

3. 多分类问题

对于一个问题列举多个答案，让受试者在限定的答案中选择，包括单项选择和多项选择。例如：“请问你穿过以下哪些品牌的篮球鞋?”选项：(1) 李宁；(2) 特步；(3) 乔丹；(4) 阿迪达斯；(5) 耐克；(6) 其他。

4. 量表式问题

设置程度类、等级类选项，让受试者选择自己符合的程度。例如："你喜欢篮球吗?"选项：5分——非常喜欢；4分——比较喜欢；3分——一般；2分——不太喜欢；1分——不喜欢。

5. 顺位（排序）式问题

在提出问题时，让受试者根据某种程度把选项排序。例如："请按照你对以下运动品牌的喜好程度由高到低排序。"______选项：(1) 李宁；(2) 特步；(3) 乔丹；(4) 阿迪达斯；(5) 耐克。

关于问题的先后顺序，第一个问题要有趣且容易回答，重要问题放在突出的位置，容易的问题放在前面，慢慢引入比较难答的问题。问题要一气呵成，注意问题前后顺序的连贯性，不要让被访者的思绪中断。

下面是各种题目形式的举例（见图5.3）。

开放性题目：

你对新时期校园足球改革的观点有哪些?

二分类问题：

你有跑步的习惯吗? A、有 B、没有

多分类问题：

1. 你参加体育活动的最主要形式是（单选题）

1. 自己活动 2. 与同学朋友一起 3. 班级组织 4. 社团活动 5. 其他

2. 你喜欢的运动项目有哪些?（多选题）

1. 篮球 2. 足球 3. 排球 4. 田径 5. 体操 6. 其他

3. 闲暇时间你常常从事哪些活动?（限选两项）

1. 体育锻炼 2. 玩电脑 3. 看电视 4. 读书 5. 玩手机 6. 其他

量表式问题：

5级评定量表

	非常同意	同意	不确定	不同意	非常不同意
学体育很有趣	5	4	3	2	1
体育很有挑战性	5	4	3	2	1
我害怕学习体育	5	4	3	2	1

4级评定量表

	非常同意	同意	不同意	非常不同意
学体育很有趣	4	3	2	1
体育很有挑战性	4	3	2	1

顺位（排序）式问题：

请按照从最喜欢到不喜欢的顺序，对以下运动项目进行排序。

1. 篮球 2. 足球 3. 排球 4. 田径 5. 体操 6. 体育舞蹈 7. 健美操

图5.3 调查中的题目形式示例

开放性题目允许回答的创造性、独特性、非预见性。有时在预测试时可以使用开放性问题，这样我们就可以在随后的调查中，使用那些最经常被提到的回答作为可供选择的选项。这种题目也常常为研究报告的撰写提供参考。对于封闭式题目，受试者潜在的回答被限定了，因此选项一定要全面。

评定量表经常被用于调查研究中，因为量表中的题目可以独立分析，可以把属于每个维度或者主题的题目的回答累加起来，计算出整个量表的总分。当某些题目在表述上是积极的（1=低，5=高），而另一些是消极的，在对表述消极的题目计分时一定要反向计分（1=高，5=低），这样在计分时，积极表述的题目得分才能更高。4 级量表不允许被调查者保持中立，因为它强制被调查者要反对一方或者另一方，这对于还没有拿定主意的人来说可能会影响其判断。

对那些没有用过排序的人来说，排序具有吸引力。排序看起来很简单，通常要求被调查者在被评定的事物中做出选择，而且结果容易分析。但是如果被调查者没有准确地遵守指令，就会出问题，这种情况经常发生。如果被调查者觉得两个题目的等级非常一致，即使研究者期望评级不出现相持秩，他们还是会给出相持秩。

（五）关于不同形式题目数据处理方法的简要说明

根据数量类型的不同并结合研究目的采用不同的数据处理方法。

检验两个分类变量是否独立（或关联）的常用方法为卡方检验。SPSS 操作步骤：分析→描述统计→交叉表→检验变量选入行和列→统计量→选卡方。关联程度可计算列联系数（Contingency Coefficient）、Phi 和 Cramer's V 系数、λ 系数、不确定系数（Uncertainty Coefficient）。这些系数均可在统计量名义变量中找到。

计算分类变量与连续变量间的相关度时，除了采用参数检验（方差分析类）外，还可以计算 Eta 值。Eta 的平方表示组间差异所解释的因变量方差的比例，也就是 SS 组间/SS 总。Eta 值也可在统计量中找到。

需要去除无关变量时，检验两个二分类变量间的关联性时可采用分层卡方检验。把研究对象分解成不同层次，在去除分层混杂因素（可以是多个）的影响下更准确地对行列变量的独立性进行研究。SPSS 操作步骤：分析→描述统计→交叉表→检验变量选入行和列→统计量→选风险和 Cochran's and Mantel-Haenszel。

有序变量间的相关度或一致性：有序的等级资料间的相关性或一致性，就是指行变量等级高的列变量等级也高，行变量等级低的列变量等级也低。如果行变量等级高而列变量等级低，则称为不一致。常用的指标包括：Gamma 统计量、Kendall's Tau-b 系数、Kendall's Tau-c 系数、Somers'd 系数等。以上指标取值范围为 [-1, 1]。SPSS 操作步骤：分析→描述统计→交叉表→检验变量选入行和列→统计量→选择有序变量选项。

量表是一种特殊的问卷，把定性的问题进行了标准化的量化，这种量化更接近等级数据类型。但是，大样本调查情况下，有许多研究者把量表数据直接当作连续型数据处理，这样处理方法更为灵活多变。

（六）题目的预调查

在问卷最后形成定稿之前，问卷的题目应在一小组人中进行一次预调查。这是问卷的试测，其间，那些依靠简单的检查不能明确显示的不足这时可能会凸显出来。该小组成员最好是预期回答者中的一个随机样本（也可以不是），但该小组成员应对研究的变量比较熟悉，并能对题目作出有效判断。预调查的结果应能鉴别出误解、含糊以及无用或不充分的题目。通过预调查，可能会觉得需要增加题目，数据统计上的操作困难也可能被发现。完成问卷的指导语中的一些问题也可能出现。在预调查结果的基础上，为问卷的最后形成做些修正是必要的。

除了排除模糊性题目和使指导语清晰以外，预调查还可以避免没有提供信息或只是提供了极少信息的结果，下面便是一个例子。题目是从25个回答者中所获得的预调查结果，有下画线的数字为不同组别的回答频数。

请选择适当的一组（最接近整年限的），标出你的教龄：

0—10 (21)　11—20 (3)　21—30 (1)　超过30 (0)

调查的结果只提供了极少信息，因为可选择的组类不能对回答者做出区别。可供的选择项可以改变一下，就会有这样的结果：

0—2 (7)　3—5 (5)　6—8 (4)　9—11 (5)　超过11 (4)

现在，对选项的分类为研究者提供了被调查者教龄更确切的信息。预调查的实施也为不同教龄组别的分析讨论做了准备。这也可以通过访谈完成。这种预调查或访谈有助于完善调查题目。

（七）问卷的格式

总的说来，调查问卷应具备吸引人和易懂两个特点。虽然多色排版对答卷人的动机和所产生的影响还没有被证实，但还是可以使用的。问卷不应太长，以免使回答成为一项艰辛的任务，且花去了回答人大量的时间。其内容应在逻辑上相互联系，以便能激起答卷人回答的兴趣。

完成问卷的说明应是简明扼要的，对于复杂的、困难的内容，可举个例子加以说明。如果有多种格式的题目，则应将格式相同的排在一起，但是内容的逻辑联系应优先于格式考虑。即是说，在完成问卷的过程中，回答者的思想是有逻辑和层次的，而不是“跳跃式”的从一个概念到另一个概念。

前言应指明回答的步骤，问卷的前部分应与所探讨的问题紧密相连。大部分问卷包括答卷人的背景和人口统计学信息（如地位、职位、职称等），该部分最好出现在问卷的后一部分。不然，从前言到正式内容的连接便被隔断了，这部分内容应当是封闭式题目，且所给选项应当是互不包容的、透彻详尽的。

所有开放性题目都应出现在问卷的后部，从某种程度上讲，这并不会打乱问卷的逻辑顺序。有时，一份问卷涉及几个概念，开放性题目则可以分散在整个问卷中。无论如何，问卷都不能以要求大段书写的开放性题目作为开头。如果某些内容对于答卷人来说比较困难，这些题目就应放在问卷靠后的位置。

问卷的排列不能给人以拥挤的感觉，各种题目也要易于回答。题目应有序号，问卷应有页码。问题和它的选择项应在同一页上，而且选择项要适合于该问题。如还需什么特殊说明，比如要求回答得清楚、明白，以便机器批阅，这些说明就要清楚地强调指出。最后，在问卷末尾这份问卷要交还给谁，其姓名、地址要写清楚，提醒答卷人将问卷装入贴好邮票的信封，密封后写上地址寄出。

（八）提高回答率的方法

问卷研究中一个持久的问题就是可能出现很高的不回答率，这里我们指的是整个问卷不回答的情况，也就是整个问卷没有收回。调查研究的有效性直接依赖于回答率和回答的质量。回答率是指回收答卷人提交问卷的比率，回答质量依数据的完成情况而定。由于答卷人可能并不代表想要调查的群体，因此不回答就有可能引起结论偏差。

无疑，回答率越高，调查越成功。许多调查也允许出现一些不回答的情况。但是，什么是可以接受的回答率呢？最严格的标准是，回答率必须足够高，高到即使那些没有回答的人全部按照相反的方式回答，其结论也不会相反。制卷人在最低回答率上的意见不一。回答率根据调查的总体也可以有所变化。但是，一般来说，调查一类专业人群，最低回答率被认为是70%。但是，现在教育研究者所使用的调查数据中，其回答率少于50%是很常见的。当调查一般大众时，回答率估计会更低。要使调查的回收率达到我们的预期值，可以采用以下提高问卷调查回收率的方法。

1. 问卷简洁、专业

编辑一个包括几个问题的问卷很容易，编辑一个包含很多问题的问卷也一样很容易。难度在于如何编辑一个简短的，精练的问卷，但却回答了很多方面的问题。

设计的问题必须容易理解，语义明确，不自相矛盾，语法正确。句子尽量简短，避免过分修饰和冗长的句子。如果我们进行的是网上问卷调查，可以把详细的描述链接放入问卷中。

一张富有吸引力的、看上很专业化的问卷能提高回答率。实际上，问卷的外观有80%以上的重要性。被调查群体的类型能够影响回答率。研究显示，对于邮件调查而言，消费者、教育者和学生的回答率要高于一般大众（高出大概1/3）。解释这一结果的可能原因是较高的受教育水平以及比较熟悉这种问卷。在发送问卷时要考虑那些教育者的专业兴趣和活动，这是提高回答率的另一个因素。

2. 物质刺激

付给被调查者报酬，赠送礼物可以提高大概20%的回答率。礼物越贵重，作用越大，1美元的礼物也可以提高约20%的回答率。附上礼物要比承诺赠送礼物有效得多。这一方法对一般大众和专业人士的调查都同样适用。赠送礼物甚至对发送跟踪信函也有积极作用。

3. 时间暗示

使用3种时间暗示条件：(1) 30分钟；(2) 15分钟；(3) 无时间暗示，要求答卷人在现场完成一份需28分钟才能做完的问卷。研究发现，回答率最高的为暗示条件是30分钟那一组。一般认为，虽然时间暗示可以提高回答率，但时间暗示需要和完成问卷的时间相匹配。由此可以推断，答卷人不会被一个不真实的时间暗示所欺骗。尽管减少完成问卷的时间可能提高回答率，但任何时间暗示都应是现实的。

4. 预告答卷人

邮寄问卷前告诉答卷人将与之联系可以提高回答率。预告的方法可以用明信片或电话。预告与答卷人联系是一项额外任务，但是，如果预计回答率不高的话，还是值得做的，况且它还可控制样本大小。

5. 跟踪程序

跟踪程序对于几乎所有问卷调查都是必需的。跟踪发送的信函应在前言所定最后期限过后几天送到答卷人手中。连续发出的信函应是令人愉快的，但又应该是强有力的。如果经济上允许，把一份问卷的副本，连同一张贴好邮票、写好自己地址的信封，一起放在跟踪发送的信函中。有时，也可使用一些有提示的明信片。但如果是这样，它就应该在最初的邮寄完成后7~10天内发出。当然，我们不可能和明信片一起邮寄另一张问卷，这是一个缺点。如果问卷就在手边，而不是必须从最初的信件中寻找，个体更有可能回答问卷。

有两种跟踪发送信函的方法：①只给那些没有回答的人寄一封信或明信片；②给每个人都发一个总括性跟踪信函。前者更受欢迎，因为它较便宜，而且排除了从同一个人那儿收到两张已做好的问卷的可能。后一种方法只有当鉴别不出不答卷人时才使用。如果使用后一种方法，那么就应该告诉答卷人，如果他们回答了第一次问卷，就不要做第二次了。电话、电报或特殊的邮件也可以用在跟踪提醒工作中。但是，由于这些方式耗时长，花销大，因此，使用不是很广泛。可以反复发送跟踪信函，但是随着每次跟踪信函的发出，问卷回收的百分比逐渐降低。通常情况下不要反复发送跟踪信函，除非问卷的回答率很低或者对回答率的要求很高。

总之，为了提高回答率，建议研究者设计一张富有吸引力、简洁的问卷，而且应附有信息丰富的信函，提供适时的跟踪提醒服务。如果要给出时间暗示，时间应当是现实的；如果选择金钱作为激励的话，金钱可以起到激励的作用。根据实证研究的结果，用来提高回答率的跟踪发送信函、报酬激励等方法，都是很有效的。

（九）问卷鉴别

1. 鉴别不回答的原因

较高的不回答率可能会致使数据具有偏差性。绝不可以简单地假定，回答者就是当初问卷调查对象的随机样本。另外，采取增大样本数目的方法也不能抵消偏差，这仅是增加了数据的量而已。

如果产生数据偏差，它们就不能代表研究的群体。鉴别出具有较高不回答率的亚群体，并不能揭示答卷者的情感。如果不回答是与答卷者对问卷的某种情感类型相联系——即不答卷者不喜欢它们——回答的样本就是有偏见的。因为回答与不回答和研究的变量有关。为了获得有关不返回问卷者的特征和原因的信息，可以对不答卷的样本进行访谈。

在一些研究中，不答卷者在情感问题或不感兴趣的问题上保持中立是可以的。如果这一假设能站得住脚，在解释数据的时候可应用它，而且在核对不答卷之前，不回答率较高是可以容忍的。这一假设在调查一般公众总体时，比调查一个专业总体可能更为有效。

2. 不完全的和可能不真实的回答

不回答的另一种形式是没有回答某些题目，即回答者没有回答一个或多个问卷题目。尽管要求问卷回答者要回答所有题目，但常常有一些回答者会漏掉一道或几道题目。被漏答的题目可能是该题目没被理解，也可能是回答者对该题目没有把握。如果整套问卷只有少数几道题目被漏答，并且对于这些漏答似乎没有任何统一的模式，那么省略几道题将不会带来什么不便。但是，如果省略频繁出现，那就值得对问卷作一些核实。

开放性题时常被漏答，可能仅仅由于回答者不想花精力去回答，也许有某些别的原因。对此，可以对题目的回答进行内部核对，一种办法是把问卷分为两组，其中一组为被回答的题目，另一组为被漏答的题目。接着按两组分别对其他题目的回答进行分析。如果得到的结论不一致，那么漏答题目就与回答者对其他题目的回答方式有关。

当就敏感性问题进行调查时，回答者可能会有不诚实的动机，如兴奋剂就是一个敏感问题的例子。想要获得有关违背体育职业道德的信息总是希望渺茫，这类信息很多只能靠自我报告而获得。可以尝试用四种方法识别有关兴奋剂调查中不诚实和粗心的回答者：

①不可能的回答——回答者表示使用某种不存在的兴奋剂。

②兴奋剂使用的频率和范围难以置信。

③答案组合不可能——运用许多题目来进行题目之间的一致性检测。

④诚实性题目——要求回答者在回答题目时表现出的诚实性程度。

问卷设计完整案例（——引自霍军2012年博士学位论文《创新理念下体育教学方法理论与实践研究》，稍作修改）：

创新教育理念下体育教学方法调查问卷

亲爱的同学们：

您好！自素质教育、新课程实施以来，体育课出现了丰富多彩的内容，教学方法、手段、课堂组织形式不断变化、创新。为了解我国体育教学方法的选择、改革、创新情况，特设计此问卷。您的回答对我们的研究极为重要，也会对体育教学方法研究具有较大贡献。完成这份问卷所需的时间不会超过5分钟。您的回答无正确与错误之分，仅作为教学研究使用，我们将对您的信息保密，请根据自己实际情况填写，十分感谢您的合作！

北京体育大学博士生：霍军

填写说明：(1) 在选项前的 ( ) 或空格上画√，无特别说明的都是单选。

(2) 在________上填写相应的内容，请不要漏填。

一、基本情况

1. 性别　　(1) 男　(2) 女

2. 您的学校属于　　(1) 城市中学　(2) 农村中学

3. 您对体育的兴趣　　(1) 喜欢　(2) 一般　(3) 不喜欢

4. 您对体育课的兴趣　　(1) 喜欢　(2) 一般　(3) 不喜欢

5. 您最喜欢的体育项目是________。

二、体育课情况

6. 你们是男女生一起上体育课吗？　(1) 是　(2) 不是

7. 体育课对增强体质的作用

(1) 很大　(2) 比较大　(3) 一般　(4) 不太大　(5) 没用

8. 您平时上体育课的气氛

(1) 很活跃 (2) 较活跃　(3) 一般　(4) 不太活跃 (5) 不活跃

9. 您平时上体育课的运动量

(1) 太大　(2) 有点大　(3) 正好　(4) 偏小　(5) 太小

10. 体育课的基本情况

	总是	经常	偶尔	几乎没有	从来没有
(1) 体育课被其他学科老师占用					
(2) 教师按时、准时上体育课					
(3) 体育教师迟到或提前下课					
(4) 体育课中能体验到快乐、自信					
(5) 积极主动地上体育课					

……

22. 您对体育教师现在的教学方法不满意的地方（可多选）

(1) 教法单一、老套，体育课不活跃

(2) 教师与学生交流太少，不关注学生感受
(3) 教师不提供与同伴交流的机会
(4) 讲课内容太枯燥，引不起学生的兴趣
(5) 过多的技战术传授、身体素质训练
(6) 不注重培养学生的意志品质、顽强精神
(7) 不用现代教学技术手段来丰富教学
(8) 只关注成绩好的学生，没有做到区别对待

23. 您对体育教师教学方法的意见和建议________________。

(十) 调查问卷的信度与效度检验

调查问卷的信度和效度决定了调查研究是否有效。因此，在调查报告中一般要反映问卷的信度和效度。

1. 信度

问卷的信度指在相同条件下，对同一批受试者使用相同调查方法，重复调查结果的一致性程度。有时也可以使用内部一致性判断代替重复调查。

问卷信度一般包括重测信度、复本信度、内部一致性信度（同质性信度、分半信度）等。

①重测信度。重测信度指间隔一定时间，使用相同调查方法，对同一批受试者重复调查，结果的一致性程度。

重测信度系数受测验间隔时间影响，不适用于考察难度的测验，被试在第二次测试时容易觉得枯燥，费时、费力。

重测信度的估值方法：两次重测的分类数据（单选题）一般采用 Kappa 系数解决有无关联问题，采用配对卡方检验（McNemar-Bowker 检验）验证两变量是否一致。Kappa ≥0.75 一致性较好，Kappa≥0.4 一般，Kappa<0.4 较差。SPSS 操作步骤：分析→描述统计→交叉表→检验变量选入行和列→统计量→选 Kappa 和 McNemar。两次重测的有序数据和非正态分布的连续数据一般采用 Spearman 秩相关系数；正态分布数据采用 Pearson 积差相关系数。SPSS 操作步骤：分析→相关→双变量→选 Spearman 和 Pearson。

②复本信度。当调查的一种形式不适合实施两次时，就需要采用该测验的另一平行测验（复本）。复本在测量内容、难度、平均数、标准差等方面应与原测验一样，否则估计的信度系数就会出现较大误差。估值方法同重测信度。

复本题目与原题目要基本等值，两次调查要尽可能在较短时间内进行。实际调查中，完全等值的问卷一般很难找到。

③内部一致性信度。同质性信度、分半信度都是通过同一次发放的问卷数据计算而来，都是根据问卷内部同类题目数据一致性程度计算而来，适合量表式问卷。

一般采用 Cronbanch's α 系数估计同质性信度；采用 Speraman-Brown 系数计算分半信度。后者需要将某一类问题分成奇数题与偶数题两部分，计算两部分结果的一致性程度。SPSS 操作步骤：分析→度量→可靠性分析→模型中分别选 α 和分半。

2. 效度

问卷的效度指所选择的调查方法在调查欲测属性时的准确程度，即能调查的属性和要调查的属性之间的一致程度。包括内容效度、结构效度和效标效度。

①内容效度。所选择的调查内容反映总体属性的准确程度。考察内容效度的前提是：要有定义较完整的总体属性的内容范围，如在考试出试卷时首先要有考试大纲，考试大纲应包括考试的所有内容。

内容效度评价方法：专家调查法——一定数量专家对问卷内容进行逻辑分析的结果；计算相关系数——一项调查与公认有较好内容效度的调查的相关系数越大，说明内容效度越好。就像高中毕业前的摸底测验，其内容效度可与高考成绩比较。

②结构效度。一项调查所包含的各种属性与总体属性的各种拟测成分在结构上的一致性程度，即可以实际操作的调查与理论上的构想的符合程度。常用于心理与运动能力的成套测验。

结构效度的评价方法：专家调查法——一定数量专家对问卷结构进行逻辑分析的结果；计算相关系数——与已有的结构效度较好的测验的相关系数；因素分析——探索性和验证性因子分析。

③效标效度。所选择的问卷与效标问卷之间的关联一致性程度。效标问卷指已被检验证明能够作为参照标准，是一份有效性高的问卷。

目前常用的检验问卷效度的粗略方法是专家调查法，也就是在问卷末尾直接请专家为调查问卷的效度打分。形式如下，仅供参考：

请问您认为本调查问卷的效度如何？请在相应方框打“√”。

	很低	低	一般	较高	很高
内容效度					
结构效度					

赋值办法：很低 1 分，低 2 分，一般 3 分，较高 4 分，高 5 分。

所有专家打分的平均值除以 5 为问卷的内容效度或结构效度。两效度的平均值为调查问卷总体效度。

二、网络调查

网络调查是可以代替邮件调查的另一种可行的方法。对于网络调查来说，大多数被调查的目标群体有途径上互联网。当然，会有一些非常重要的群体并不适合采用网络调查，那么就不得不使用邮寄问卷或者电话进行调查。

相对于邮寄的问卷而言，网络调查有很多优点，可以极大地节约回答时间，在线的被调查者一收到调查，就可以回答；网络邮寄在时间上没有延迟，也没有打印和邮寄费用。然而，网络调查也有缺点，其中最重要的就是让被调查者认识到调查的合法性。假设调查问卷通过了垃圾邮件过滤器的拦阻，被调查者还是要仔细辨认邮寄者，否则邮件就会在被打开前删除。纸质调查的回答率最高，但是时间也最长。一般而言，高回答率通常比回答时间短更重要。

总之，如果网络调查能够得以充分实施，它的效果要优于邮寄的问卷调查。网络调查在费用、时间和数据的转换方面具有优势。然而，除了调查的实施过程之外，还有一些其他因素对回答率有重要影响。无论何时对网络调查进行反思，都要认识到它存在一定的局限性。

三、访谈调查

（一）访谈特点

对于进行人数较多的大范围调查来说，问卷调查所需费用不大，但它也有一些缺点，诸如有不回答或粗心回答的现象。访谈是一种进行调查的又一有效方法，使用这一方法相对于问卷调查来说，有如下几方面的优点：

①访谈被允许的情况下，就不会存在不回答的问题。

②访谈可提供一个深入挖掘、详细阐述和澄清术语的机会。

③可以使调查过程标准化。

④可以使开放性题目获得充分的回答。

⑤有助于避免题目回答的遗漏。

⑥可以帮助我们获得一些有关个人的数据。

⑦帮助我们从那些没有接受良好教育的成人那里收集数据。

然而，访谈在时间和精力上所花的代价是昂贵的。近年来，电话访谈得到了大面积使用，并作为面对面访谈的替代形式。电话访谈可以显著地降低调查的费用，同时它与面对面访谈相比，还有其他一些优点。如果采取面对面的形式，访谈必须有计划，因为这涉及两个人之间的互动。即使采用电话访谈，除非访谈非常简短，预先做好计划总是非常好的。

（二）访谈题目

访谈题目像问卷题目一样，分为封闭式题目与开放性题目两种形式，而且它们在结构程度上也可变化。然而，非结构性题目更常用在访谈中，原因是非结构性题目给回答人留下了大量可解释的余地。在访谈中，这种可解释性能够控制、掌握，在问卷中，则是不可能的。一般来说，在应用访谈法进行调查的过程中，每一个访谈对象都要被问及同样的一组问题。为了使不同的访谈对象配合工作，措辞可能要作轻微的变动。例如，假如学生、教师、校长都是同一研究的访谈对象，各种各样的题目格式都可用在同一访谈中，而且访谈者还要控制格式的转换，以免发生混淆。

无论访谈题目是要求做出开放性的回答还是选择回答，它们都应当完全以问题的形式，用富有意义的、清楚的术语向访谈对象陈述。而且术语对所有的访谈对象都应有一致的含义。访谈题目应给访谈对象提供充足的指示。有时，可供选择的措辞或追问会随同访谈题目一同给出，但需小心从事。先来看下面这一开放性访谈题目：

体育术科教学中你最喜欢哪种教学方法？

如果访谈对象犹豫不定，就可以给他提供一项可供选择的调查项目，比如：启发、教师演示、视频演示、探究、自主练习、指导纠错、分层教学、不分层教学等。

如果使用了这一选择性的调查项目，那些犹豫不定的人所回答的内容就会和那些没有得到这一选择性说法的人的回答有所不同。至少那些犹豫不定的人通过提示而获得了更多的答题框架。一种较好的办法是为所有的访谈对象提供同样数量的答题框架。比如：

你的体育教师经常使用的教学方法包括哪些？

a. 启发 b. 教师演示 c. 视频演示 d. 探究 e. 自主练习 f. 指导纠错 g. 分层教学 h. 其他

（三）访谈的进行

正如任何一种数据收集过程一样，进行访谈也必须有所准备。为了进行确定的访谈，需对访谈人员进行训练，而且这些访谈过程必须“标准化”，以便回答者能够把访谈看作一件连贯、确定的事情。由于访谈需要时间，所以，除非调查有严格的限制，否则我们可以使用大量的访谈人员。要对他们进行训练，使之获得有关调查的专业知识。当使用问卷的时候，在访谈前应该预先测试，而且题目要修正到满意为止。要训练访谈人员，直到他们在一系列访谈过程之中，访谈不同对象时都能做到一致。

为了安排访谈时间，需要确定访谈对象与访谈者彼此都方便的时间。访谈者应当有一张弹性时间表，以便对访谈对象来说随时都方便、可行。例如，假如那些调查在白天不可行，把访谈集中在晚上和周末就是必要的。

在访谈时间安排好或访谈工作开始后，取得访谈对象的配合是必要的。一封告知访谈对象研究情况的预约信或一个预约电话在取得访谈对象配合方面是有效的。预约不仅是通知性的，而且还能再次巩固访谈对象，特别是那些接纳陌生人时为个人安全而担忧的人，应当让访谈对象了解研究的目的和其贡献的重要性。要确保回答的机密性，访谈对象不应受到访谈问题与其后的数据使用的威胁。使访谈对象了解访谈，并对访谈感到舒适，对增强合作意义重大。

因为访谈是一项社会工作，所以，访谈人员和回答者建立良好的关系是重要的。方法应是实事求是的、有效的，态度友好但不能“好得像朋友似的”。如果回答者有问题，访谈人员必须知道值得深入探索的程度及允许阐述的程度。除非回答者的回答内容与主题相关或者话题本身是探究信息的一部分，否则不应偏离主题。

应当有效组织在访谈中使用的资料收集方法，以使访谈的进行不会受到干扰。一台录音设备即可保留整个对话，但是，访谈者在使用前应征得访谈对象的同意。如果对访谈录音不现实或行不通，就必须运用速记。结构性问题可能只要求打一个“√”符号，表示选了几个选项中的一个；而对非结构性问题，则必须记录所有的主要观点，记录要既简练又完整。记录工作应当尽可能做得不露声色，不致引起访谈对象的怀疑。比如，如果访谈对象所做的回答简短，访谈者就不应写得很多。

笔记本电脑可用于访谈记录。访谈者可以通过笔记本电脑以一种不易被人觉察的方式同速记下访谈对象的回答。在绝大多数情况下，笔记本电脑所记录的不会比访谈者的笔录更乱，而且它可以提供一个完整的回答记录。

（四）错误的潜在原因

尽管访谈者会尽量与访谈对象的情感和观念相协调，但访谈题目本身却不能保证与此种情感相协调。个体必须自愿地、正确地作出充分的口头回答，困难在于假如个体不具备足够的知识来回答问题，或是不愿意泄露有关的信息，就会产生问题。有一种回答不精确或不正确的倾向被称为“回答效应”，如果存在这种倾向，那么实际回答与正确回答之间就存在差异。访谈者必须能够识别误解和不安的不同，当场作出是否需要进行深入了解的决定。

在收集访谈资料时可能存在潜在的错误。其中原因之一便是回答者在回答中的某种倾向，实质上产生了一种“回答效应”。回答者可能缺乏回答的动机，因为受到了访谈的影响，或者把他或她自己理解为名人来回答，提供的是社会上普遍接受的或专业上具有优先性的答案，而不涉及任何真实的情感。还没有一种方法论上的技巧能保证资料的精确性，但是，强调回答的真实性和建立初始核对是可能的。访谈人员要注意不可暗示有无应优先予以考虑的回答，有争议性的问题应力求避免，直到合适的背景和信赖的关系建立为止。在访谈的过程中，访谈者可能想知道回答者说的是不是真话，从而设置相关的问题来核对各种回答的一致性。换言之，访谈包含要提出内容相同，而形式与遣词造句及出现时间、地点不同的各种问题。

另一个可能的错误原因是，访谈人员对访谈对象的倾向性。举个消极的例子，如果访谈人员在访谈中心神不宁、居高临下地对访谈对象讲话，或者对访谈对象抱有成见，就不能和访谈对象建立和睦的关系。应仔细挑选访谈者以避免倾向影响。访谈人员应尽可能地在会影响反应的变量上与访谈对象相互配合。比如，如果访谈对象会因访谈人员是异性而对回答问题造成障碍，那就得确保访谈人员和访谈对象是同性。

第三个可能的错误原因与完成访谈的方法有关。在各种访谈之间可能存在不一致性。采访时间太长，就会使回答者不堪劳累而感到厌倦、疲惫，访谈的最长时间应视回答者的特性及访谈内容的趣味程度而定。专业化的回答者的访谈时间可以稍长于普通回答者。一般来说，访谈过程不宜有其他人在场。访谈的地点应对双方都适宜、舒服而又方便。

（五）电话访谈

近年来，在调查研究中电话的使用增多了。如果使用恰当的话，可以提高效率。电话访谈相对于面对面的访谈，其最大好处在于，它的花费仅是面对面访谈费用的1/3到1/2。一般来说，访谈对象不会缺少电话机，对于职业性的访谈对象更不可能。然而在调查某一群体时，获得被访谈者的电话号码是个大问题。电话访谈与面对面访谈的合作率基本相同，只是电话访谈的拒绝率可能高一点。但是，对于居住在偏僻地区的访谈对象来说，电话访谈是更有效的。像教师、校长等学校成员这类专业化回答者，通过电话通常比通过直接访谈更容易接近。电话访谈与面对面访谈相比，还有其他一些优点：

①由于到达访谈对象那里的时间被省去了，所以可以从更大范围的可获得的总体中抽取访谈对象。

②数据的收集可以集中进行，数据可实现快速输入。

③随着数据收集的日益便利，数据的质量控制变得更容易。

④数据收集和数据处理可以快速进行。

⑤如果入户访谈，一些访谈对象可能因为陌生人的造访而感到不安，而电话访谈则不会这样。

⑥如果一个访谈对象不能信守访谈的约定，通过电话联系，可减少此类事件造成的时间浪费。

面对面访谈比电话访谈具有更大的弹性，能获取更详尽的细节，访谈时间也可更长一些。大多数接受电话访谈的人在过了25分钟左右就会感到厌烦，而接受面对面访谈的人在长达45分钟，甚至1小时的访谈中也不会感到疲倦。诸如图、表之类可视性提示，都可在面对面访谈中使用。但是，如果研究项目要求被访谈者对一些书面材料做出反应，这可能就要在使用电话访谈前，首先把材料送给访谈对象，然后通过电话获取答案。要求使用这种材料的调查很少用在一般公众身上，它们更适用于那些机关或专业人员。即使这样，调查者也冒着一定的风险：被调查者可能收不到必要的材料，或者根本就没有去看这些材料。

我们来看一个例子。假定要调查一个市的小学体育教师，调查对象是一群体育专业人员。要通过随机抽样的方法来进行访谈，而不是在全市巡回调查。预先把必要的材料送给挑选出来的体育教师，然后在彼此方便的时间通过电话进行访谈。电话访谈应当比面对面访谈花费的代价少一些。

电话访谈和面对面访谈区别很小，在大多数研究中可忽略不计。两种研究方法都需要使用适当的方法和经验丰富的访谈者，以及开始的良好配合。在电话访谈中，访谈对象拒绝回答、说不知道、对开放性问题会做更短的回答等，可能性都会稍微大一些。因为访谈对象的怀疑心理较多，他们讲话的动力自然不足。

所以，作为面对面访谈的可替代性选择，电话访谈值得考虑。它在调查敏感性和有争议性的问题时，可能凸显得不是很有效，但这一点可能会因考虑精力、时间、费用的节省而获得补偿。

第四节　调查研究案例

案例1：

以下节选自曹永跃2011年发表于《山东体育学院学报》的《河南农村中学体育教学现状调查及分析》相关内容（稍有修改）供大家参考：

1.2.2　专家访谈法

对于本研究课题的研究思路、研究方法等方面的问题，向有丰富经验的从事农村中学体育教学研究和体育心理研究的教学专家、学者进行咨询和访谈，听取他们的建议和意见。

1.2.3　问卷调查法

根据研究目的和内容，大量查阅文献资料，广泛征求专家意见，将专家们的意见落实到调查表的设计中，遵循体育科研方法关于问卷设计的基本要求和原则进行了反复修改，并对问卷的效度与信度进行了检验，以确保问卷内容准确与翔实。共发放问卷800份，有效问卷766份，其中男429人，占总人数的56%；女337人，占总人数的44%，男女性别比例为1.27∶1（见表1，略）。

采用专家调查法，请20位相关专家（其职称结构见表2，略）分别对本研究第一轮调查问卷和第二轮调查问卷的内容效度和结构效度进行5级制评估，专家评估结果如表3、表4所示。评估结果表明：调查问卷具有较高的内容效度与结构效度。

表 3 专家对学生调查问卷效度的评估结果

	高	较高	一般	较低	低
内容效度	6	13	1	0	0
结构效度	5	12	3	0	0

表 4 专家对教师调查问卷效度的评估结果

	高	较高	一般	较低	低
内容效度	5	11	4	0	0
结构效度	4	10	6	0	0

采用重测信度对调查问卷的信度进行检验，调查问卷分别在50名学生和8位教师中实施5周后重测，计算两次问卷材料的相关系数，进行显著性检验。其相同变量的相关系数 R 大于0.81（见表5，略）。检验结果表明：调查问卷具有较高的重测信度。

以上案例中也可以粗略估算效度系数。例如学生内容效度的估算方法：高为5分，较高为4分，一般为3分，较低为2分，低为1分。学生内容效度系数=[(5×6+4×13+3×1)/20]/5=0.85。

案例2：

以下节选自舒盛芳2002年发表于《上海体育学院学报》的《从“以学生发展为本”的理念审视当前的体育教学——上海市中学体育教学现状调查与分析》相关内容供大家参考：

1.2.3 访谈法（咨询法）

向上海体育教研员进行专家咨询达10余人次。同闸北区、杨浦区等35所中学的体育教师及学生进行个别的正式或非正式的访谈和讨论。

1.2.4 问卷调查法

信度、效度检验：由5位专家（副教授以上职称）对“教师问卷”和“学生问卷”进行了效度检验，并进行了重测信度检验，分别为0.84和0.86。

调查时间：向学生发放问卷与回收时间为2000年11月7日—12月4日，教师问卷发放回收时间为2000年11月7日—12月18日。

调查方法：采用分层抽样的方法对闸北区、杨浦区的35所中学的每一个年级抽取一个班；向学生发放问卷1144份，回收1144份，回收率为100%；

有效问卷1128份，有效率为98.6%。向教师发放问卷207份，回收186份，回收率为89.8%；有效问卷180份，有效率为96.7%。

练　习

1. 研究小学生从1年级至6年级学习兴趣的变化：

   a. 试确定研究中可能涉及的自变量和因变量。

   b. 对于因变量的数据多长时间收集一次比较合适？

   c. 纵向研究对其意义何在？

2. 为了解合肥市小学生校外体育锻炼状况，随机抽取了20所小学，每所小学的每个年级随机抽取了20人作为调查对象，同时对这些小学的体育教师、班主任、学生、学生家长、社区主管部门领导进行了小学生校外体育锻炼状况的调查。

   a. 本调查设计类型？

   b. 本设计样本量多大？

   c. 本设计的特点是什么？

   d. 若根据本调查结果，采取了一定的措施促进小学生校外体育锻炼，想要监测今后2年内这一措施的作用，如何改变调查设计？

3. 为了解中学生体育课开展状况，请设计研究规划，并确定准备使用的调查方法。

4. 设计一份关于小学生运动兴趣的调查问卷。

5. 若赛后想要对一位篮球运动员进行访谈，请列举访谈提纲。

第六章　实　验　法

实验法是依据一定的教学理论假设，在教学实践中，运用必要的控制方法，改变研究对象，探索教学中的因果规律的一种教学研究活动。实验过程中，人们通过有目的、有计划地控制实验变量，变革事物的内容、结构与发展进程，从而认识事物的本质与规律，发展人们的认识能力和创造能力。这里提到的实验变量指在中小学体育教学研究中，被操控的可能影响实验效果的自变量。

第一节　实验设计概述

一、实验设计的含义

实验设计的基本思想由英国统计学家 R. A. Fisher 提出。20 世纪初，Fisher 在 Rothamsted 农业站工作的 14 年中（1919—1933）指出：在田间实验中，由于环境条件难于严格控制，实验数据必然受到偶然因素的影响，所以一开始就得承认存在误差。这一思想是与传统的“精密科学实验”相对立的，在精密科学实验中，不是从承认误差不可避免出发，而是致力于严格控制实验条件，以探求科学规律。田间实验的目的之一是寻求高产品种，而实验时的土地条件，如土质、排水等都不能严格控制，因此，“在严格控制的这样或那样的条件下，品种 A 比品种 B 多收获若干斤”这类结论，实际意义就不大。这表明，Fisher 首创的实验设计原则，是针对工农业以及技术科学实验而设，而不是着眼于纯理论性的科学实验。

实验设计就是将处理因素或重要的非实验因素分配给实验对象的方法，包括专业设计和统计设计，专业设计主要包括研究课题的选定，假说的建立，研究对象的选择，观察指标的确定，有关技术方法的采用及各种标准的统一等；统计设计则是从数理统计学角度，围绕专业设计内容，遵循对照、重复、随机化的基本原则确定实验设计方案、抽样方法、样本容量、统计分析指标及统计分析方法等。狭义的实验设计就是指统计设计；好的实验设计可以提高实验效率，减小随机误差，并使实验结果能有效地进行统计分析。

二、实验设计的三个要素

任何实验研究在进行设计时，首先应明确处理因素、实验对象、实验效应三个要素，然后据此制订详细的研究方案。

（一）处理因素

处理因素又称实验因素，是研究者根据研究目的欲施加或观察的、能作用于研究对象并引起直接或间接效应的因素。与其对应的是“非处理因素”，又称为混杂因素也会对研究结果产生影响。因此实验研究中，在确定处理因素的同时，还要根据专业知识与实验条件，尽可能找出对研究结果产生影响的非处理因素，并加以控制。在同一研究中处理因素应该标准化，即自始至终保持一致，不能由于任何原因中途改变。根据处理因素的多少，实验设计可分为单因素实验设计和多因素实验设计。处理因素只有一个的实验设计为单因素实验设计，处理因素不止一个的实验设计为多因素实验设计。

（二）实验对象

实验对象也称实验单位、研究对象或研究单位，指在实验中接受处理并作为实验观察的人、动物或其他实验材料，是处理因素作用的对象。要根据不同的研究目的选取不同的实验对象。选取的实验对象要有以下特点：①敏感性：实验对象要对处理因素敏感；②稳定性：实验对象要对处理因素的反应稳定；③同质性：实验前必须对实验对象作明确说明，有严格的纳入标准与排除标准；④代表性：从总体中随机抽取的实验对象的观察值必须能够代表总体状况，除了要能反映实验目的外，还要有一定的样本含量。

（三）实验效应

实验效应是处理因素作用于实验对象的反应或结果，一般通过实验指标来表达。实验指标的选择事关研究的成败，选择指标的依据有客观性、有效性、准确性。指标的客观性是指实验指标需借助仪器、工具等进行测量来反映研究对象的客观状态或观察结果，一般不受测试者或受试者的主观因素的影响。指标的有效性包括灵敏性与特异性两方面，灵敏性是指某处理因素存在时所选指标能反映出一定的效应；特异性是指某处理因素不存在时所选指标不显示处理效应，灵敏性高的指标能较好地显示处理效应，特异性高的指标不易受非处理因素的干扰。指标的准确性包括效度与信度两方面，效度又称准确度，是指标观测值与预测真值的接近程度，主要受系统误差的影响；信度又称为精确度，是指相同条件下对同一对象的某指标进行重复测量时的一致性程度，主要受随机误差的影响。

三、实验设计的基本原则

良好的实验设计能够以较少的样本量取得较多而可靠的信息，从而达到经济、高效的目的。为此，实验设计必须遵循一定的统计学原则。一般认为实验设计的原则包括对照、随机、重复三大原则。但是有一些文献还把“均衡”作为实验设计的原则。均衡原则虽然贯穿于对照、随机、重复三大原则之中，但是它有别于三大原则，其作用不容忽视，本书把均衡原则也作为实验设计的一大原则来介绍。

（一）对照原则

有比较才有鉴别，设立对照的目的是衬托处理因素的实验效应，鉴别处理因素与非处理因素的差异，消除或减少实验误差，以提高实验的精确度（信度）。所设立的对照组必须与实验组达到均衡一致。为此，实验性研究中对照组的设置必须具备3个条件：对等、同步、专设。

对等：除研究因素外，对照组具备与实验组对等的一切因素。

同步：整个研究过程中，对照组与实验组始终处于同一空间和同一时间。对于很难找到同期对照组或有公认标准值的实验，可采用历史对照、自身前后对照、自身交叉对照、标准对照等。

专设：对照组都是为相应的实验组专门设立的，不能设立无效的对照组。

这三个选取对照组的条件是为了保证对照组与实验组间的均衡一致，以充分发挥对照组的参照作用。

不同的实验根据实验条件和实验要求等因素，要采取不同的对照方式。一般根据实验是否同期将对照分为平行对照和非平行对照。平行对照就是指各因素实施时同期平行进行，如实验组接受新教法干预，对照组接受旧教法干预，同时对两组人群进行实验干预，同时结束；非平行对照指各因素实施时有先后之分，如实验A组先接受教法A，持续8周，实验B组在实验A组接受实验干预后的第2周开始接受教法B干预，持续8周。

平行对照包括阴性对照（空白对照、安慰剂对照、实验对照）、阳性对照（优效性对照、等效性或非劣效性对照）、相互对照、强度（或剂量等）—反应对照、自身对照中的自身平行对照等；非平行对照包括自身对照中的自身前后对照、自身交叉对照、外部对照（历史对照、标准对照）、时间交叉对照等。其中阴性对照和阳性对照有时一起使用，使实验相对复杂。

（二）随机原则

随机的目的是保证样本代表性，保证各处理组间在大量不可控制的非处理因素的分布方面尽量保持均衡一致而采取的一种统计学措施，是实验研究中保证取得无偏估计的重要措施，是统计推断的前提。实验对象的抽样、分组以及实验实施过程中均应遵循随机原则。随机应体现在如下几个方面：

抽样随机：每一个符合条件的实验对象参加实验的机会相同，即总体中每个个体有相同的机会被抽到样本中来。这样可保证所得到的样本具有代表性，使实验结果具有普遍意义。

分组随机：每个实验对象分到处理组和对照组的机会相同，以保证各处理组间实验对象尽可能均衡一致，以提高各组间的可比性。常用的随机分组的方法有完全随机分组和区组随机分组等。

实验顺序随机：每个实验对象接收处理先后的机会相同，以消除不平衡的实验顺序所产生的偏差。

在实际工作中，随机化的具体办法有：抽签法、抛硬币法、抓阄法等。目前，科学实验中随机化一般通过随机数的产生实现。随机数的产生一般使用随机数字表、计算机随机数发生器等工具。

（三）重复原则

重复是指在相同条件下进行多次研究或多次观察，以提高实验的可靠性。它包含三重含义：

结论的重复：确保实验的重现性，以提高实验的可靠性。科学研究应该经得起重复检验，不可重复的研究是没有科学性的。

多个实验对象的重复：单个个体的实验具有一定的偶然性，多个实验对象的重复可避免把个别偶然、巧合的现象当作必然的规律，使结果具有稳定性，检验假设达到预定的功效。“多个实验对象”要求有一定的样本含量，实验前应根据专业经验或应用统计方法估计样本含量。

同一实验对象的重复观察：对同一实验对象在相同条件下的重复观察可保证观察结果的精确度。如对学生体育课学习兴趣的观察中，每5分钟观察1次并对学习兴趣进行评分。

（四）均衡原则

均衡原则是指各处理组，除了观察的处理因素外，其他一切条件包括重要的、可控制的非处理因素应尽可能相同或一致。遵循均衡原则的作用是使受试对象受到的非实验因素的影响完全平衡，确保实验因素各水平间不受其他因素或重要的非实验因素不平衡的干扰和影响，使所考察的实验因素在不同水平条件下对观察结果的影响真实地显现出来。实验前组间的均衡性一般需要有效的统计证明，不能因为遵循了随机、对照、重复等原则就简单地认为已经达到了均衡性。下面举一个例子。

一位体育教师运用三种教学方式——探究式、启发式、传统教学法（三种方法为主导）来确定篮球单手肩上投篮的教学效果。实验参与者是初中一年级学生，每个教学类型组都随机分配30名学生。所有个体在同一篮球场接受教学，并按照实验方案练习。

因变量是单手肩上投篮得分（技评分+中篮分）。每组学生同时接受实验，整个教学活动约一个小时。实验变量是教学方式，这一变量有三种不同水平。

单手肩上投篮教学效果实验设计如表6.1所示。表的上半部分列出了整个实验。实验过程为同一教师分别实施相应的教学方案。实验后半个小时内收集对因变量的测量结果，收集齐全后记录下来。

在表6.1虚线以下的部分，用符号表示实验。R表示3个组的随机分配，下标G_s表示第s组。X是用作介绍、使用实验变量的符号，其下标仅用于表示变量的水平。表中用在X中的下标T、Q和C表示教学类型——探究式、启发式和传统教学法。O_s表示收集的数据（通常指进行的观察），该例中，O_s的下标与组数一致。表中，O_1表示从组1（G_1）中收集的数据；该组进行的是探究式教学（X_T）。O_s是因变量的得分——这里指投篮得分。

表6.1相对而言较简单，仅包括一个自变量——实验变量。数据仅在实验结束后收集。教学的实验过程可能有些复杂，但设计确实为研究者提供了相当多的控制。分析得分时，如若研究者发现G_3的得分一直比G_1和G_2差得多（投篮得分高），我们便可以说在单手肩上投篮教学中传统教学法比其他两种方式的效果较差。

表6.1　单手肩上投篮教学效果的实验设计

教学方式	随机分布	因变量
探究式	参加实验学生人数30人	投篮得分
启发式	参加实验学生人数30人	投篮得分
传统教学法	参加实验学生人数30人	投篮得分

← 实验方法 →

RG_1	→	X_T	→	O_1
RG_2	→	X_Q	→	O_2
RG_3	→	X_C	→	O_3

为什么要如此麻烦地进行实验设计呢？因为它有益于研究者解释、理解实验所得数据，使结果明了，并且实验设计可以加强对自变量的控制。

传统教学组为对照组，体现了对照原则；随机分组体现了随机原则；每组

30人，体现重复原则；本实验设计还可以通过实验前测，采用单因素方差分析或协方差分析检验分组的均衡性，体现均衡原则。

第二节 实验设计的基本要求

良好的实验设计不但要遵循实验设计的基本原则，还要能够恰当地选择样本量、严格控制误差，使处理效应充分地显示出来，用较少的人力、物力和时间取得较为满意的结果，回答研究假设的问题。如果实验设计不当，就会增加实验次数，延长实验周期，造成人力、物力的浪费，难以达到预期结果，甚至导致整个研究工作的失败或得出相反的结论。

一、实验效度

一个好的实验设计的标准可以总结出这样一个特征，较高的实验效度。实验效度分为四类：内在效度、外在效度、结构效度和统计结论效度。

内在效度是指自变量和因变量相关联的因果推论效度。它解释的是实验处理是否可以使因变量产生差异。为回答该问题，研究者需控制一些因素，比如无关变量，还需确定没有将产生的效应错误地作为实验处理效应。前面的例子中，教学方式对投篮得分的影响程度决定了本教学实验的内在效度。

外在效度是指实验结果的可推广度，实验可以推广到怎样程度的总体、变量、情境等。一般来说，内在效度越充分结果推广度越大，研究越有用。例如，在对比初中一年级各体育教学方法的研究中，若研究发现探究式教学最有效，那么此种教学方式能否在一般的初中一年级体育课中普遍使用?

结构效度研究的是对实验中的自变量和因变量进行定义，以及在实验设计中这些变量是如何被操控的。它关注的是那些有待研究的变量结构可能会被建构成怎样不同的结构。例如，在对比初中一年级各体育教学方法的研究中，各教学方式制定的客观性、具体程度，执行过程中的严谨程度，对投篮得分考核的客观合理性都决定了本研究的结构效度。

统计结论效度泛指根据数据进行统计分析得出结果的精确度，可以认为是内在效度的重要组成部分。如得出实验组和控制组之间存在统计上的显著差异的结果的效度。这是决定实验处理是否有效的第一步。在这一点上犯错会对自变量是否影响因变量做出错误的结论。

尽管实验设计的目的是希望实验的所有效度都高，但有些情况下，确保一种效度，就会削弱另一种效度。随着实验的控制越来越严格，在实验中可发生的和在自然教育条件下可发生的两者间的一致性就越小。例如，在对教学策略的研究中，对实验的各个方面都进行了控制，实质上就是人为创造了一个情境，在这个情境中，发挥作用的只是实验变量。这样大大提高了内在效度，但是推广性可能会非常有限，导致结果不能应用于真实的班级情境中。这并不是说获得最大的控制就一定是不好的；实验的目的决定要求效度的程度。显然，一个结果无法解释的实验毫无用处，即使推广度可能很大；但实验后又发现其结果不能如实验目标中预期的那样得以推广，这样也不会令人满意。

内在效度涉及对无关变量的选择方法、测量方法等进行充分的控制。实验设计应该不断发展，以便能使研究者充分地发现可能影响内在效度的因素。毋庸置疑，我们不可能在实验中操作所有可能的因素，但研究者应了解有关变量以及与内在效度相关的可能出现的困难。这样，实验设计便能够充分地解释结果。

至于外在效度，它关心的是研究者所期望的结果能推广到总体，但也可能包含把实验结果推广到其他相关自变量或对实验变量的修正。可能会有诸如班级大小、学校类型等研究者所希望推广的因素。例如，一项在郊区学校 4 年级学生中获得的实验结果是否对城区学校也适用？对 8 年级呢？很可能不行，但这又需依据变量和实验的具体细节来判断。研究者也可能想推广到不同的有测量差异的情境中去。例如，一个经过了事前测试的实验结果，能够推广到没有事前测试的班级吗？外在效度就要考虑这类问题。

结构效度是有关自变量和因变量结构的效度。在界定实验变量时必须谨慎，这样其他研究者才能重复该研究或者将其推广到不同的群体或实验设计中。这意味着必须明确说明实验处理，这样其他研究者才能确切知道该做什么，才能如实重复该实验。对因变量的界定和测量也是如此。一般来说，应该使用以往研究中使用过的定义和测量，这样所得的研究结论就可以与有关的其他研究结论进行直接比较。

当研究者理解了研究中所使用的统计方法和统计前提时，统计结论效度就能够得到保证。为了确保足够的统计力，需要足够大的样本量，而且要确保测量技术的恰当性，从某种程度而言，这就意味着因变量的信度系数应该很高，大概在 0.90。对于一个高质量的研究设计而言，对测量进行恰当的分析是非常重要的。

二、实验效度的干扰因素

实验设计应致力于提高实验效度，但实验效度并不仅仅依赖实验设计。实验细节对效度有影响，此外还有许多其他因素会干扰实验的效度，包括对内在的和外在的效度的影响。

坎贝尔和斯坦利总结了对实验效度的干扰因素，共有 21 个，影响内在效度的有 8 个，影响外在效度的有 4 个，影响结构效度的有 5 个，影响统计结论效度的有 4 个。表 6.2 列出并解释了这 21 个因素，同时举例说明了每一个因素是怎样发生的。所有的例子都假定已作了一些实验处理。

表 6.2　实验效度的干扰因素

干 扰 因 素	举　例
内在效度	
1. 偶然事件——在实验进展过程中没有预料到的影响因变量的事件的发生	1. 在相对较短的室外篮球教学实验中，连续两次因下雨停课
2. 成熟程度——时间在被试身上起的作用	2. 在篮球投篮实验中，被试在连续 20 分钟投篮后因疲劳而导致技术变异、命中率下降
3. 测验——前一次测验对随后一次测验的影响	3. 在问卷重测信度检验中，两次测量间隔时间过短，第一次测量给被试留下印象
4. 测量手段——测量手段不统一会产生错误的结果	4. 两个主考人对同一项教学实验进行后测所用的程序和方法不同
5. 统计回归——基于极端分数的被试在随后的测验中其成绩有向平均分回归的趋势	5. 在技能教学实验中，前测技能水平差的组，较之于成绩一般、好的组进步大得多
6. 被试的选择差异——被试未能随机分配到各组，对被试的选择产生了影响，从而产生了各组之间的不对等性	6. 一个技能教学实验的实验组本来技能水平高，而控制组本来就是技能水平低
7. 损失率——实验中，非随机挑选的被试流失，会产生不良影响	7. 在一项判断各类运动效果的健康实验中，部分被试发现此项运动很难而退出
8. 样本与成熟交互作用——由于取样不一带来的成熟程度的不一致	8. 在一项关于体能的实验中，选取初、高中教学班为被试，初中生比高中生更早地感到疲劳
外在效度	
1. 测验的交互作用——前测与实验处理发生作用，并导致结果不能推广到未经过前测的群体中	1. 在一项体育表演实验中，前测提示被试按照一定的方式对实验处理做出反应，但是如果没有前测，结果就不一样了
2. 抽样偏差和实验处理的交互作用——这是一种未处理组的某种因素与实验处理的交互影响作用。如果这些被试组是随机构成的话，就不存在这种交互影响作用	2. 在一项有关技能教学方法的实验中，对于低技能水平学生而言教学方法的实验处理是有效的，但是对于高技能水平学生而言，就没那么有效了
3. 实验处理的副效应——由于人为的或者新异的实验设置而带来的效应（注意这也可以影响内部效度）	3. 当在常规的篮球教学中加入部分探究式教学，探究式教学的实验效应就不会再次产生
4. 多重处理干扰——一个被试受两项或两项以上的处理，就像在重复测量中设计的那样，会产生一种后续效应，导致不能推广到单一实验处理中	4. 在几种训练方案的对比分析中，对同一运动员依次实施 4 种训练方案干预，第 2 次到第 4 次训练干预可能都摆脱不了第 1 次训练可能存在的长效影响

续表

干扰因素	举 例
结构效度	
1. 对结构缺乏充分的事先准备和说明——对因变量和自变量的定义不充分	1. 由于缺少对术语（比如探究式教学）的精确定义，所以两个教师的个别化教学方式差异很大
2. 单一操作偏差——只操作一种类型的实验变量	2. 在不同教学方法教学效果实验中，只包括探究式教学
3. 单一方法偏差——只操作一种类型的因变量	3. 在一个单手肩上投篮教学效果的实验中，只考察被试投篮命中率
4. 实验环境里的假设一猜测——当被试知道他们正在参加实验的时候，他们的行为会变得不同（注意：被试的行为也会影响内在效度）	4. 当被试知道有人研究他们时，他们在实验中的互动会与平时不同
5. 混淆结构和结构的水平——当某些变量水平缺失时所得出的结论	5. 一个研究者得出这样的结论：仅对某种类型的音乐来说，音乐可以缓解运动疲劳
统计结论效度	
1. 低统计力——使用的样本量太小，不能检测出组间差异	1. 每组只有 5 个学生的教学实验的组间差异不显著，这时研究者得出结论：两种教学方法教学效果一致
2. 违反统计测验假设——不能满足潜在的假设	2. 研究报告了分类数据的平均数和标准差，例如学历、职称等
3. 偶然发现和错误率问题——利用偶然发现的结果错误地推论整体	3. 研究者使用 50 个因变量比较了两种方法，却只根据两个显著的结果得出结论
4. 测量的信度——使用的测量技术不科学	4. 心理学家发现，男孩和女孩对婴儿期的回忆没有差异

一个实验的周期越短，无关事件对其效度的干扰也就越小，对测量做仔细的分类和控制，可有效地减少测量手段带来的问题。如果实验中被试没有流失，那么就不存在实验难以为继的问题。若在实验处理结束后仅实施后测，那么在实验处理和测试之间就没有出现交互作用的可能性。所以要通过计划和仔细地进行实验操作来减少对效度的干扰，许多无关变量可通过研究设计而成为控制变量，当然消除所有的干扰是不可能的，重要的是认识到这一点，并对结果做出相应的解释。如果某解释是可行的，那么就应该将其作为对数据的备选解释包括进来。

教学实验设计很少是尽善尽美的。通过实验设计，研究者试图获得充分的内在效度和外在效度。由于一种效度的提高可能会损及另一种，研究者必须设法保持其平衡，通过足够的控制而使结果具有可解释性，通过获得足够的事实从而使结果能够推广到想要推广的情境中去。

第三节　无前测的完全随机设计

实验设计中常常提到前测和后测。前测是指在实验处理之前对被试进行的测量或测验，后测是指在实验处理后进行的测量或测试。不是所有的设计均需前测，但后测是考查实验处理的效果时所必需的。

完全随机实验设计一般包含两个或更多的组，一次实验处理一个组，可能还有一个控制组。无前测的完全随机设计最简单的形式包含两个组：接受实验组和控制组。在实验前将被试随机分至两组，实验组接受实验处理。在实验结束时，测量两个组并以此作为研究的因变量。这种测量最好在实验一结束就进行，特别是当因变量可能随时间而改变时更需如此。

无前测的完全随机设计通过随机抽样和随机分组实现实验前组间非处理因素均衡，排除无关变量的影响。在无法完成前测或前测效果不好的教学研究中经常使用本设计。如，要研究某训练方法对初中生颠球效果的影响，初步了解发现，教学实验前所有学生都不会颠球，那么前测指标就不能是颠球数量或颠球技术，在没有更好的取代指标的情况下，只好放弃前测。

两个组的设计可以表示如表 6.3 所示。

表 6.3　两个组的设计（无前测）

RG_1	X	O_1
RG_2	——	O_2

表 6.3 中，G 表示组，R 表示随机抽取或分至各组的人员。X 表示实验处理，短线“——”表示无实验处理，O_s表示对因变量的测量（测验、任务或观察）。纵向放置的 O_s表示“何时进行”。既然纵向上成一直线，它们便是发生在实验中相同的点上。这里，由于发生在实验处理之后，所以是后测。

无前测的控制组设计还可以扩展到不只包含两个组，也就是说可以对两个或更多的组进行实验处理，增加组数至 3 个或更多。从总体中抽取的被试应随机分组，各种不同实验处理的效应要通过比较组间的行为表现来研究。从更广泛的意义上可用表 6.4 说明。

表 6.4 k+1 组的设计（无前测）

RG_1	X_1	O_1
RG_2	X_2	O_2
……	……	……
RG_K	X_k	O_k
RG_{K+1}	——	O_{k+1}

X_s的下标标明了不同的实验处理。在该实验中处理次数为 k。注意实验中有一组，即控制组未受到实验处理。下面举一个例子。

一名小学 4 年级体育教师做一个有关球类教学对灵敏素质影响的实验。使用两种球类练习方案和传统体育教学方案，它们构成 3 种独立（实验）变量水平。

研究问题陈述如下：

一项有关不同类型的教学方案对小学 4 年级灵敏素质影响的研究。

每 15 名小学 4 年级学生被随机地分配到自变量的每个水平上。这样，有 45 名学生参与该实验。在每天的教学练习中，两实验组 15 名学生采用各自的球类练习方案练习 45 分钟，控制组继续使用传统体育教学方案。8 周教学之后对学生进行灵敏素质测试，这次测验的成绩是因变量。实验设计如表 6.5 所示。实验处理用 X_1和 X_2表示，短线"——"表示控制组。根据总体设计，本例中实验处理量 k=2。

表 6.5 无前测的完全随机设计

	随机分组	实验处理		后测	
RG_1	组 1	15 名学生采用第一种球类练习方案	X_1	O_1	灵敏测试的成绩（因变量）
RG_2	组 2	15 名学生采用第二种球类练习方案	X_2	O_2	
RG_3	组 3	15 名学生采用传统练习方案	——	O_3	
		← 8 周教学 →			

无前测的完全随机设计方法简单，易于实施应用，处理组数和各样本含量都不受限制，统计方法也相对简单，实验对象发生意外时，信息量损失小于其他设计；但是本设计单纯依靠随机分组的方法对非处理因素进行平衡，缺乏有效的控制，特别是小样本时，均衡性可能较差，导致抽样误差较大。所以完全随机设计对个体间的同质性、实验的同时性等要求较高。

统计分析时，需根据数据的分布特征选择方法。对于正态分布且方差齐性资料，处理因素只有两个水平时采用独立样本 t 检验，因素水平多于两个时采用单因素方差分析；对于非正态分布和方差不齐的资料，可对变量进行正态变换后再进行上述参数检验或采用非参数 Mann-whitney U 检验的 Kruskal-Wills H 检验。

第四节　有前测的完全随机设计

有前测的完全随机设计是指在前面的设计中加上前测。被测试者被随机地分配到两个或更多的组中去，在实验前对事先假定的有关的前置变量进行测试，前置变量应尽量与因变量相同。

前测的作用。在随机化比较实验中，前测可以验证分组是否均衡。我们假定随机分配会有这样的情况出现，即有“百万分之一”的可能所有的高分被测试者都分配到了实验组，所有的低分被试都分配到了对照组。这样前测分数揭示的是这种小概率事件是否存在。

后测数据减去前测数据的差值可以被认为是实验过程中数据的变化程度。那么，能否用差值直接作为因变量进行对比分析呢？事实上，难度不同会导致差值的意义不同。例如，在 100 米跑成绩测验中，从 11 秒提高到 10 秒和从 15 秒提高到 14 秒，同是成绩提升了 1 秒，但是前者比后者要困难得多。这说明，前测数据有差异会影响到处理效应的大小。

从最简单的形式来看，有前测的完全随机设计包含两个组——一组接受实验处理，另一组不接受实验处理，如表 6.6 所示。

表 6.6　两个组的设计（有前测）

RG_1	O_1	X	O_2
RG_2	O_3	——	O_4

与无前测的完全随机设计比较，该设计中的 O_s 增加了一倍，所以用奇数作下标的 O_s 表示前测，用偶数作下标的 O_s 表示后测。

有前测的完全随机设计可扩展到包含两个以上的组，如表 6.7 所示。

表 6.7　k+1 组的设计（有前测）

RG_1	O_1	X_1	O_2
RG_2	O_3	X_2	O_4
……	……	……	……
RG_K	O_{2k-1}	X_k	O_{2k}
RG_{K+1}	O_{2k+1}	——	$O_{2(k+1)}$

表6.7中有k个接受实验处理的组和作为控制组的一个比较组。下面举一个例子。

一名研究者对“足球颠球技术教学时间的长短对颠球成绩的影响”感兴趣，准备选取部分具有颠球基础的学生作为样本。研究问题陈述如下：

有关足球颠球教学的时间量对高中低年级学生颠球数量影响的研究。

这一问题的陈述显然包含一个实验，因为教学时间量是研究者控制的变量。

我们采用两种平行的空间关系测验——一个作为前测，另一个作为后测。实验设置如下：随机抽取40名高中低年级学生，前提是所有人均在学习足球课程。40名学生分成4组，每组10名。实验处理实施如下：

G_1接受15分钟为一单元的足球颠球教学；

G_2接受2个15分钟为一单元的足球颠球教学；

G_3接受3个15分钟为一单元的足球颠球教学；

G_4（控制组）不接受足球颠球教学。

G_1，G_2，G_3的成员都在有老师辅导的情境下接受个别教学（必须注意，对各组每一成员的教学应是一致的，需要改变的仅是教学时间长短），整个教学要花一周多的时间。教学前，先对学生进行前测；教学结束后不久，对学生进行后测。实验设计如表6.8所示。

表6.8　有前测的完全随机设计

	随机抽样	前测	实验处理		后测	B
RG_1	组1	O_1	10名被试接受15分钟为一单元的足球颠球教学	X_1	O_2	O_2-O_1
RG_2	组2	O_3	10名被试接受2个15分钟为一单元的足球颠球教学	X_2	O_4	O_4-O_3
RG_3	组3	O_5	10名被试接受3个15分钟为一单元的足球颠球教学		O_6	O_6-O_5
RG_4	组4	O_7	10名被试不接受教学		O_8	O_8-O_7
			← 一周 →			

实验中因变量是后测与前测之间的差值，或者根据前测数据调整了的后测数据作为因变量。调整后数据应由统计方法产生。运用这一设计，研究者可以确定

“足球颠球教学时间的不同是否会影响足球颠球数量”，或者与控制组相比这种教学是否有效。

统计分析时，也需根据数据的分布特征选择方法。对于正态分布且方差齐性资料，因变量是差值时，可先采用独立样本 t 检验（因素水平为 2）或单因素方差分析（因素水平大于 2）处理前测数据，验证分组均衡性，确定分组均衡后采用独立样本 t 检验或单因素方差分析处理差值，验证实验效果。也可以把前测数据作为协变量，先进行平行性检验，满足平行性检验条件后采用协方差分析检验实验效果。对于非正态分布和方差不齐的资料，可对变量进行正态变换后再进行上述参数检验，或对前测数据和差值采用非参数 Mann-whitney U 检验的 Kruskal-Wills H 检验。

第五节　所罗门四组设计

以最简单的形式把无前测和有前测的完全随机设计组合起来可以得到一种新的设计，这是所罗门（Solomon，1949）提出来的，因此称为所罗门四组设计。该设计有 4 个组，包含控制组、实验组各两组，而实验组接受的实验处理是相同的。两种类型的组中各有一组接受前测，实验结束时对 4 组都进行后测。每组被试都是随机分布的。

所罗门四组设计如表 6.9 所示。

表 6.9　所罗门四组设计（一般形式）

RG_1	O_1	X	O_2
RG_2	O_3	——	O_4
RG_3	——	X	O_5
RG_4	——	——	O_6

由于是四组设计，在实验中只包含 4 个组，只有一种实验处理。比较实验组和控制组后测得分可确定实验效果。只有一种实验处理，X 就无下标。组 1 和组 3 是实验组，组 2 和组 4 是控制组。

因为对一些组进行了前测而另一些组无前测，所罗门四组设计的优点在于能使研究者检验前测带来的可能效应。前测影响后测，前测与实验处理相互作用都是可能的。也就是说，实验处理的效应对有前测和无前测的组是不同的。因为在实际的课堂实践中前测不是规定要做的，所以它经常是效度所要考虑的问题。下面举一个例子。

体育教师做了一项新技能教学方法对篮球单手肩上投篮成绩影响的研究。

研究问题陈述如下：

关于一项新技能教学方法对篮球单手肩上投篮成绩影响的研究。

实验处理是30分钟的技能教学。实验被试是在上篮球课的初中一年级学生。体育教师想进行前测和后测，这样可获得一些后测与前测之间的差值。但还需考虑的是，前测可能会促进技能学习而影响投篮成绩。这就是为什么要用所罗门四组设计而不是完全随机设计。

32名学生分成4组，每组随机分配8人。设计见表6.10。对G_1和G_2组中的16名同学同时进行前测，第二天，对实验组的16名学生进行新技能教学方法教学，对照组采用传统技能教学方法教学。之后，对所有32名学生进行后测。前测和后测都是投篮成绩。

表6.10 所罗门四组设计（实例）

	随机分组	前测	实验处理		后测
RG_1	组1（前测）	O_1	8人，新技能教学方法	X	O_2
RG_2	组2（控制-前测）	O_3	8人，传统技能教学方法	——	O_4
RG_3	组3（不前测）	——	8人，新技能教学方法	X	O_5
RG_4	组4（控制-不前测）	——	8人，传统技能教学方法	——	O_6
			← 一天 →		

体育教师现在能检验前测带来的可能效应和前测与实验处理相互间的作用。这正体现了所罗门设计较完全随机设计略胜一筹之处。然而，所罗门四组设计需要更多的组，相应地，需要更多的被试，这一点并不有利。设计可以扩展到包含更多的实验处理，但每增加一次处理，就另外需要增加两组：对一组进行前测，另一组则不测。如果实验变量包括2种处理，则需要6个组；如果有3种处理，则需8个组。

所罗门四组设计比完全随机设计多了一项功能，也就是检验前测是否影响了实验效应，其实就是“是否前测”与实验因素间是否存在交互作用。因此，所罗门四组设计的统计分析方法相对复杂。对于正态分布且方差齐性资料，首先采用独立样本 t 检验（因素水平为 2）或单因素方差分析（因素水平大于 2）处理前测数据，验证分组均衡性，分组均衡时采用双因素方差分析（是否前测、处理因素）检验前测的影响以及实验效应，方差分析中的交互作用体现前测的影响，实验因素的主效应体现实验效果。存在交互作用时，采用无前测组验证实验效应更为恰当。

第六节　因素设计（析因设计）

因素设计通常包括两个或者更多的自变量，因此被广泛地应用于教学研究中；上节所说的所罗门四组设计实际上属于因素设计的范围。因素设计的基本构造在于每一自变量的所有水平可以与其他自变量的水平结合使用（技术上称全因素）。设计至少需要 2 个自变量，每一变量至少有 2 种水平。这种最低限度的因素设计称为一个二乘二（2×2）因素设计。所罗门四组设计满足 2×2 因素设计的要求，因为它有 2 个自变量（实验变量和前测变量），每个自变量有 2 个水平。

2×2 因素设计如表 6. 11 所示。

表 6. 11　2×2 因素设计

RG_1	X_1 X_2	O_1
RG_2	X_1	O_2
RG_3	X_2	O_3
RG_4	——	O_4

从理论上讲，可以有任意数目的自变量，而且每一自变量可以有任意数目的水平。用数字来命名设计，如 2×4，整数的个数表示自变量数目，整数的值表示具体的自变量的水平数。自变量数目不必与其水平数完全相同。一个 2×3×5 因素设计有 3 个自变量，相应的变量水平分别为 2，3，5。符合该因素的例子就是：两种教学方法、3 种能力水平和 5 个年级。上面那个 2×3×5 的例子需要 30 组。

在因素设计中，随着自变量和水平的增加，分组的数目也迅速增加。2×2 因素设计有 4 个组。但若增加一个具有两个水平的自变量，就会使组数增加到 2×2×2 个，即 8 个（以 2^3 表示）。如果一个 2×2 因素设计，每个变量增加一个水平，则成了 3×3 因素设计，使组数增至 9 个。由于水平必须包含在所有的组合中，故而组的数目就是指定的因素设计中所有整数的连乘积。上面那个 2×3×5 的因素设计需要 30 个组。

与较简单的设计相比，因素设计的优点一般表现在三个方面：因素设计只需一个设计，经济方便，不必对每一自变量都提供不同的设计，且可以研究变量间的交互作用。就许多研究而言，研究变量间的交互作用非常重要，探讨交互作用的存在与否是研究的重要目的。第三个优点是，通过计算增加的自变量与自变量之间的交互作用，可以降低随机误差。随机误差的降低可以提高实验效应显著性的几率。

交互作用是对因变量的影响中，一个自变量对另一自变量各水平的影响不能保持一致。当两个自变量的联合影响与它们分开的效应（增加的）不等时，便出现了交互作用。这就意味着一自变量本身的影响与它和其他自变量水平结合时是不同的。不同能力水平的学生从不同教学内容中受益不等，便是交互作用的实例，能力水平和教学内容为自变量（如图 6.1 所示）。

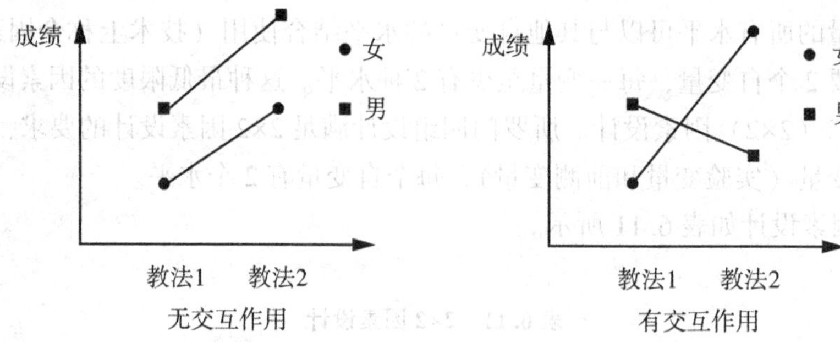

图 6.1 性别×教学内容交互作用图示

交互作用最简单的类型是两个变量间的交互作用（有时我们称其为一阶交互作用）。交互作用中可能包括两个或两个以上的自变量；然而，自变量越多，交互作用越复杂，解释起来也就越困难。

因素设计可以对不止一个自变量进行调节和控制。由此，它常常被用于加强控制的设计，其中相关因素作为自变量。从理论上说，因素设计可以扩展到包含任何有限数量的变量和水平。但是复杂的设计需要认真考虑，因为这样一项设计就其所需要的被试而言，有时并非经济可行。而且从实际看来，涉及两个以上自变量的复杂交互作用有时也可能无法解释。例如，涉及 4 个自变量的交互作用——能力水平、被试的性别、教学方法以及教材类型时，结果就很难解释。

正如上面提到的，如果加入其他自变量，因素设计会变得很复杂，需要的组数会很多；但是因素设计的概念很容易理解，在研究文献中，这种设计的确应用很广。下面的这个例子包括 2 个自变量，是一个 2×3 的因素设计，需要 6 组。

一名体育教师想了解不同性别学生在不同教学方法下学习同一套健美操的效果。教学方法包括 3 种（心理训练、体能训练、技能训练）。不同性别的学生在不同的教学方法下学习健美操的效果可能不一致，也就是说，性别与教学方法可能产生交互作用。所研究的问题可陈述如下：

一项关于性别与3种教学方法对健美操学习效果的研究。

随机选择60名男生、60名女生。各随机分为3组，分别采用不同的教学方法。实验教学时长为一个学期，因变量是健美操测试得分。设计如表6.12所示。

表6.12　2×3因素设计

		教学方法			
		M_1	M_2	M_3	后测
性别	A_1	20名男生	20名男生	20名男生	健美操测试得分
	A_2	20名女生	20名女生	20名女生	
		← 教学时间：一个学期 →			

该例中，教学方法是实验变量，用M（指方法）取代X，所有6个组均在学期教学结束时进行测试，O_s不在表中。

该例中，随机分配仅用于给学生分配不同的教学方式，显然，不能对学生的性别随机分组，因为这是个体变量。并不要求因素设计中的每个单元有相同数目的被试，但被试的数量往往相同，因为从某种程度而言，如果各单元所含数目相同，对数据的分析、结果的解释则更加简单。

因素设计的统计分析包括主效应分析、交互作用分析和单独效应分析。主效应分析和交互作用分析又称析因分析，由于各因素地位相同，所以它们的误差项也相同。如果数据满足相应参数检验条件，可直接进行多因素方差分析；如果不满足，可先将数据转换再进行多因素方差分析或进行相应的非参数检验。当有交互作用时，主效应不能反映该因素的真实作用，此时可分析一个因素在另一个因素的某一特定水平上的效应，也就是因素的单独效应分析，单独效应分析属单因素方差分析。

第七节　重复测量设计

有时，在研究教育变量和行为科学中的一些变量时，很难预期变量产生作用的时间。对一些变量来说，作用的持续时间是不清楚的，因此应该扩展实验设计，以检验可能的延迟作用或者作用的持续时间。这可以通过增加观察次数，延长观察时间进行，这就是重复测量设计。如果我们通过这样的方式扩展后测控制组设计，那么该设计可以如表6.13所示。

表 6.13 重复测量设计（一般形式）

RG_1	X_1	$O_1—O_2—O_3$
RG_2	——	$O_4—O_5—O_6$

在这种设计中，在完成对 G_1 的实验处理之后，可以对两组进行观察。在特定的常规间隔之后，尽管没有进行其他实验处理，还是要对两组进行后续观察，观察间隔的时间长度取决于研究变量。

扩展设计容易受多重观察的影响，因为各组被测量的次数不止一次。早期观察可能会对后期的观察产生影响，是否会发生多重观察效应取决于研究变量。由于设计是随时间扩展的，因此实验结果特别容易受历史和成熟效应的影响，而这些效应会影响内在效度。

若已经有研究证明前测不会影响到后测的结果，可以采用有前测的单组设计，这应该是重复测量设计中最简单的一种形式。下面举一个例子。

有研究者研究三种锻炼方案（X_1，X_2，X_3）对安静心率的作用，在一次短暂紧张的锻炼之后，测量 1 分钟内的安静心率。要研究的问题陈述如下：

研究三种锻炼方案对年轻男性成人安静心率的作用和作用持续时间。

随机抽取了 60 个 18 岁到 22 岁的男性，每种锻炼方案组分配 20 个人。每天锻炼，持续两周。两个星期的锻炼之后，不再对被试进行训练，并且告诉被试他们自己也不要锻炼。在锻炼方案结束后第 2 天、第 3 个星期、第 6 个星期，再次测量被试的心率。这种设计如表 6.14 所示。

表 6.14 重复测量设计（实例）

	随机分组，（每组 20 个被试）	心率测量（因变量）
RG_1	第 1 组：接受锻炼方案 A（X_1）	O_1 — O_2 — O_3
RG_2	第 2 组：接受锻炼方案 B（X_2）	O_4 — O_5 — O_6
RG_3	第 3 组：接受锻炼方案 C（X_3）	O_7 — O_8 — O_9
	← 两周 →	←三周→←三周→

在这个例子中，几乎不存在多重观察效应（3 周前对心率的测量对后续的测量应该没有影响）。在锻炼方案结束以后，如果被试自己继续锻炼，会影响内在效度。在进行实验之前，我们必须得到被试的同意承诺，这样被试才会在为期 8 周的实验（包括所有的观察阶段）中按要求合作。

由于重复测量指标观测值之间存在相关性，不满足其他方差分析对于独立性的要求，所以不能用一般的方差分析或线性模型。对于前后测量资料（重复测量次数为2次），如果前后测量差值满足正态性和方差齐性，单组前后测量资料，可采用配对t检验；多组前后测量资料可先计算前后测量差值，然后把差值作为因变量进行一般的方差分析。后者在满足“平行性假设”、正态性和方差齐性时，也可把前测数据作为协变量进行协方差分析。当重复测量次数大于2次时，一般采用重复测量的方差分析或混合线性模型分析数据资料。重复测量的方差分析考查重测效应（如时间效应）、处理效应（分组因素效应）、处理因素与重测因素的交互作用、随机误差。在进行重复测量的方差分析前，首先要做“球对称”检验，如果不服从“球对称”检验，要用“球对称”系数 ε 对F值的自由度进行精确校正。在统计分析时，重测因素、重测因素与分组因素交互作用的误差项相同，与分组因素的误差项不同。对于单组重复测量资料（重测次数>2），满足“球对称”检验时，随机区组的方差分析结果与重复测量方差分析结果一致；不满足“球对称”检验时，要进行 ε 的校正。如果不考虑是否满足“球对称”检验，可直接用“多变量的Hotelling T^2 检验”。

第八节　时间系列设计

坎贝尔和斯坦利（1963）把时间系列设计归类于准实验设计，是因为他们只在对未处理过的群体进行的实验中考虑了这一设计。然而在被测试的随机分组且能有效比较（如有控制组）的前提下，时间系列设计也可以是一个“真”实验设计。时间系列设计包含重复测量，通常在实验处理之前进行一些测量，并且在两次测量之间插入一次实验处理。下面举一个例子。

一名武术老师给两个平行班授课（随机分班），每个班30人。在一学期中，共学习了4个武术套路，每个武术套路授课时间为4周，每个套路学习结束后进行一次测验。实验组在学习第一和第二个武术套路测验之间的课堂上观看有关武术比赛的视频，比赛视频的使用就是实验处理，这一设计如表6.15所示。

表6.15　时间系列设计

RG_1	$O_1—X—O_2—O_3—O_4$
RG_2	$O_5—O_6—O_7—O_8$

在上表中，两两相对的 O_s 表示测验同时进行，如 O_1 和 O_5 是相同的测试，字母的下标不同，表示测试来自不同的组别，O_s 间的水平线表示间隔为四周。

在这一例子中，人们的兴趣可能是关注 O_2 和 O_6 的不同，然而实验处理的迟滞影响也可能会检测出来。O_1 和 O_5 是在实验处理前测得的，且两组是随机分组，所以差别不应太大。

时间系列设计可扩展到多个组中，同时实验处理也可以多次插入。当然，时间系列设计可以随时间扩展。然而随着设计的扩展，偶然事件和成熟度对效度干扰的可能性也相应增加。

时间系列设计的统计分析方法与重复测量设计相同。

下文将简单介绍几种体育教学研究中不是特别常见的实验设计方法，但是，有些特殊条件下，下列实验设计方案会更加高效、可靠。

第九节　随机区组设计

随机区组设计又称为随机单位组设计或配伍组设计，通常是先将实验对象按相同或相近性质（如性别、体重、身高等非处理因素）组成区组，再分别将各组内的实验对象随机分配到各处理或对照组。设计时应遵循“单位组间差别越大越好，单位组内差别越小越好”的原则。随机区组设计方案如图 6.2 所示。

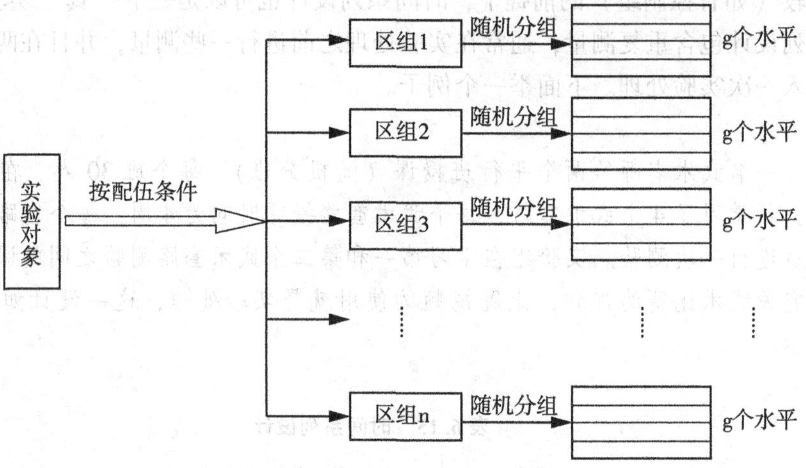

图 6.2　随机区组设计方案图

可见，随机区组设计是单向区组化技术，随机分配的次数要重复多次，每次随机分配都对同一区组内的实验对象进行，且各处理组实验单位数量相同，区组内均衡。

随机区组设计中区组处理使各处理组受试对象不仅数量相同，而且提高了处理组间的均衡性，统计处理时将区组变异从组内变异中分离出来，减少了误差均方，从而使处理组间的P值更容易达到显著性水平，提高了检验效能；但是如果区组因素选择不当，由于区组因素占用了n-1个自由度，反而会增大误差均方，从而降低处理组的检验效能，并且，实验过程中若造成一个数据缺失，该区组的其他数据也就无法使用，缺失后的信息将无法弥补。

对随机区组设计资料进行统计分析时，对于正态分布且方差齐性资料，只有两个区组时采用配对t检验，区组数多于两个时采用两因素方差分析；对于非正态分布和方差不齐资料，可对变量进行正态变换后再进行上述参数检验或采用非参数的Wilcoxon检验或Friedman M检验等。若将区组作为另一处理因素的不同水平，随机区组设计等同于无重复的两因素设计。需要注意的是，在实际研究当中，一般无法考查随机区组设计的正态性和方差齐性，因为随机区组设计中，一般每个单元格只有一个元素，但是要根据专业知识和经验对正态性和方差齐性进行判断。

第十节　拉丁方设计

用g个拉丁字母排成g行g列的方阵，使每行、每列中每个字母都只出现一次，这样的方阵称g阶拉丁方或g×g拉丁方（Latin square）。拉丁方设计（Latin square design）是按拉丁方的行、列、拉丁字母分别安排3个因素，每个因素有g个水平。一般将g个字母分别表示处理的g个不同水平，g行表示g个不同区组（行区组），而g列表示另一个区组因素的g个水平（列区组）。因此，拉丁方设计是单向的区组化技术，控制了两个非研究因素的变异。4×4拉丁方设计的步骤和随机分配表见表6.16和表6.17。

表6.16　4×4拉丁方行变换、列变换

A	B	C	D
B	C	D	A
C	D	A	B
D	A	B	C

1、2行对调
3、4行对调 →

B	C	D	A
A	B	C	D
C	D	A	B
B	C	D	A

2、3列对调
1、4列对调 →

A	D	C	B
D	C	B	A
B	A	D	C
A	D	C	B

表 6.17 拉丁方随机分配表

拉丁字母	A	B	C	D
随机数	27	09	24	86
秩次	3	1	2	4
分配结果	丙	甲	乙	丁

注：分配结果：A 代表丙，B 代表甲，C 代表乙，D 代表丁。

可见拉丁方设计要求是：必须是三个实验因素，且三个因素的水平数相等；行间、列间、处理间均无交互作用；各行、列、处理的方差齐性。

拉丁方设计控制了两个非处理因素，进一步缩小了实验误差，可以得到比随机区组设计多一个因素的均衡，因而误差更小，效率更高，而且可以大大减少实验次数，尤其适合动物实验和实验室研究；但是要求处理数必须等于拉丁方的行（列）数，一般实验很难满足此条件，而且数据缺失会浪费大量信息，也会增加统计分析的困难。

对符合拉丁方设计要求的资料进行统计分析时，应采用三因素方差分析，总变异分解为处理组变异、行区组变异、列区组变异和误差变异，不能分析各因素间的交互作用。分析行、列区组变异的目的是使处理组变异更容易出现显著性。

第十一节 交叉设计

交叉设计是按事先设计好的实验次序，在各个时期对研究对象先后实施各种处理，以比较各处理组间的差异。交叉设计的受试对象可以采用完全随机设计或随机区组设计方法来安排。交叉设计最简单的形式是完全随机分组的二阶段交叉设计——2×2 交叉设计。设有 A 和 B 两种处理，首先把受试对象完全随机分为两组，第一组在第Ⅰ阶段接受 A 处理，在第Ⅱ阶段接受 B 处理，实验顺序为 AB；第二组则相反，在第Ⅰ阶段接受 B 处理，在第Ⅱ阶段接受 A 处理，实验顺序为 BA。交叉设计方案如表 6.18 所示。

表 6.18 2×2 交叉设计方案

受试对象	准备期		阶段Ⅰ		洗脱期		阶段Ⅱ
第一组（n1）	自然状态	→	X_A	→	无处理	→	X_B
第二组（n2）	自然状态	→	X_B	→	无处理	→	X_A

其中准备期指实验对象经过一段时间不加任何处理的观察，确认已进入自然状态，可以进行实验；处理期（阶段Ⅰ和阶段Ⅱ）是按照设计好的实验顺序，在各个时期同时施加相应的处理；洗脱期是阶段Ⅰ后，停一段时间等处理效应消失，实验对象又回到自然状态，保证后一时期的处理结果不受前一时期处理的影响，即没有延滞作用。

当然，还有复杂一些的三阶段（3×3）、四阶段（4×4）交叉实验设计。随机分组的组数、阶段数要与处理数相同。表 6.19 是以拉丁字母代表不同的处理，以行代表不同的组别，以列代表不同的阶段描述 2×2、3×3、4×4 交叉设计方案。

表 6.19　2×2、3×3、4×4 交叉设计方案

A	B
B	A

A	B	C
B	C	A
C	A	B

A	B	C	D
B	C	D	A
C	D	A	B
D	A	B	C

不难看出，交叉设计实际上是拉丁方设计的重复观察，是成组设计和自身配对设计的综合应用。不过，它不需要行变换（组别随机化），只需要列变换（实验顺序的随机化），变换后第一列为阶段Ⅰ，第二列为阶段Ⅱ，依次类推。同时，交叉设计的应用条件也得到了严格限制，首先，交叉设计中各处理方法不能相互影响，并列两次处理之间必须有适当的间隔——洗脱阶段；其次，交叉设计实验应采用双盲法观察；最后，不宜用于自愈倾向或病程较短的疾病研究，一般适用于目前尚无特殊治疗而病情缓慢的慢性病患者的对症治疗研究。

交叉设计的特点：一是节约样本含量；二是能够控制个体差异和时间对处理因素的影响，提高了检验效能；三是每个受试对象先后都接受了同样多的处理，均等地考虑了受试对象的利益。但是处理时间不能太长，而且受试对象缺失时，后一阶段的处理没法进行，会造成数据信息缺失，增加统计分析的难度。

对符合交叉设计要求的资料进行统计分析时，和拉丁方设计类似，应采用三因素方差分析，总变异分解为处理间变异、阶段间变异、个体间变异和误差变异，不能分析各因素间的交互作用。阶段间变异、个体间变异都是从组间变异分离出来的，使处理组间变异更容易达到显著性。

第十二节　正 交 设 计

正交设计（orthogonal design）是利用规范化的正交表安排实验因素的非全面

实验设计。正交表都有一个表头符号 $L_N(m^k)$，L 表示正交设计，N 表示实验次数，k 表示最多可安排的因素个数，m 表示各因素水平数。每个正交表都由两个表组成，一个是实验表，用来安排实验；另一个是交互作用表，是安排交互作用的依据。表 6.20 是 $L_8(2^7)$ 正交表。

表 6.20　$L_8(2^7)$ 正交表

处理	列号						
	1	2	3	4	5	6	7
1	1	1	1	1	1	1	1
2	1	1	1	2	2	2	2
3	1	2	2	1	1	2	2
4	1	2	2	2	2	1	1
5	2	1	2	1	2	1	2
6	2	1	2	2	1	2	1
7	2	2	1	1	2	2	1
8	2	2	1	2	1	1	2

$L_8(2^7)$ 正交表最多可安排 7 个因素，每个因素 2 个水平，共需 8 次实验。如果要考虑因素间的交互作用，可根据表 6.21 所示的 $L_8(2^7)$ 交互作用表安排。

表 6.21　$L_8(2^7)$ 交互作用表

1	2	3	4	5	6	7
(1)	3	2	5	4	7	6
	(2)	1	6	7	4	5
		(3)	7	6	5	4
			(4)	1	2	3
				(5)	3	2
					(6)	1

通过交互作用表可制作表头设计表，用以描述各因素主效应、要考查的交互作用的安排方案。由交互作用表制作表头设计表必须首先安排有交互作用的因素，再安排它们的交互作用，然后安排另一个因素及其交互作用，最后安排没有交互作用

的因素。表6.22是因素个数分别为3和4个的时候$L_8(2^7)$正交表的表头设计表。

表6.22　$L_8(2^7)$ 正交表的表头设计表

因素个数	实施比例	列号						
		1	2	3	4	5	6	7
3	1	A	B	AB	C	AC	BC	ABC
4	1/2	A	B	AB=CD	C	AC=BD	BC=AD	D

如果因素个数为4个（分别为A、B、C、D），A×B、A×C、B×C之间有交互作用，则可以首先把A、B两个因素分别安排在1、2列，然后根据表6.22，把A×B安排在第3列，C安排在第4列，A×C、B×C分别安排在第5、6列，第7列安排D因素。

正交设计从全面试验中挑选部分有代表性的点进行实验，这些点在空间上具有“均匀分散”性，在统计分析时具有“整齐可比”性。它成倍地减少了实验次数，而且能分析各因素的主效应和部分交互作用，因此正交设计是高效、快速、经济的实验设计方法。但是这是以牺牲部分交互作用为代价的，一般要有充分理由认为哪些因素之间有交互作用，把必须考虑的交互作用纳入分析，否则，正交实验找出的各因素水平的“最佳组合”不一定是真正的最佳组合。另外，正交设计受正交表的限制，而且，如果数据缺失，会对统计分析造成困难。

正交设计中，找寻“最佳组合”的方式一般有三种：①直接判断：直接根据各因素组合的实验结果大小判断。②极差分析：求出各因素、交互作用的水平效应差值，根据差值大小判断。③多因素方差分析：如果满足方差分析条件，可通过多因素方差分析，纳入各因素的主效应和需要分析的部分交互作用，根据统计结果结合各组合的平均数差值判断。实际应用中，常常将三种方法结合找出“最佳组合”；由于正交实验设计的样本量小，当实验数据的误差均方较大时，通过方差分析不容易检验因素不同水平之间的差异，此时可结合前两种方法找到“最佳组合”，也可对实验数据进行适当的变换（如对数变换等）后再进行方差分析。有时，正交设计的数据资料也可进行回归分析，借助回归方程找出“最佳组合”，当然，此时要注意正交设计的不可外延性（只能在各因素水平范围内寻找）。

第十三节　均匀设计

“均匀设计”（uniform design）不考虑实验点的“整齐可比”性，它在最大程度上追求“均匀分散”的特点。均匀设计也有表头符号 $U_n(q^s)$ 或 $U_n^*(q^s)$，右上角加“＊”和不加“＊”代表两种不同类型的均匀设计表，通常加“＊”的均匀设计表有更好的均匀性，应优先选用。其中“U”表示均匀设计，“n”表示实验次数，“q”表示每个因素有 q 个水平，“s”表示最多可安排 s 个因素，如表 6.23 所示。

表 6.23 U_6^* (6^4) 均匀设计表

处理	列号			
	1	2	3	4
1	1	2	3	6
2	2	4	6	5
3	3	6	2	4
4	4	1	5	3
5	5	3	1	2
6	6	5	4	1

每个均匀设计表都附有一个使用表，它指示我们如何从设计表中选用适当的列，以及由这些列所组成的实验方案的均匀度。其中，用偏差表示实验方案的均匀度，偏差值越小，表示均匀度越好。

由表 6.24 可知，若有两个因素，应选用 1，3 两列来安排实验；若有三个因素，应选用 1，2，3 三列等等，最后 1 列为偏差。

表 6.24 U_6^* (6^4) 均匀设计表的使用表

因素个数	列号				偏差
2	1	3			0.1885
3	1	2	3		0.2656
4	1	2	3	4	0.2990

均匀设计只有正交设计里的“均匀分散”特点，即让实验点均衡地分布在实验范围内，使每个实验点有充分的代表性。每个因素的每个水平仅做一次实验，当因素的水平数增加时，实验数按水平数的增加量而增加，所以它可以安排因素水平数很大的实验，大大减少了实验次数，但是，这是以牺牲“整齐可比”性为代价的。如果因素水平数太大用正交设计仍需要很多次试验，此时，可考虑使用均匀设计。均匀设计实验次数最少，但是误差也较大，可用于预实验的探索性分析，使正

式实验时因素的安排尽可能地接近各因素的"最佳组合"。代价过高的实验也可用均匀设计以减少开支。

由于均匀设计忽视了"整齐可比"性，所以，不能用方差分析处理数据资料，其统计分析一般采用非线性的二次响应曲面回归分析，可考察各因素的重要程度和因素间的交互作用。如果符合线性回归条件，也可采用多重线性回归分析。回归分析，不但可以筛选自变量，还可以根据回归方程找出"最佳组合"，但是，要注意回归方程的不可外延性。

第十四节 裂区设计

裂区设计（split-plot design）是析因设计的一种特殊形式，也是析因处理。在裂区设计中，实验单位根据自然属性划分级别，高级实验单位包含低级实验单位，每个因素分阶段作用于不同级别的实验单位。例如，研究乒乓球运动与一种眼药水对眼睛立体视觉的影响时，有两个处理因素，一个处理因素是A：运动，包括"乒乓球运动"、"不运动"两个水平；另一个处理因素是B：眼药水，包括"用眼药水"、"不用眼药水"两个水平。此实验设计中，因素"运动"的两个水平随机作用于不同的"人"（每一个人为一个裂区组）；因素"眼药水"的两个水平随机作用于不同的"眼"（包括左眼和右眼）。由于每个研究对象"人"都有左眼和右眼，因此，根据自然属性可知，高级实验单位"人"包含低级实验单位"眼"，本设计为裂区设计。表 6.25 为 2×2 裂区设计。

表 6.25 2×2 裂区设计

裂区组	A 因素	B 因素	
		1 水平	2 水平
1	1 水平	a_1b_1	a_1b_2
2	2 水平	a_2b_1	a_2b_2
…	…	…	…
n-1	1 水平	a_1b_1	a_1b_2
n	2 水平	a_2b_1	a_2b_2

A 因素的两个水平首先作用于不同的一级实验单位，然后每个一级实验单位内的二级实验单位随机接受 B 因素不同水平的处理。

裂区设计中各因素处理的阶段不同，首先应安排最重要的，或者根据实验要求必须首先安排，或者耗费较大、处理水平较难改变的因素，然后安排影响较小，或精确性要求高的因素（因为子区误差一般比全区误差小）。当实验中自然形成两个或多个阶段、各阶段涉及的实验因素不同、但要等到整个实验结束后才能观测指标数据时，可采用裂区设计。

裂区设计中，每个裂区组内的次级实验单位都接受高一级的处理因素的同一水平的处理，所以处理数据具有不等的相关性，不满足一般方差分析对独立性的要求，不能用一般的方差分析处理。但是，它与重复测量设计数据资料相似，所以，在满足相应参数检验条件的情况下，一般对裂区设计数据资料采用重复测量的方差分析，把次级处理因素作为重测因素进行统计分析。分析方法与前面的重复测量设计一致。

第十五节 嵌套设计

嵌套设计又称窝设计或套设计（nested design），是各因素按其隶属关系或主次之分系统分组，次要因素水平嵌套在各主要因素的水平下，不同等级的因素之间没有交叉的一种实验设计方法。嵌套设计中每一层次都是其上一层次的有效细化。比如表 6.26 所示的在 A（训练强度）、B（训练持续时间）两因素的嵌套设计中，不同训练强度下训练持续时间不同，即 B 隶属于 A，A 因素有 I 个水平，在 A 因素第 i 个水平下，B 因素有 J_i 个水平（i=1，2，…，I）。

表 6.26 两因素嵌套设计表

A 因素	a_1				a_2				…	a_I			
B 因素	b_{11}	b_{21}	…	b_{j1}	b_{12}	b_{22}	…	b_{j2}	…	b_{1I}	b_{2I}	…	b_{jI}

嵌套实验设计的处理组数为最小级别处理因素水平数的合计。上表中，二级处理因素共有 $g = \sum_{i=1}^{I} j_i$ 种训练方案，所有实验单位应随机分为 g 组分别接受不同处理。

嵌套设计的主要特点是各因素之间有隶属关系或专业上的主次之分，各因素“等级”不同，不能分析不同级别因素间的交互作用。

满足相应参数检验（不满足时，先对数据进行变换）的条件下，嵌套实验设计的统计方法常应用多因素方差分析，纳入各因素的主效应、同级别因素的交互作用。在变异分解中，由于低级因素的离均差平方和包含高级因素的离均差平方和，所以方差分析时要先将高级因素的离均差平方和从总体中分解出来，再依次分解低级因素的离均差平方和以及误差平方和。

第十六节　对实验结果的解释

如果一项实验有恰当的设计，研究就能得到有关实验效果的结论。我们有很多具体的分析方法分析实验的数据。然而，在解释结果时，我们要考虑数据（设计中的 O_s）的模式以及这些模式揭示了怎样的实验处理。

对实验结果的解释可以通过两种方法来进行：（1）对于某一特定的实验结果（或 O_s 的模式），它的意义是什么？（2）怎样的比较可以确定是否存在某种影响？下面将列举 n 个设计实例并作简短解释，所用符号与前文一致。对结果的解释，主要借助于对各观测结果的比较。虽然 O_s 包括各种观察，如前测或后测得分，在设计中，它也代表各组数据的平均值或某组的测量分数。符号“=”意为那些组近似于同质组；“≠”意为本质上的不同（本质上的差异可以通过推论统计得到确认）。在这些例子中，a，b，…一系列结果是分别独立予以考虑的。

一个包含 4 个组的前测—后测控制设计，采用了 3 个不同的实验处理 X_1、X_2 和 X_3 以及一个控制处理。对所有组进行了前测和后测。设计如表 6.27 所示。

表 6.27　设计实例（一）

RG_1	O_1	X_1	O_2
RG_2	O_3	X_2	O_4
RG_3	O_5	X_3	O_6
RG_4	O_7	—	O_8

a. 结果：$O_1 \neq O_2$，$O_3 \neq O_4$，$O_5 \neq O_6$，$O_2 = O_4$，但 O_2、$O_4 \neq O_6$ 并且 $O_1 = O_3 = O_5 = O_7 = O_8$。

解释：所有实验处理都有影响。X_1 和 X_2 的影响相同，但与 X_3 不同。

b. 结果：$O_1 = O_3 = O_4 = O_5 = O_6 = O_7 = O_8$，但 $O_1 \neq O_2$。

解释：X_2 和 X_3 不产生影响，仅 X_1 产生影响。

c. 结果：$O_1 = O_3 = O_5 = O_7$ 并且 $O_2 = O_4 = O_6 = O_8$，但 O_1、O_3、O_5、$O_7 \neq O_2$、O_4、O_6、O_8。

解释：实验处理没有产生影响，但这可能是成熟效应导致的前测与后测间的变化。

d. 应做怎样的比较来确定独立于实验的被试是否有变化？

比较：O_7和O_8，若$O_7=O_8$，则没有变化；若$O_7 \neq O_8$，则有变化。

（比较也可在O_1，O_3，O_5和O_8间进行，对被试进行随机分组，故而O_1，O_3，O_5和O_7被认为是对等的。）

应该说明的是，没有办法对该设计中前测的影响进行检验，因为是对所有组进行前测，不存在没有进行前测的比较组。如果有两个或更多的实验处理（该例中为3），区别它们也很重要，因为它们可能有不同的影响。该例中结果不会穷尽所有可能的模式，但它们描述了可能的结果。

研究者使用3组设计，包括两个不同的实验处理X_1和X_2以及控制处理。对各组不进行前测，但对其进行两次后测，一次在实验处理完成后不久，另一次较晚，用来确定是否存在延迟的影响。设计如表6.28所示。

表6.28 设计实例（二）

RG_1	X_1	O_1	O_2
RG_2	X_2	O_3	O_4
RG_3	—	O_5	O_6

a. 结果：$O_1=O_3$，但O_3和$O_1 \neq O_5$，而$O_2=O_4=O_6$。

解释：立即产生了实验影响。实验处理X_1与X_2无差别。不存在长期实验效应。

b. 结果：$O_1 \neq O_3$，O_1和$O_3 \neq O_5$，且$O_2 \neq O_4$，且O_2和$O_4 \neq O_6$，但$O_1=O_2$，且$O_3=O_4$，且$O_5=O_6$。

解释：实验既有短期影响也有长期影响。实验处理X_1和X_2的影响有差别。影响有持续性，即短期影响与长期影响无差别。

c. 结果：$O_1=O_3=O_5=O_6$，但O_2和$O_4 \neq O_6$，且$O_2 \neq O_4$。

解释：无短期实验影响，实验处理X_1和X_2的长期影响有差别。

d. 结果：$O_1=O_3$，但O_1、$O_3 \neq O_5$，O_1、$O_3 \neq O_4$，但$O_2=O_4$；O_1和$O_4 \neq O_6$。

解释：有短期实验影响，而且X_1和X_2的短期实验影响相同。也有长期影响，而且X_1和X_2的长期影响也是相同的。但长期影响与短期影响有差别。

e. 作什么比较才能断定是否存在长期影响，并断定X_1和X_2的长期影响是否一致？

比较：要有O_2、O_4和O_6间的比较。如果O_2和$O_4 \neq O_6$说明有长期实验效果。然而如果$O_2 \neq O_4$，就说明X_1和X_2的效果是不同的。

f. 作出何种比较可以确定时间的推移是否影响被试在因变量上的反应？

比较：要有 O_5 和 O_6 之间的比较。这些观测结果都是控制组方面的，是没有接受实验处理的。如果 $O_5 \neq O_6$，那就说明时间的推移产生影响。如果 $O_5 = O_6$，那就说明时间的推移并未产生任何影响。

g. 有什么办法可以确定三个组最初（实验前）是一样的？这一点有重要意义吗？为什么？

回答：由于未进行前测，所以无法确定实验前的 O_s 是否一样。但有无这一点并不重要，因为被试是随机分配的（R），因此各组可以看作是相等的。

在先前的设计中可以进行其他的比较，当然，也会有其他形式的结果。这种设计和解释结果的一个重要特点是，必然存在一个用于对照的比较组，以检测可能存在的效应。所以，在第一例中，由于对所有组进行了前测，因此，前测的影响无法查明。

对实验结果的解释是个最基本的过程，设计在结构上帮助研究者进行想要的比较和对比，以便确定有无影响。在任何一个具体的实验中，了解变量和有关的研究结果，也能帮助理解数据。

第十七节　教学实验研究范例

范例 1：无前侧完全随机设计

以下节选自 2011 年发表于《首都体育学院学报》的《内-外表象训练影响乒乓球技能学习的教学实验》的相关内容供大家参考：

1.3　实验法

1.3.1　实验参与者

进行表象能力调查后选取了 84 人参与教学实验，实验周期为 32 学时（16 周），然后将这 84 人随机分为实验 1 组、实验 2 组和实验 3 组和对照组，每组 21 人。实验 1 组的被试在前 20 学时采用观看教学录像和正常教学相结合的办法进行，后 12 学时进行内部表象和正常教学手段相结合的办法进行。实验 2 组一直采用内部表象和正常教学手段相结合的办法进行。实验 3 组一直采用观看教学录像和正常教学手段相结合的方法进行，而对照组只进行传统教学手段的教学。

1.3.2　教学实验过程和控制

本次实验采用 3 个实验组与对照组对比的方式进行，教学时数、场地器材、测试标准都相同。教学内容为推挡、正手近台攻球、搓球、发球与接发球以及教学比赛，事先不告诉学生正在进行教学实验，进行完整的教学。在教学内容、教学时数相同的情况下，实验班除采用传统教学方法以外，在教学中增加表象训练法，而对照组仍采用传统的教学方法进行教学，32 学时的教学课程结束以后，将 4 个组的学生混合进行乒乓球技术能力的双盲考核评定，最后对实验数据进行分析比较。

1.3.2.1 传统教学方法

……

1.3.2.2 乒乓球表象训练方法

……

1.3.2.3 乒乓球表象训练的实施

……

1.4 数理统计法

实验后的资料用统计学的方法，利用 SPSS 16.0 统计软件在计算机上进行分析，数据进行单因素方差分析，显著性水平定为 0.05。

范例 2：析因设计（3×2）

以下节选自 2010 年发表于《北京体育大学学报》的《契约学习法在体育教学中应用的准实验研究——以上海市第一中学为例》的相关内容供大家参考：

1 研究对象与方法

1.1 研究对象

以契约学习法为研究对象，随机选取上海市第一中学高中 3 个班级的学生作为实验对象，其中班级 1 为多人契约实验班 34 人（男 18 人，女 16 人），班级 2 为自我契约实验班 37 人（男 18 人，女 19 人），班级 3 为控制组 37 人（男 18 人，女 19 人），进行为期一个学期的教学实验。

1.2 研究方法

1.2.1 研究变量的选取

本实验选取“班级”变量（分“多人契约实验班”、“自我契约实验班”和“对照班”3 个水平）、“性别”变量（分“男生”和“女生”2 个水平）作为实验处理变量和分类变量来进行实验设计。以所测学生的 BMI（即身体密度指数，BMI = 体重（kg）/身高（m）^{2}）值作为身体形态指标，以肺活量、立定跳远、握力（男）、一分钟仰卧起坐（女）作为体能指标，以篮球定点投篮命中率（10 个）作为运动技能指标，试图了解学生通过契约学习的实验后，在身体形态、体能和运动技能等方面所发生的变化，从而了解契约学习法运用在高中体育教学和学生课外体育锻炼中的效果，以验证契约学习法的实践效果。为了控制其他体育教学环节的不同所带来的实验误差，实验班和对照班均由同一体育教师任教，并要求实验教师在实验班和对照班的教学中，尽量不打乱原有的教学计划。体育教师除了对实验班学生在体育学习契约方面进行指导和帮助以外，对于教学的其他方面三个班尽量保持一致。

……

2. 结果与分析

2.1　实验前三个班级的学生在身体形态、体能、运动技能的相应指标上均没有明显差异

方差分析的结果表明，实验前三个班级的学生在身体形态、体能各指标以及定点投篮水平上均不存在明显的差异，说明各班级学生在这些指标上均于同一个水平。

2.2.1　身体形态指标BMI的进步幅度呈现明显的班级差异，自我契约与多人契约班级学生的学习效果明显好于对照班学生

根据先前的实验设计，本研究以“实验班级”和“性别”作为实验处理因子，对三个班级所有学生的身体形态指标BMI的进步幅度进行3×2的双因素方差分析。研究结果表明：所测高中学生的身体形态指标BMI在实验后的进步幅度上存在着显著的“实验班级”主效应，但不存在明显的“性别”主效应和“班级”与“性别”的交互效应（见表2）。

表2　实验前后所测学生身体形态指标（BMI）进步幅度指标的双因素方差分析

变异来源	离差平方和	自由度	离均差	*F*	*P*
组间：	37.056	5	7.411	7.133	0.000
班级	32.067	2	16.033	15.431	0.000**
性别	0.462	1	0.462	0.444	0.507
班级×性别	4.788	2	2.394	2.304	0.105
组内	105.984	102	1.039		
总	143.040	107			

注：*表示 $P<0.05$，**表示 $P<0.01$。

范例3：重复测量设计

以下节选自2014年发表于《南京体育学院学报》的《普通高校体育课“三自主”异步教学模式与效果研究》的相关内容供大家参考：

1. 研究对象与方法

1.1　研究对象

为排除时间、年级、性别等因素对实验结果的影响，研究对象全部为我校大学的一年级学生。实验组采用“三自主”异步教学模式，分高级班和基础班，使用不同的教学进度和教案，本研究共选取了同一教学时段的两个高级班、两个基础班，实验测试中，根据学号采用等距抽样的方法在每个教学班选择20人为研究对象，共80人；对照组采用“三自主”同步教学模式，采用同样的抽样方法共选取了三个教学班，共54人。每个教学班总人数约30人，均为男生。为排除教学水平可能导致的教学效果的差异，所有参与实验的教学班均由同一位篮球老师授课。

……

1.2.2　实验测试法

学期第1次课（第5周）新生分班后测试被试身高、体重、体质等，用于验证分组均衡性。之后进行时长27~28周的“三自主”异步教学。第2学期第13周课上，给被试佩戴心率遥测仪和欧姆龙电子计步器，测试安静五分钟、运动中、运动后即刻、运动后3分钟、运动后8分钟心率和步数，心率取值时长为20秒，第14周测试被试体质，用于验证实验效果。

1.2.3　统计分析法

实验前分组均衡性检验采用独立样本t检验；实验后组间体质对比分析采用协方差分析，组间步数对比分析采用独立样本t检验，心率变化的检验采用具有一个重测因素的两因素重复测量方差分析。统计显著性水平为0.05，非常显著性水平为0.01。

第十八节　随机性和代表性

在本章描述的实验设计中，涉及一些对被试的随机抽样或随机分配，随机选择的样本能够代表所选的群体。如果对被测试对象随机进行实验处理（还包括控制处理，如果有的话），那么在实验之前，被测试对象只会因为随机抽样的波动而有所不同，因为被试是随机分配的，所以实验组是同质的。这种特点构成坎贝尔和斯坦利（Campbell & Stanley，1963）所说的“真”实验设计。

然而，如果有大量的可得到的被试被随机分配到实验处理中去，这些被测试对象代表什么样的总体？假定研究者使用报名学体育舞蹈课的120名学生来做实验，学生被随机分配到实验处理中去，但这并不是从某一更大的总体中随机抽取的。如果对被测试对象可以随机选择上体育舞蹈课这一点无争议，那么他们代表的是怎样的总体呢？这是一个有关外在效度的问题，只能由了解研究被试变量的研究者回答。这120名学生能代表在过去几年报名上体育舞蹈课程的学生吗？他们能大体上代表学体育的大学生或者他们能大体上代表年轻人吗？后者可能不成立，但对其他而言可能会成立。

这样一种观点正渐渐形成，即代表性，进而是推广，当然需合乎逻辑。如果总是可以在所研究的总体中进行随机选择，那当然很好，但事实并非如此。该例中，如果120名学生参加一项学习实验，结果应该是有很大的可推广性的。这些结果是否能被推广至其他年龄组，依实验条件而定。

在有些教育实验研究中，使用的是未处理组。这些组不是随机选取的，这些成员也不是被随机分配的，例如，在实验中使用原生态班级的学生，这种情况就会发生。使用这种组时，我们称之为坎贝尔和斯坦利说的“准实验”设计。如果从随机的角度而言，各组原先就不同质，那它就不仅会影响结论的可推广性，而且也影响实验的内在效度，因为各组在研究中的相关变量可能会存在原始差异。

总之，在设计一项实验时能够随机是最好的，但并非总是可能的。即使用了随机分组，测试者也可能不是从一些大的总体中随机选取的，在逻辑上的推广还是有争议的（随机取样和随机分配之间是有差异的）。当然，任何实验结果的外在效度必须根据具体变量的背景和实验条件来确定。

练　　习

1. 对于实验的内在效度和外在效度而言，为什么对某些实验而言增加一种效度会干扰、削弱另一种效度？

2. 一些教师想在学校里做一个有关班级大小对体育成绩的影响的实验。班级大小是自变量，有4种水平，分别为10—14，18—23，26—31，34—38个学生。参与研究的有4所高中，每所有8个体育班，每种水平各两个班。在本校内学生可以随机分布，在学校之间则不能。每个学校2名体育教师，每人教4个班。因变量是体育成绩，在一个学期的教学之后测验。举出一个或更多运用于该研究的实验设计。考虑可能的非控制变量和可控变量。是否存在对变量的混淆？列举可由该实验测得的一个或多个假设。

3. 列举一个适用于无前测的完全随机设计的实验并详细讨论。考虑为什么不需前测以及需要的组数（可以将设计扩展到多于两个组）。在你计划的实验中如何增强控制，确定自变量、因变量和常量？

4. 分析从有前测的完全随机设计到所罗门四组设计内在效度的变化情况。

5. 一名教师要设计一个实验以确定观看体育比赛在武术课中的效果。因变量是一学期末武术成绩。该教师所教的4个武术班中共有83名学生，对他们进行随机分组，作为实验的被试。一组学生观看武术比赛，另一组则不用。为该情境提供一个实验设计。教师需使用前测吗？怎样才可能增强内在效度？该实验有外在效度吗？若有，其何种程度？

6. 对5个组使用仅施后测控制组设计，进行4次实验处理和1次控制处理。运用本章介绍的符号表示，设计如表6.29所示。

表6.29 实验设计（一）

RG_1	X_1	O_1
RG_2	X_2	O_2
RG_3	X_3	O_3
RG_4	X_4	O_4
RG_5	—	O_5

a. 需要考虑各组在实验前是否相同吗？为什么？

b. 能否不依赖任何实验处理而确定从实验前到实验后各组在因变量上有无变化？为什么？

c. 从以下结果和比较中可以得出什么结论？等号表示观察是相同的；不等号表示它们有根本的不同（只考虑已给的结果，不对不指定的结果作比较）。独立地考虑各组结果。

（1）没有一组 O_s 相等；

（2）$O_1=O_3$，并且 $O_2=O_4$，但 O_1、$O_3 \neq O_2$、O_4；且 O_1、O_2、O_3、$O_4 \neq O_5$

（3）$O_1=O_2$ 并且 $O_3=O_4=O_5$，但 O_1、$O_2 \neq O_3$、O_4、O_5

（4）$O_1=O_2=O_3=O_5$，但 O_1、O_2、O_3、$O_5 \neq O_4$

7. 一研究者运用下述实验设计（如表6.30所示），它包括6个组，实质上是模仿所罗门四组设计。只进行一次实验处理。

表6.30 实验设计（二）

RG_1	O_1	X	O_2	
RG_2	O_3	—	O_4	
RG_3	O_5	X	—	O_6
RG_4	O_7	—	—	O_8
RG_5	—	X	O_9	
RG_6	—	—	O_{10}	

a. 由中间两组（显然）可以得到什么？

b. 可通过怎样的比较决定前测是否有影响？

c. 从以下结果和比较中可得出什么结论？

（1）$O_1=O_9$及$O_6=O_8$，但O_2、$O_9\neq O_6$、O_8

（2）$O_2=O_6=O_9$，$O_4=O_8=O_{10}$，但O_2、O_6、$O_9\neq O_4$、O_8、O_{10}

（3）$O_1=O_2=O_3$，且$O_3=O_4$

（4）$O_2=O_4=O_9$，$O_6\neq O_2$，且$O_6\neq O_8$

8. 在下述实验设计中（如表 6.31 所示），3 组被试均进行一次前测和两次后测。运用X_1和X_2两次实验处理。

表 6.31　实验设计（二）

RG_1	O_1	X_1	O_2—O_3
RG_2	O_4	X_2	O_5—O_6
RG_3	O_7	—	O_8—O_9

a. 从对被试进行一次前测而不是仅对被试进行后测可以得到什么？

b. 运用该设计能否确定前测影响？为什么？

c. 如果有长期实验影响，通过怎样的比较可以确定？

d. 需要进行前测以确定实验前各组是否相同吗？为什么？

e. 假定$O_7\neq O_8\neq O_9$，对控制组进行观察，从结论中可以得到什么？

f. 从以下结果和比较中可得出什么结论？

（1）$O_2=O_5$，但O_2和$O_5\neq O_8$，且$O_3=O_6=O_9$

（2）$O_1\neq O_2$，$O_4\neq O_5$，$O_2\neq O_5$，但$O_7=O_8$

（3）$O_2=O_5=O_8$，但$O_3\neq O_2$，$O_5\neq O_6$，O_3和$O_6\neq O_9$

（4）$O_2\neq O_5$，O_2和$O_5\neq O_8$，$O_2\neq O_3$，$O_5\neq O_6$，$O_3\neq O_6$，O_3和$O_6\neq O_9$，但$O_7=O_8=O_9$

9. 总结一下好的实验设计的总体特征，从《体育科学》、《中国体育科技》等出版物中，选择一或多篇涉及实验的文章，认真阅读确定其所用的设计和实验方法。确定实验是否有高度的内在效度？是否有迹象表明存在外在效度？

10. 要考察两种教学方法对体育课中学生心率变化的影响，请说明使用重复测量设计进行研究的三个优点。

11. 一个 2×3 的因素设计如表 6.32 所示，通过计算完成任务的时间来检测三种实验处理的作用，每 40 分钟观察一次，计算任务完成的平均时间。请描述其交互作用。

表 6.32 2×3 因素设计

性别	T_1	T_2	T_3
男性	22	32	38
女性	35	30	28

如果实验处理和性别不存在交互作用，请填写女性完成任务的时间的平均值(如表 6.33 所示)。

表 6.33 完成任务的时间

	T_1	T_2	T_3
男性	22	32	38
女性			

第七章　研究论文撰写与答辩

研究工作的一个重要部分是交流研究成果，它们多以书面形式展现，如研究报告、学位论文、会议论文、期刊论文等。但是学位论文、研究课题的答辩以及会议论文的汇报等也需要口头交流。申请学位通常要在答辩委员会面前进行学位论文的答辩，这种答辩通常由申请者的陈述、专家提问与申请者辩解等几个环节组成。尽管在专业会议上的论文报告或其他的报告更多是以讲述为主，不像答辩那样多地进行讨论，但它也是另外一种形式的口头交流。学位论文根据所申请的学位不同，又可分为学士论文、硕士论文、博士论文三种。

第一节　论文的类型与撰写原则

一、论文的类型

按照研究方法不同，论文可分理论型、应用型、实证型三类，理论型论文运用的研究方法是理论证明、理论分析、逻辑推理，用这些研究方法获得科研成果；实证型论文运用实验或调查等方法，进行实验或调查研究获得科研成果；应用型论文运用描述、比较、说明方法，对新发现的事物或现象进行研究而获得科研成果。

按照研究领域不同，论文又可分人文科学学术论文、自然科学学术论文与工程技术学术论文两大类，这两类论文的文本结构具有共性，而且均具有长期使用和参考的价值。各类论文撰写的一般方法：

1. 理论型论文

①复习、归纳在校所学课程的理论要点及精髓，找到自己最感兴趣、但又可能存在疑问的理论点，作为研究的初步方向。

②查阅国内外对自己的疑问点是否已经存在研究成果。

③归纳、比较国内外已有研究成果的要点，分析这些研究成果、思想是否已经解决自己存在的理论疑问。

④提出自己解决疑问点的主要观点、主要思想与线路。

⑤以自己的主要观点为核心，构建新的理论、思想体系或相关理论模型。

⑥证明新的理论、思想、模型的合理性及其指导社会、经济及管理实践的可行性。

⑦新的理论、思想、模型应用证明范例测试结果。

2. 实证型论文（调查研究）

①在熟悉、掌握相关理论知识的基础上，根据组织管理活动的社会热点，选择研究的方向或典型区域、典型组织。

②科学地设置需要调查了解的主要问题、指标并确定调查方案。

③实地采样、调查获取尽可能详细的原始资料或以其他方式获得第一手资料(包括数据、询问资料、问卷回收资料等)。

④运用统计、技术、经济的方法对所获取的资料进行科学的分析。

⑤运用相关理论进行分析并做出判断。

⑥提出调查的结论并分析总结出在一定范围（区域、专业、时期）内对组织管理活动具有普遍指导意义的思想、方法与措施建议。

3. 应用型论文

①在熟悉和掌握所学基本理论的基础上，观察、了解不同条件下的客观现象。

②找出宏观或微观社会的客观现象、问题与社会、经济、人类发展不相适应的主要问题。

③分析宏观或微观社会的客观现象、问题与社会、经济、人类发展不相适应的主要问题产生的原因。

④确立解决这些问题的指导思想、基本理论依据。

⑤提出解决这些问题的方法、路径或控制方案。

二、论文撰写原则

当研究完成（或是告一个段落）之后，研究者有必要将研究结果呈现出来，以让别人了解其研究的成果。由于学术性的论文一般比较专业，不太容易了解。假如研究者在撰写时未能考虑到读者的需求，只顾用自己觉得方便的方式撰写，这将使此篇论文的效果无法充分显现出来。因此，如何写出一篇可读性较高的论文，就必须考虑一些原则。下面提供一些建议，以供参考。

（一）架构清楚

（1）各章节的层次分明，组织架构清楚易懂。不管是学位论文或是期刊论文，若欲使人能清楚地了解此篇论文，最重要的就是各章节要能循序介绍出来。通常是按前言（绪论、文献综述）、研究对象与方法、结果与讨论（分析）、结论与建议等的顺序呈现。各个章节也要有条理地将其内容陈述出来，如在研究对象与方法部分，必须指出其研究对象、研究程序、研究设计、资料处理等。

(2) 各章节均有清楚的标题。为了让读者方便地找到自己要看的部分，作者应该将各章节的标题清楚地标示出来。

(3) 各章节的比重应做适当的调整，使其达到均衡。论文中的各个章节都有其必要性，因此研究者不能过分强调某个章节，而忽略了其他部分。研究者应注意各个章节要成适当的比例。

(二) 逻辑合理

(1) 文内所有的关键字在整篇研究报告里均要一致。一篇论文里所研究的变量名称，就是该论文的关键字。通常研究的重要变量都会在概念界定里加以界定，但一经界定后，以后所有涉及该变量的名称都应保持一致。譬如在概念界定部分将“学习表现”一词界定后，其后就不能用其他的名词如“学习效果”或“学习成绩”来替代。

(2) 研究目的、研究问题和研究假设及资料处理等应能相互呼应，前后连贯。由研究目的所引申出来的比较具体的问题就是研究问题，一篇论文里所探讨的问题应该是和研究目的有密切的关系，而不能引出毫无关联的问题。研究假设要和研究问题相互呼应，而资料处理则是针对研究假设而定的。因此，研究目的是一篇论文的源头，研究问题、研究假设和资料处理则是随着论文的发展而逐渐引导出来的。

(3) 文献综述和所研究的变量应有所关联，而不是汇聚一些无用的资料。文献综述切忌只为增加篇幅，而找一些没有关联的资料来充数。正确的做法是所陈述的资料应该都是和该研究最直接相关的重要文献。有时即使找不到直接的文献资料，必须由间接的资料来推论，也应该和所研究的主题有关才可以。

(4) 研究假设应该根据研究目的和文献综述而定，而不是随意设定的。研究假设是研究者暂时性的结论，而此结论是根据文献综述而来的。如研究者想探讨“男运动选手是否比女运动选手有较高的攻击性”。经其回顾以前的文献后，发现大多数的研究报告倾向支持男性比女性有较高的攻击性。此时，研究者才能做出“男运动选手比女运动选手有较高的攻击性”的假设。研究假设不是随研究者个人的喜好而任意定出来的。

(三) 忠实客观

(1) 在做文献综述时，应将不同观点的资料忠实地报导出来，不能只引用自己喜好的资料，或是断章取义。有时研究者出现强烈的主观意识性，认为某个问题应该是如其所想象的那样。当有这种先入为主的看法时，常常就会导致研究者在取舍资料时产生偏差，资料引用不当时，所做的研究假设自然不会正确。

(2) 所得结果应客观地陈述出来，不管有无支持研究假设都应忠实地报导。研究者喜欢研究假设获得支持是人之常情，但也不能只顾要一份漂亮的研究报告而隐藏了真正的研究结果。研究假设是研究者在还没有资料分析前就已经事先定出来的，不能因某些结果不显著就故意删除，这是有违研究伦理道德的。

(3) 在研究时所出现的问题，也应提出来讨论，不能故意隐瞒。譬如在进行实验时，有些控制变量并未能妥善地控制，研究者应据实报导。又如研究者给予受试者一些实验的操作，但在实验后的核查却发现有些研究对象未能操作。研究者也应该诚实地说明，并将这些受试者的资料剔除。

(四) 文字简洁

(1) 研究论文有别于小说，或是其他文学作品，不宜用感性的或过于主观的字眼来撰写。论文的文字应力求简洁，避免夸大的用语，或是过于华丽的辞藻。有几分结果说几分话，这是研究者基本的原则。研究者只需要用清楚、简洁、易懂的用语，按各章节层次分明地陈述出来，就是一篇可读性高的论文。

(2) 在引用其他学者的研究结果时，仅提其姓名和成果年月即可，如谭华2014年提出……观点，不必加其职衔或其他的称谓（如博士、教授、恩师、部长等)。有的研究者在引用自己师长或尊长的研究时，因基于中国传统的礼教，不好意思直呼师长、尊长的名讳，往往在其名字之后冠上职衔，以表示尊崇之意。事实上，在学术研究的领域里，引用资料只是一项中性的、事实的陈述，并不涉及礼教的问题。

(3) 引用外国学者的研究时，直接用其英文的姓和年代即可，如Bell (1991)，不必将其翻译成中文。由于对外国学者的译名常会因译者喜好的不同，而出现各种不同的版本。为避免此种困扰产生，在研究论文里直接用原名即可。

(五) 符合惯例

(1) 各个领域都有其惯用的撰写方式，因此研究者应该用该领域最常使用的方式来撰写。如社会科学的研究报告多半采用美国心理学会的规定来撰写。以下各节所介绍的论文撰写方法，是国内较常使用的惯例。

(2) 图表的呈现应标示编号，以便在解释或讨论时，能方便指出第几个图表。此外，图的标题应标示在图的下方，而表的标题则在表的上方。

(3) 当研究者提及自己的观点时，应自称“研究者”、“实验者”或“笔者”，而不用“我”这个字眼。

第二节 期刊论文撰写的基本格式

期刊论文因受限于篇幅（每篇3000字至20000字不等)，其撰写内容不可能和学位论文一样详尽。就其基本格式而言，大约可分为：(1) 标题；(2) 作者姓名及单位；(3) 中英文摘要；(4) 论文主体；(5) 参考资料。

论文内容的撰写主要是针对论文的主体而言，这包括前言（绪论、文献综述)、研究对象与方法、结果与讨论、结论与建议、参考文献等部分。

一、前言

前言包括绪论和文献综述两部分，目前大多数期刊论文会采用 300～500 字的一段话将这两部分进行总体描述。必要时，也可分开详细描述。

(一) 绪论

绪论包括选题依据、研究目的、研究问题及概念界定等四部分。在期刊论文中，通常会将选题依据、研究目的及研究问题合为一体，以节省篇幅。但在学位论文中，则会分别加以说明。下面分别对这四项内容加以说明。

(1) 选题依据主要是针对所要探讨的问题加以陈述，并提及此问题在这个研究领域的重要性。一般研究者在撰写选题依据时，最常犯的毛病是表示这些问题因过去没有人做，所以其成为研究者要做的依据。一个研究值得做的主要理由并不在于过去是否有人做过，而是在于此问题是否具有重要性。过去没有人做的原因可能是此项问题并不值得做，所以就被搁置下来。一般而言，比较常见的选题依据大概有理论的验证，想澄清过去研究的矛盾，为了探索问题的真相，或是想提出解决问题的方法等。

(2) 研究目的和选题依据的差别主要是后者强调此研究的背景及其重要性，而前者则说出此项研究要探讨的方向。在撰写选题依据时，一般都要用较多的文字来说明。而在写研究目的时，则用条列式的方式叙述出来。

(3) 研究问题是针对研究目的所列出来的较具体的问题，通常一个研究目的有时会引申出数个具体的研究问题。就以上述研究目的而言，第一个研究目的可引出下列第一、二个问题；第二个研究目的引出第三、四个问题。而第三个研究目的则引出第五个研究问题。研究目的是比较笼统而且是包裹式的叙述，而研究问题则是很具体地指出要研究的问题所在。

(4) 概念界定是对此项研究有关的重要研究变量做概念性的定义和操作性的定义。现举一例如下：

> 成就动机：指个人努力追求进步，以期达成自己所渴望目标的内在动力。在本研究中，系指受试者在“成就性量表”上的得分。受试者的得分若高于全国常模的平均数 28.82 分（含)，被界定为高成就动机者；反之，若低于平均数，则属低成就动机者。

在此例子中，第一句的文字属概念性定义；第二、三句则属操作性定义。

（二）文献综述

文献综述的写法前面已经提到过，这里仅简单介绍。一般而言，文献综述有两个目的，一是让阅读者能了解此研究的理论基础，二是作为提出研究假设的依据。一般的写法是先将基本的理论做系统的介绍，然后才探讨有关的研究。文献综述最切忌只流于资料的累积，而对研究本身没有帮助。假如是属于探索性的研究，无法找到直接的理论依据，则必须间接地从有关的理论或研究来推论。文献综述可根据需要分成若干章节，但每一小节都必须做一个结论。此项结论的用意，一方面是对有关理论和研究做归纳以帮助读者了解此部分的文献；另一方面，研究者可以借此机会对这些文献提出一些评论，并为自己在此研究中所用的研究方法或所做的假设作出说明。

文献综述最后一节可列出此项研究的假设。研究者所做的假设不是随自己的喜好而任意设定，必须根据文献综述的结果归纳而得。研究假设其实就是研究者针对研究的问题所提出来的暂时性的结论，因此将其放在文献综述的最后一节应是合理的。有的研究者将研究假设放在第一章绪论里，这在逻辑上是说不过去的。因为研究假设必须根据文献综述而来，岂能还未经文献综述就提出研究假设？有的研究者认为既然研究的人已经先看过所有的文献，因此将研究假设放在第一章也无不可。这种说法是站在研究者的本位而言，并不是站在读者的立场来设想，因为读者不一定像研究者一样看过所有的文献。既然研究论文是要写给读者看的，当然要尽量让读者顺畅地阅读才合理。

二、研究对象与方法

体育教学研究中，研究对象一般指体育教学中的现象和规律。也有人经常描述为观察的事物或事件、调查的对象（如人、学校等）或实验研究中的受试对象。

研究方法一般指为达到研究目的所采用的方法。如文献资料法、观察法、实验法、调查法、数理统计法等。

有时为了更加详细地描述研究方法，可将其内容分为样本选取、研究架构、研究步骤（或实验步骤）、研究工具及资料处理等。

（1）样本选取主要是说明所选样本的人数、特性（如性别、年龄、年级、职业类别、婚姻状况、居住地区等）、样本选取的方法（如简单随机抽样、等距抽样、分层抽样、整群抽样、随意抽样）及样本的来源（如合肥市第46中学生、北京市初中学生家长等）。

（2）研究架构通常是用图示的方法来表示。在此架构中，研究者应将此研究中所有研究的变量陈列出来，并指出其中的关系。一般而言，存在有因果关系的研究必须用有箭头的线标示（需指出自变量对因变量的影响）。若是属于相关的研究，则以普通的线段标示即可。

(3) 研究步骤是研究者在进行此项研究时的流程。研究者为了让读者了解其研究的方法，有必要将其研究中的每一个步骤描述清楚。在自然科学的研究中，常有不同的学者重复同一个实验研究的情形，因此详细地描述各个研究步骤当然有其必要。在社会科学的研究中，重复同一种研究的情形较为少见，但基于科学研究的精神，也应该有让读者了解整个研究的责任。

(4) 研究工具是指在此项研究中所用的仪器、问卷、量表或心理测验等。研究者有必要将所用的仪器的厂牌、型号加以说明。问卷常是研究者针对研究的需要而自行编制出来的，通常整个问卷是放在附录里以供别的学者参考，但研究者在研究工具部分至少应说明此份问卷包含哪几个主题。至于量表部分，若是应用别的学者所编制好的量表，研究者应该说明此份量表的信度和效度。假如是研究者自行编制出来的，则需要详细地说明整个量表编制的过程（如：根据何种理论编制，其预试、项目分析及选题的过程，及此量表的信度和效度等）。

(5) 资料处理主是写出各项研究假设的统计分析方法。比较清楚的写法是把此项研究有关的统计分析方法逐一写出，并指出何种统计分析方法是用在哪个研究假设上。在资料处理的最后一项，研究者也应说明在此研究中，其所定的显著性水平定为多少，大多数是定为 $\alpha=0.05$。除非有特别的考量，较少定为 $\alpha=0.01$。不过，显著性水平究竟应定为多少，通常是由研究者自己视其研究的性质来决定的。

三、结果与讨论（或分析）

结果与讨论的写法一般有两种，第一种是结果与讨论融为一体的写法，也就是写完某一部分结果后马上进行讨论分析，然后再写另一部分结果并讨论分析等等；第二种是把所有的结果先写完后，再统一写讨论部分。

结果的呈现主要是将统计分析后的资料用表格或图示的方法表示出来，其呈现的顺序通常是按照研究假设的次序逐一介绍。研究假设的统计分析多属于推论统计的范围，因此有必要先呈现描述统计的资料。即要先将各研究变量的平均数、标准差及人数等资料列举出来，以让读者了解此项研究的各种基本资料。结果部分所列的推论统计表格，较常见的大约有 t 检验表、方差分析表、变异数分析表、相关矩阵表、回归分析表等。至于所列的图则约有直方图、饼型比例图、路径分析图、交互作用图等。每一个表、图之后，研究者都应该加以解释，以让读者能了解其意。在结果的解释部分，研究者仅作中性的、客观的解释即可，不必对此结果加以评论。

有关讨论的部分，研究者一方面必须据此结果探讨其支持研究假设或不支持研究假设的原因，另一方面还必须和前人的研究加以比较。对于所得结果所代表的意义也应在讨论时陈述出来。讨论的写法除了探讨所得结果的原因之外，还需将结果加以评论、分析、比较，甚至将结果加以引申、推论。在讨论的最后一部分可加上

“研究限制”一节，此部分主要是让研究者说明在整个研究过程中，其所发现的超越研究者个人能力范围的一些问题。如实验控制的问题、受试者抽样的问题、受试者参与研究的动机问题、问卷回收率的问题等，像这些问题研究者在讨论时都应一一列举出来，以让读者能更深入了解所得结果的意义。

（一）结果与分析融为一体的写法范例

下面是节选自舒盛芳、沈建华2002年发表的《从“以学生发展为本”的理念审视当前的体育教学——上海市中学体育教学现状调查与分析》的结果与分析片段：

2.1 中学体育教学中尚未建立真正的民主、平等、合作的师生关系

传统的师生关系是一种不平等的人格关系，教师不仅是教学过程的控制者、教学活动的组织者、教学内容的制造者和学生成绩的评判者，而且是真理的化身和绝对的权威。师生之间不能在平等的水平上交流意见，甚至不能在平等的水平上探讨科学知识。在这样的师生关系下，不要说学生的创新能力不能得到良好发展，甚至连正常的人格也难以得到健康发展。

上海市在推行多年素质教育之后，广大中学体育教师对师生关系有了新的认识。我们从具有一定代表性的上海市公开课上看到，推行素质教育的一个很重要的成果就是与传统的师生关系相比目前的师生关系得到了根本的改善。然而，上海市中学体育教学的整体情况怎样呢？通过调查发现，7.8%的教师认为，在教学中经常想以学生为主体，但又怕削弱了自己在教学中的主导作用，因而很少以合作者的身份进行教学，45.6%的教师回答“有时是”，46.7%的教师回答“不是”。结果说明有很大一部分中学体育教师在教学中一方面想与学生建立民主、平等、合作的师生关系，但另一方面又觉得太勉强，内心处于矛盾状态。那么学生的看法如何呢？

调查显示，13.7%的中学生认为教师在教学中“带有强制性的方式”，认为“有时强制有时以合作方式”的为37.3%，认为“讨论与合作方式”的为34.8%。由此可见，教师在教学中还没有完全真正尊重、平等地对待学生。对于问题“在游戏比赛中，你所在的组输了，老师让你补一组或几组素质练习”，学生回答“经常补”的为17.6%，“有时补”的为41.6%，“从不补”的为40.9%。这个调查结果说明，还有教师在教学中仍在沿用惩罚式的教学方式。这也从另一个侧面反映师生关系的不平等。

学生渴望建立良好的师生关系，中学生主观上要求平等的意识很强烈。调查结果说明，64.6%的中学生认为师生关系应该是民主、平等、合作的关系，而只有3.6%的中学生认为在教学中师生关系是学生服从教师。

师生关系是衡量体育教学能否摆脱传统教学束缚的重要方面。表1是我们

对学生“你希望体育课怎样上（师生关系）”的开放式问卷结果，以师生关系归纳排序。结果进一步证实了师生关系不平等的现象。而这种不平等现象初中生比高中生反映更强烈，应引起重视。初中生对师生关系的要求比高中生要求更强烈，其原因可能是因为学生年龄越小，教师越不重视。从生活中我们也看到，很多小孩子很希望自己快点长大，其原因是小孩在人格上不能与大人平等，只有长大了，才能具备与大人在人格上取得平等的资格。这说明初中体育教师在教学中更应注意尊重学生。

表 1　“你希望体育课怎样上（师生关系）”的问卷调查结果

初　中	高　中
1. 应合作、民主、平等，或与学生和睦相处	1. 应民主、合作、平等
2. 老师不要有架子，太严厉，应对同学友善	2. 体育课不应变成强制
3. 不要太严肃，应幽默一点，或不要老是板着脸	3. 老师不要过于严厉，应和同学们友好相处
4. 尊重学生意见	4. 老师不要太凶
5. 不要太凶，希望上课态度好一些	
6. 不要重男轻女	
7. 不应采用惩罚方法，或不要有几个不好，就叫大家陪他一起站	
8. 行为不应粗暴，或上课不应打人	

未来的师生关系应该是民主、平等、合作的师生关系，如果不能把学生从被动、服从的状态下解放出来，让学生主动地参与教学过程，就不可能培养出学生的主体意识和主体精神。在民主、平等、合作的新型师生关系里，教师是学生学习的服务者、指导者，甚至有时是顾问，他们可不是高高在上，我行我素。服务好学生，是教师应有的职责和作为一个服务者最起码的要求。教师只有把自己放在服务者的位置，才有可能使师生关系得到根本的转变。良好的师生关系不仅有助于培养学生积极的自我意识、自主学习、自我探索思考的习惯，而且有助于满足学生的情感需要，保证学生人格的健康成长。

（二）先写完结果，后统一讨论的写法范例

下面是节选自蔡春霞、李洋、邵伟德 2006 年发表的《在健美操教学中运用小群体教学模式对大学生心理健康影响的教学实验研究》的片段：

1.2　研究方法

……

1.2.1　研究工具

（1）症状自评量表（SCL-90）……

（2）应付方式问卷……

（3）自我效能调查表……

1.2.2　研究程序

（1）实验前对两班进行健美操基本知识和基本动作的教学，在教学一周后两天内对两班学生进行健美操基本知识和基本动作测试，以及心理健康及其相关量表的问卷调查，并对结果进行差异性检验。保证实验前实验班和对照班的内外部条件基本一致。

（2）实验干预从2004年9月至2005年1月，实验班和对照班的教学皆由研究者本人担任。实验班实施小群体教学模式，对照班实施常规教学（"讲授—练习式"教学模式）。两班在人数、教学内容、教学进度、时数、场地方面保持一致……

2. 结果

2.1　两班学生在SCL-90量表上前后测差异比较

从表1中看出，实验班学生在SCL-90各因子上的得分后测均比前测低，

表1　两班学生在SCL-90量表上前后测结果

因子	实验班(n_1)				对照班(n_2)			
	前测分	后测分	T值	P值	前测分	后测分	T值	P值
躯体化	1.410±0.287	1.329±0.248	2.393	0.022*	1.417±0.387	1.415±0.358	0.043	0.966
强迫	1.655±0.409	1.605±0.323	1.114	0.272	1.683±0.471	1.650±0.411	0.554	0.583
人际关系敏感	1.669±0.462	1.552±0.341	2.075	0.045*	1.664±0.523	1.642±0.416	0.344	0.732
抑郁	1.529±0.409	1.469±0.356	1.182	0.244	1.512±0.470	1.494±0.415	0.272	0.787
焦虑	1.515±0.412	1.410±0.320	2.333	0.025*	1.535±0.359	1.485±0.345	1.104	0.276
敌对	1.450±0.387	1.405±0.339	0.854	0.398	1.438±0.433	1.433±0.413	0.082	0.935
恐怖	1.439±0.358	1.396±0.441	0.868	0.391	1.464±0.430	1.432±0.388	0.668	0.508
偏执	1.433±0.346	1.396±0.375	0.752	0.456	1.442±0.452	1.454±0.406	−0.225	0.823
精神	1.345±0.346	1.308±0.271	0.913	0.367	1.373±0.390	1.388±0.307	−0.345	0.732
其他	1.511±0.379	1.471±0.418	0.742	0.463	1.543±0.463	1.546±0.466	−0.050	0.960
总均分	1.499±0.264	1.435±0.271	2.673	0.011*	1.509±0.479	1.495±0.327	0.484	0.631

其中在总均分、躯体化因子和人际关系敏感因子、焦虑因子上存在显著差异，其余项目上未存在显著差异。对照班在SCL-90各因子上均未达到显著性差异。这说明，实验班学生在实验后比实验前心理健康水平有了一定程度的改善，尤其在躯体化因子、人际关系敏感因子和焦虑因子上效果显著。

2.2　两班学生在应付方式问卷上前后测差异比较

……

2.3　两班学生在自我效能调查表上前后测差异比较

……

3. 讨论

3.1　心理健康状况

在实验中，实验班学生在实验后比实验前的SCL-90总均分有显著下降，并且具有显著差异（$P<0.05$）（见表1），表明小群体教学模式在健美操选项课中实施可以促进学生的心理健康水平。这一结果可以从两个方面分析，第一……

在对各因子的分析中我们发现，显著差异主要体现在躯体化、人际关系敏感、焦虑这几个因子上。下面，我们将就存在显著差异的因子进行进一步的讨论。

（1）实验班学生在实验后比实验前在躯体化因子上有显著下降，并且具有显著差异（$P<0.05$，见表1），表明……

（2）……

3.2　应付方式

……

3.3　自我效能感

……

四、结论与建议（或对策）

结论部分是将研究结果做一个总结，其撰写的方式通常是摘要式或是条列式。在建议部分可将此项研究结果的应用（或研究结果的价值）及未来研究的建议分两部分提出。研究结果的应用是从此项研究所获得的结果可应用在教育（如教师的教学、学生的学习）、体育（如运动训练、运动比赛、体育课的教学）、工业（如生产、品管）或商业（如行销、管理）等领域。属于应用科学的研究，通常应将研究所得可应用的范围具体地提出来。若属于理论性的研究，虽然无法像应用科学一样指出其应用的范围，但也可说明其在此领域中所具有的价值。建议的第二部分应将未来研究可行的方向指出来。研究者在进行一项研究之后，常常会在研究的过程中体会到某些部分有再进一步深入研究的必要。这些值得再加以探讨的研究就可在未来研究的建议中提出，一方面自己在未来可继续深入研究，另一方面也可供别的有兴趣的研究者继续这方面的研究。

原则上各章或各部分的起始都是由单数页开始。若论文是印成单面的形式，就没有此项问题。但假如论文是印成双面的形式，有时前一章或前一部分的最后一页是单数页，就必须留一页空白页，以便下一章或下一部分可以由单数页开始。

（一）摘要式结论范例

下面是节选自刘建坤、朱桂林2013年发表的《中学体育教师课堂教学安全能力的综合评价》中的结论：

> 3. 结论
>
> 通过预实验和专家调查得到中学体育教师安全能力评价因素及其指标体系，该体系能全面、客观地反映教师安全能力的真实情况。利用加权模糊推理方法构建的评价模型，有效地解决了中学体育教师安全能力评价过程中各评价因素和相应的指标体系不精确、难以量化的问题。评价模型恰当地处理了总体评价影响因素和单个影响因素之间的关系，既考虑了影响安全能力的总体因素，又保留了单因素评判的信息，能体现每位体育教师安全能力的实际水平。对再实验的数据进行数理统计发现，由抽样样本推算出的图形呈左偏态分布，该结果与通过SPSS 13.0数据处理软件绘制的图形分布特征一致。样本测试结果显示，在0.95置信水平情况下，对大面积抽样测量平均分数的置信区间进行了估计，总体样本测量的平均分数为79.19~81.99。

（二）条列式结论与对策范例

下面是节选自张振明、胡晓琛2005年发表的《北京市高中体育选项课教学的现状调查与对策研究》中的结论与对策：

> 3. 结论与对策
>
> 3.1 结论
>
> (1) 北京市高中在实行选项课教学的同时，在教学方法上依然在很大程度上保持着三段式的教学模式。
>
> (2) 北京市高中的体育场馆、设施及师资情况不能完全满足体育选项课的实行要求，目前只在一些重点高中体育场馆、设施好的学校开展，而且由于场地设施和体育教师专长的限制，体育选项课在项目设置上广泛度不够，一些学生感兴趣的新兴体育项目无法开展，距学生对选项课的情景期望与要求仍有很大差距。

……

3.2　改善高中体育选项课教学的对策

(1) 加强体育选项课教学重要意义的宣传，要有推广体育选项课教学的相应措施和具体政策。首先应引起学校领导的重视，避免流于形式。

(2) 依据体育选项课教学的需要调整师资结构，有针对性地加强在职教师的培训。

……

五、参考文献

研究者在撰写论文时，几乎都会引用到别人的研究资料，而这些研究资料的原始出处就是参考文献。一般而言，各个期刊在稿约部分，对于参考文献的撰写方法都会有要求。国内有关参考文献的撰写方法，在观念上大致不会相去太远。本书在第三章第一节的文献概述部分有提及，仅供参考。

第三节　学位论文撰写

一、学位论文撰写现状

近年来，学士学位论文质量的滑坡引起广泛关注。引致论文质量滑坡的因素很多，单就学士学位论文制度本身存在的缺陷来看，主要有二：一是论文写作时间安排在本科阶段最后一个学期，正值毕业求职的时间关口，学生无心写作，大多敷衍了事；二是高校普遍要求毕业生独立完成论文，而扩招以来，学科专业迅速增加，班级规模普遍增大，常常出现一名教师指导十几篇甚至几十篇毕业论文的现象，教师力不从心，对论文质量的要求相应放松。为了提高学士学位论文的质量，必须加强对本科生的科学研究方法教育，加强学术训练，从根本上提高本科生对科学研究的认知及其进行科学研究的基本技能。为此提出以下建议：

第一，毕业论文选题应主要以观察、实验、调查等方法为主，开展实证研究。目前的毕业论文在研究方法上多思辨，少实证，论述结构多为简单的“三段论”结构（提出问题—借助文献资料阐释问题—结论），这种论文写作，不利于本科生习得规范的科学研究程序和方法。而实证研究则包含提出问题和研究目标、提出可证伪的假设、设计研究的技术方法和路线、取得数据并说明数据的客观性、利用数据检验假设、解释结果并得出结论等一系列规范的结构化程序。开展实证课题研究，能够培养本科生全面的研究技能，同时也有助于培养学生实事求是的科学态度。

第二，打破要求本科毕业生独立完成学位论文的陈规，鼓励本科生辅助导师完成教科研课题，允许和支持学生以研究小组形式，集体协同合作完成研究课题。在合作研究中，参与者的实质性贡献可以主要体现在操作科学研究程序的某一个或几个步骤、环节上，但每个成员都必须参与整个研究过程。全程参与，一方面有助于每一小组成员获得完整操作科学研究程序的经验，另一方面也有助于通过观察他人的操作，或通过小组成员之间的交流、研讨等，间接地获得研究技能。

第三，放宽课题研究时间。课题研究可安排在本科阶段的整个第四学年甚至更早，以使学生有充分的时间与精力开展课题研究，接受一次真正意义上的完整和系统的研究训练。

第四，将本科生导师制与毕业生课题研究指导相结合。目前，国内很多高校实施了本科生导师制。将本科生导师制与毕业生课题研究指导相结合，有助于改变目前一名教师同时指导十几篇甚至几十篇学生论文的现象，提高指导质量，同时也有助于从根本上推进本科生导师制的制度化。

第五，对本科生课题研究最终成果质量的考核评估，以规范操作或不违背科学研究程序为标准，旨在使本科毕业生初步掌握科学研究的基本程序与操作技能，达到具备初步研究能力的要求。

二、学位论文结构与各部分要求

论文结构包括：题目、摘要、关键词、目录、正文、参考文献、注释、附录、致谢等部分：

(一) 题目

题目又称题名或标题。题目是以最恰当、最简明的词语反映论文中最重要的特定内容的逻辑组合。论文题目是一篇论文给出的涉及论文范围与水平的第一个重要信息，十分重要，必须用心斟酌选定。读者往往“以题取文”，有人描述其重要性时用了下面的一句话：“论文题目是文章的一半。”对论文题目的要求是：准确得体、简短精练、外延和内涵恰如其分、醒目。各类文章的题目样式繁多，但无论是何种形式，总要以全部或不同的侧面体现作者的写作意图、文章的主旨。毕业论文的题目一般分为总标题、副标题、分标题几种。

1. 总标题

总标题是文章总体内容的体现。常见的写法有：

(1) 揭示课题的实质。这种形式的标题，高度概括全文内容，往往就是文章的中心论点。它具有高度的明确性，便于读者把握全文内容的核心。如《初中体育教学方法分类研究》、《我国普通高校体育教学环境研究》等。

(2) 提问式。这类标题用设问句的方式，隐去要回答的内容，实际上作者的观点是十分明确的，只不过语意婉转，需要读者加以思考罢了。这种形式的标题因其观点含蓄，易激起读者的兴趣。

（3）交代内容范围。这种形式的标题，从其本身的角度看不出作者所指的观点，只是对文章内容的范围做出限定。拟定这种标题，一方面是文章的主要论点难以用一句简短的话加以归纳；另一方面，交代文章内容的范围，可激发同仁的兴趣，以求引起共鸣。这种形式的标题也较普遍。如《试论合肥市中学体育文化特征》、《合肥市中学体育课生理负担量状况分析》等。

（4）用判定句式。这种形式的标题给予全文内容的限定，可伸可缩，具有很大的灵活性。文章研究对象是具体的、面较小，但引申的思想又须有很强的概括性，面较宽。这种从小处着眼，大处着手的标题，有利于科学思维和科学研究的拓展。如《从阳光体育运动看我国学生体质》、《从中小学体育与健康课程标准看我国的中小学体育教育改革》等。

（5）用形象化的语句。如《激励人心的运动史》、《体育科技史上的曙光》等。

标题的样式还有多种，作者可以在实践中大胆创新。

2. 副标题和分标题

为了点明论文的研究对象、内容、目的或范围，对总标题加以补充、解说，有的论文还可以加副标题。如《运动技能与体育教学——中小学学生运动技能形成过程的理论探讨与实证分析》、《体育教学原则新论 ——〈体育与健康课程标准〉理念下体育教学原则的补充与完善》、《终身体育教育视域下大众羽毛球教学现状调查与对策研究——以北京市大众羽毛球教学为例》。

设置分标题的主要目的是清楚地显示文章的层次。有的用文字，一般都是显示本层次的中心内容；也有的用数字，仅标明“一、二、三”等顺序，起承上启下的作用。需要注意的是：无论采用哪种形式，都要紧扣所属层次的内容，以及上文与下文的联系紧密性。

（二）摘要

摘要是全文内容的缩影，一般放置在论文的篇首。在这里，作者以极经济的笔墨，勾画出全文的整体面目；指出研究目的、对象、方法，简要叙述全文的框架结构，提出主要论点，揭示论文的研究成果。

写作摘要的目的：使读者在未审阅论文全文时，先对文章的主要内容有个大体上的了解，知道该研究所要解决的问题、解决问题的方法手段、研究的主要逻辑顺序、所取得的主要成果等；还可以使读者对其作出初步判断——是否需要进一步阅读全文。论文摘要要求写得简明而又全面，不要抓不住要点或者只是干巴巴的几条筋，缺乏说明观点的材料。

摘要先写什么，后写什么，要按逻辑顺序来安排。句子之间要上下连贯，互相呼应。摘要慎用长句，句型应力求简单。每句话要表意明白，无空泛、笼统、含混之词，但摘要毕竟是一篇完整的短文，电报式的写法也不足取。摘要一般不分段。下面举一个例子。

孔黄生2008年硕士论文《对上海市中学体育教师教学效能感现状的实证研究》摘要：

教师教学效能感是教师在教学活动中对其能有效地完成教学工作、实现教学目标的能力的知觉和信念。本研究着重探讨教学方法、合作学习和教学改革三个维度，这在一定程度上反映出教师教学中积极性和自信心对教学效能感的影响。本研究以上海市中学课程改革为背景，以上海市部分体育教师作为研究对象，在参考Gibson编制的教师效能感量表（TES）的基础上，遵循心理学和统计学原则，针对上海市中学体育教学现状的特点，自编了中学体育教师教学效能感量表，在保证其良好的信效度基础上，对上海市中学体育教师的教学效能感现状进行了调查研究。结果表明：（1）上海市中学体育教师的教学方法维度高；合作学习维度较高；教学改革维度偏低。（2）……为揭示上海市中学体育教师教学效能感的影响因素，本研究在开放式访谈、文献研究和定性调查的基础上，针对上海市中学体育教学的具体特点，编制了“上海市中学体育教师教学效能感影响因素问卷”，采用因子分析，在对其信效度验证的基础上，通过对上海市部分中学体育教师的调查，发现了影响教学效能感的主要因素。研究结果表明：上海市中学体育教师教学效能感的影响因素主要包括环境因素、工作特征因素、组织因素和个人因素四种主、客观因素。在此基础上，本文针对研究实际，提出相应的干预措施，以期能更有效地提高上海市中学体育教师的教学效能感，继而提高上海市中学体育教学质量，为促进上海市中学体育教育事业更好的发展与改革提供参考。

（三）关键词

关键词特指单个媒体在制作使用索引时，所用到的词汇，用以标示研究的主题内容。一般情况下，一篇论文可选取3~8个词作为关键词，每个关键词2~5个汉字。例如：教学效能感、教学方法、合作学习、教学改革。

（四）目录

毕业论文都具有目录。一般来说，篇幅较长的毕业论文，都设有分标题。设置分标题的论文，因其内容的层次较多，整个理论体系较庞大、复杂，故通常设分目录。

设置目录的目的主要有两个方面：（1）使读者能够在阅读该论文之前对全文的内容、结构有一个大致的了解，以便读者决定是读还是不读，是精读还是略读等。（2）为读者选读论文中的某个分论点时提供方便。长篇论文除中心论点外，还有许多分论点。当读者需要进一步了解某个分论点时，就可以依靠目录而节省时间。

目录一般放置在论文正文的前面，因而是论文的导读图。要使目录真正起到导读图的作用，必须注重三点：（1）准确。目录必须与全文的纲目相一致。也就是说，本文的标题、分标题与目录存在着一一对应的关系。（2）清楚无误。目录应逐一标注该行目录在正文中的页码。标注页码必须清楚无误。（3）完整。目录既然是论文的导读图，因而必然要求其具有完整性。也就是要求文章的各项内容，包括正文、参考文献、注释、附录、致谢等，都应在目录中反映出来，不得遗漏。

（五）正文

各院校对正文结构的要求不尽相同。大致包含如下几个部分：问题的提出、选题背景及意义、文献综述、研究对象与方法、结果分析与论述、结论与建议等。

（1）问题的提出：讲清所研究的问题“是什么”。

（2）选题背景及意义：讲清为什么选择这个题目来研究，即阐述该研究对学科发展的贡献、对体育教学或训练的理论与现实意义等。

（3）文献综述：对本研究主题范围内的文献进行详尽的综合述评，“述”的同时一定要有“评”，指出现有研究成果的不足，讲出自己的改进思路。采用“对……进行了研究”、“报告了……现状”、“进行了……调查”等记述方法标明一篇文献的性质和文献主题，不必使用“本文”、“作者”等作为主语。

（4）研究对象与方法：讲清论文的研究对象、所使用的科学研究方法。研究方法部分介绍手段、资料收集、抽样、实验方法、材料以及统计分析的应用，对上述部分的表述要直截了当。方法部分可遵循的逻辑顺序之一就是各种研究活动的顺序。有可能其中两三种活动是同时进行的。但一般来说，其顺序仍旧是从研究设计和选择参与者开始，到数据分析结束。

（5）结果分析与论述：介绍论文的主要论证过程。做到使事实根据、前人的成果和本人的分析论述有机地结合，并注意其间的逻辑关系。

（6）结论与建议：结论是毕业论文最终的、总体的结论，换句话说，结论应是整篇论文的结局、整篇论文的归宿，而不是某一局部问题或某一分支问题的结论，也不是正文中各段小结的简单重复。

结论应当体现作者更深层的认识，且是从全篇论文的全部材料出发，经过推理、判断、数据分析、归纳等逻辑分析过程而得到的新的学术总观念、总见解。结论可采用“结论”等字样，要求精练、准确地阐述自己的创造性工作或新的见解及其意义和作用，还可提出需要进一步讨论的问题和建议。研究结果的总结和补充性分析是用叙述而非表格形式呈现的。

结论部分的写作内容一般应包括以下几个方面：本文研究结果说明了什么问题；对前人有关的看法做了哪些修正、补充、发展、证实或否定；本文研究的不足之处或遗留未予解决的问题，以及解决这些问题的可能的关键点和方向。

（六）参考文献

在毕业论文后应列出参考文献，其目的有三：反映出真实的科学依据；体现严肃的科学态度，分清是自己的观点或成果还是别人的观点或成果；对前人的科学成果表示尊重，同时指明引用资料出处，便于检索。毕业论文的撰写应本着严谨、求实的科学态度，凡有引用他人成果之处，均应按论文中所出现的先后次序列于参考文献中，并且只列出正文中以标注形式引用或参考的有关著作和论文，应按正文中出现的顺序列出直接引用的主要参考文献。

（七）注释

必须说明但又不宜穿插在论文正文中的术语解释、数据来源等，可以使用注释。

（八）附录

对于一些不宜放入正文中、但作为毕业论文又是不可缺少的部分，或有重要参考价值的内容，可编入毕业论文附录中。例如问卷调查原件、访谈提纲、教学研究中使用的教案、重要数据、较大的图表及其说明等。

（九）致谢

在毕业论文的致谢里主要感谢导师和对论文工作有直接贡献及帮助的人士和单位。

第四节 学位论文的答辩

一、论文答辩的目的

论文答辩的目的，对于组织者——校方，和答辩者——论文作者是不同的。

校方组织毕业论文答辩的目的：第一，进一步考查和验证毕业论文作者对所著论文的认识程度和当场论证论题的能力。一般来说，从学员所提交的论文中，已能大致反映出各个学生对自己所写论文的认识程度和论证论题的能力。但由于种种原因，有些问题没有充分展开细说，有的可能是限于全局结构不便展开，有的可能是受篇幅所限不能展开，有的可能是作者认为这个问题不重要或者以为没有必要展开详细说明；有的很可能是作者深入不下去或者说不清楚而故意回避了的薄弱环节，有的还可能是作者自己根本就没有认识到的不足之处等等。通过对这些问题的提问和答辩就可以进一步弄清作者是由于哪种情况而没有展开深入分析的，从而了解学生对自己所写的论文的认识程度、理解深度和当场论证论题的能力。第二，通过论文，虽然也可以看出学生已掌握知识面的深度和广度，但是，撰写毕业论文的主要目的不单是考查学生掌握知识的深度、广度，还是考查学生综合运用所学知识独立地分析问题和解决问题的能力，培养和锻炼学生进行科学研究的能力。学生在写作论文中所运用的知识有的已确实掌握，能融会贯通地运用；有的可能是一知半解，并没有转化为自己的知识；还有的可能是从别人的文章中生搬硬套过来，其基本含义都没搞清楚。在答辩会上，答辩小组成员把论文中阐述不清楚、不详细、不完备、不确切、不完善之处提出来，让作者当场做出回答，从而就可以检查出作者对所论述的问题是否有深广的知识基础、创造性见解和充分扎实的理由。第三，审查毕业论文是否学生独立完成即检验毕业论文的真实性。答辩小组或答辩委员会由三名以上教师组成，在答辩会上还可通过提问与答辩提出文章中存在的不足，从而保证毕业论文的质量。

对于学生来说，答辩的目的是通过答辩，按时毕业，取得学位证书。学生要顺利通过毕业论文答辩，就必须了解上述学校组织毕业论文答辩的目的，然后有针对性地做好准备，继续对论文中的有关问题作进一步的推敲和研究，把论文中提到的基本素材搞准确，把有关的基本理论和文章的基本观点彻底弄懂弄通。

二、答辩前的准备工作

（一）校方

答辩前的准备，对于校方来说主要是做好答辩前的组织工作。这些组织工作主要有：审定学生参加毕业论文答辩的资格，组织答辩委员会，拟订毕业论文成绩标准，布置答辩会场等。

1. 审查学生参加毕业论文答辩的资格

参加毕业论文答辩的学生，要具备一定的条件：

（1）必须是已修完高等学校规定的全部课程的应届毕业生和符合有关规定并经过校方批准同意的上一届学生。

（2）学生所学课程必须是全部考试、考查及格；实行学分制的学校，学生必须获得学校准许毕业的学分。

（3）学生所写的毕业论文必须经过导师指导并有指导老师签署同意参加答辩的意见。

（4）毕业论文符合学校或学院的规定，如格式规范、内容合法等。

以上四个条件必须同时具备，缺一不可，只有同时具备了上述四个条件的学生，才有资格参加毕业论文答辩。另一方面，具备了上述四个条件的学生，规定要进行论文答辩的除了个别有特殊情况经过批准者外，只有经过答辩并获得通过才准予毕业。

2. 组织答辩委员会或答辩小组

毕业论文的答辩必须成立答辩委员会或答辩小组，答辩委员会是审查和公正评价毕业论文、评定毕业论文成绩的重要组织保证。答辩委员会由学校和学校委托下属有关部门统一组织。一般由答辩委员会主任委员、答辩委员、答辩秘书组成。若答辩者较多，答辩委员会还可分为答辩小组，包括组长、组员、秘书等。每场答辩中，从答辩小组内抽取3~5人形成评审专家组，成员包括：答辩主席、委员等，参与对答辩者的评分。秘书负责安排答辩会场、填写答辩记录，有时也兼答辩委员。

3. 拟订毕业论文成绩标准

毕业论文答辩以后，答辩委员会要根据毕业论文以及作者的答辩情况，评定论文成绩。为了使评分宽严适度，大体平衡，学校应事先制定一个共同遵循的评分原则或评分标准。

毕业论文的成绩，一般分为优秀（90~100分）、良好（80~89分）、中等（70~79分）、及格（60~69分）、不及格（60分以下）5个档次。

4. 布置答辩会场

毕业论文答辩会场地的布置会影响论文答辩会的气氛和答辩者的情绪，进而影响到答辩会的质量和效果。因此，学校应该重视答辩会场的设计和布置，尽量创造一个良好的答辩环境。

（二）答辩委员会

答辩委员会负责对每篇答辩的论文进行评审打分，具体由评审专家（答辩主席和委员）执行。一般要在答辩会举行前半个月把要答辩的论文分送到评审专家手里，评审专家接到论文后，就要认真仔细地审读每一篇要进行答辩的论文，找出论文中论述不清楚、不详细、不确切、不周全之处以及自相矛盾和值得探讨之处，并拟定在论文答辩会上需要论文作者回答或进一步阐述的问题。

在答辩时，评审专家会提出多少问题，提些什么问题，这是每一个需要参加答辩的学员都十分关心的问题，同时这又是一个十分复杂，很难把握的问题。因为，每一篇论文各有自己的内容、形式、特点和不足。根据论文的不同情况，评审专家拟出的问题也就必然是千差万别的。即使是同一篇论文，不同的评审专家所要提问的重点也会有所不同。所以说，一篇论文，评审专家会提什么问题，是很难说得准、猜得到的。论文作者在准备答辩时，猜题是没有必要，也没有益处的。但这并不等于说评审专家出题是任意的、毫无规律可循的，学员没有必要准备了。

事实上，评审专家拟题提问是有一定的范围并遵循一定的原则的。了解评审专家的出题范围和原则，对学员如何准备答辩是有帮助的。下面就评审专家的出题规则作些说明。首先，评审专家出题是有严格的界定范围的，即评审专家在论文答辩会上所提出的问题仅仅是论文所涉及的学术范围之内的问题，一般不会也不能提出与论文内容毫无关系的问题，这是评审专家拟题的大范围。在这个大范围内，评审专家一般是从检验真伪、探测水平、弥补不足三个方面提出问题。

（1）检验真伪题，就是围绕毕业论文的真实性拟题提问。它的目的是要检查论文是否为学员自己写的。如果论文不是通过自己辛勤劳动写成，只是抄袭他人的成果，或是由他人代笔之作，就难以回答出这类问题。

(2) 探测水平题，这是指围绕与毕业论文主要内容相关的，探测学员水平高低、基础知识是否扎实，掌握知识的广度深度如何来提出问题的题目，主要是论文中涉及的基本概念、基本理论以及运用基本原理等方面的问题。

(3) 弥补不足题，这是指围绕毕业论文中存在的薄弱环节，如对论文中论述不清楚、不详细、不周全、不确切以及相互矛盾之处拟题提问，请作者在答辩中补充阐述或提出解释。

例如，在一篇题为《××山区小学体育课程资源开发利用现状研究》一文中，答辩时，某评审专家提出的三个问题是：

(1) 你是如何实施调查和访谈的？

(2) 体育课程资源开发包含哪些内容？××山区小学在这方面的优势有哪些？

(3) 特色体育课程资源开发时的影响因素分析中，不够深刻，体现在……

当然，在答辩过程中，根据论文的内容和答辩的具体情况，评审专家还可以适当插问。通过对这些问题的提问和答辩，答辩委员会就会了解毕业论文是不是学员自己通过辛勤劳动写成的，即检查了论文的真实性；也大体上摸清了学员对所学知识掌握的深广度，以及学员临场的应对能力和对知识理解的透彻程度；同时也可以搞清论文中存在薄弱环节的原因，从而有利于对论文的质量和学员的知识能力作出合理、公平的评价。

评审专家在出题提问过程中，应遵循以下几个原则：

第一，理论题与应用题相结合的原则。一般地说，在三个问题中，应该有一个是关于基础理论知识的题目，有一个是要求学员运用所学知识分析和解决现实问题的题目。

第二，深浅适中，难易搭配的原则。在三个问题中，既要有比较容易回答的问题，又要有一定深度和难度的问题。同时，对某一篇论文所提问题的深浅难易程度，应与指导老师的建议成绩联系起来。凡是指导老师建议成绩为优秀的论文评审专家所提问题的难度就应该大一些；建议成绩为及格的论文，评审专家应提相对浅一些，比较容易回答的问题。

第三，点面结合，深广相连的原则。

第四，形式多样，大小搭配的原则。

（三）答辩者

要保证论文答辩的质量和效果，关键在答辩者一方。论文作者在提交了论文之后，不要有懈怠的思想，而应抓紧时间积极准备论文答辩。那么，答辩者在答辩之前应该从哪些方面去准备呢？

第一，要写好毕业论文的简介，形成汇报 PPT。主要内容应包括论文的题目，指导教师姓名，选择该题目的动机，论文的主要结果、结论、理论意义和实践意义以及写作体会等。

第二，要熟悉自己所写论文的全文，尤其是要熟悉主体部分和结论部分的内容，明确论文的基本观点和主论的基本依据；弄懂弄通论文中所使用的主要概念的确切含义，所运用的基本原理的主要内容；同时还要仔细审查、反复推敲文章中有无自相矛盾、谬误、片面或模糊不清的地方，有无与党的政策方针相冲突之处等等。如发现有上述问题，就要作好充分准备——补充、修正、解说等。只要认真设防，堵死一切漏洞，这样在答辩过程中，就可以做到心中有数、临阵不慌、沉着应战。

第三，要了解和掌握与自己所写论文相关联的知识和材料。如自己所研究的这个论题学术界的研究已经达到了什么程度；目前，存在着哪些争议；有几种代表性观点；各有哪些代表性著作和文章；自己倾向哪种观点及理由；重要引文的出处和版本；论证材料的来源渠道等等。这些方面的知识和材料都要在答辩前做到有比较好的了解和掌握。

第四，论文还有哪些应该涉及或解决，但因力所不及而未能接触的问题，还有哪些在论文中未涉及或涉及很少，而研究过程中确已接触到了并有一定的见解，只是由于觉得与论文表述的中心关联不大而没有写入等等。

第五，对于优秀论文的作者来说，还要搞清楚哪些观点是继承或借鉴了他人的研究成果，哪些是自己的创新观点，这些新观点、新见解是怎么形成的等等。

对上述内容，作者在答辩前都要很好地准备，经过思考、整理，写成提纲，记在脑中，这样在答辩时就可以做到心中有数，从容作答。

三、答辩的一般程序

(1) 学生必须在论文答辩会举行之前至少半个月，将经过指导老师审定并签署过意见的毕业论文一式3~5份交给答辩委员会，答辩委员会的评审专家在仔细研读毕业论文的基础上，拟出要提问的问题，然后举行答辩会。

(2) 在答辩会上，先让学生用5~15分钟的时间概述论文的标题以及选择该论题的原因，较详细地介绍论文的主要结果、结论和写作体会。

(3) 评审专家提问。评审专家一般提3~5个问题。评审专家提出问题后，要求学生当场立即作出回答（没有准备时间），随问随答。有的学校规定，老师提问完后，可以让学生独立准备15~20分钟后，再来当场回答；可以是对话式的，也可以是评审专家一次性提出3~5个问题，学员在听清楚记下来后，按顺序逐一作出回答。根据学生回答的具体情况，评审专家和其他评审专家随时可以有适当的插问。

(4) 学生逐一回答完所有问题后退场，评审专家组集体根据论文质量和答辩情况，商定通过还是不通过，并拟定成绩和评语。

(5) 召回学生，由评审专家当面向学生就论文和答辩过程中的情况加以小结，肯定其优点和长处，指出其错误或不足之处，并加以必要的补充和指点，同时当面向学生宣布通过或不通过，并宣布论文的成绩。一般学校规定，对答辩不能通过的学生，提出修改意见，允许学生半年后另行答辩。

四、答辩技巧

进行毕业论文答辩注意以下几个问题，对提高成绩是有益的。

1. 熟悉内容

作为将要参加论文答辩的学生，首先而且必须对自己所著的毕业论文内容有比较深刻的理解并熟悉其内容。这是为回答毕业论文评审专家就有关毕业论文的深度及相关知识面而可能提出的论文答辩问题所做的准备。所谓“深刻的理解”是对毕业论文有横向的把握。例如题为《创建体育名牌产品发展体育产业》的论文，评审专家可能会问“体育品牌”与“名牌”有何关系。尽管毕业论文中未必涉及“体育品牌”，但参加论文答辩的学生必须对自己的毕业论文有“比较深刻的理解”和“熟悉其内容”，否则，就会出现尴尬局面。

2. 图表穿插

任何毕业论文，无论是文科还是理科都或多或少地涉及用图表表达论文观点的可能，因此应该有所准备。图表不仅是一种直观的表达观点的方法，更是一种调节论文答辩会气氛的手段，特别是对评审专家来讲，长时间地听述，听觉难免会有排斥性，不再对学生论述的内容接纳吸收，这样，必然对学生的毕业论文答辩成绩有所影响。所以，应该在论文答辩过程中适当穿插图表或类似图表的其他媒介以提高论文答辩成绩。

3. 语速适中

进行毕业论文答辩的学生一般都是首次答辩。无数事实证明，他们论文答辩时，说话速度往往越来越快，以致评审专家听不清楚，影响了毕业答辩成绩。故毕业答辩学生一定要注意在论文答辩过程中的语流速度，要有急有缓，有轻有重，不能像连珠炮似的轰向听众。

4. 目光移动

毕业生在论文答辩时，一般可脱稿，也可半脱稿，也可完全不脱稿。但不管哪种方式，都应注意自己的目光，使目光时常地瞟向评审专家及会场上的同学们，这是学生用目光与听众进行心灵的交流，使听众对学生的论题产生兴趣的一种手段。在毕业论文答辩会上，由于听的时间过长，专家们难免会有分神现象，这时，学生用目光的投射会很礼貌地将他们的注意力“拉”回来，使专家们的思路跟着学生思路走。

5. 体态语辅助

虽然毕业论文答辩同其他论文答辩一样以口语为主，但适当的体态语运用会辅助学生的论文答辩，使学生的论文答辩效果更好。特别是手势语言的恰当运用会显得自信、有力、不容辩驳。相反，如果学生在论文答辩过程中始终直挺挺地站着，或者始终如一地低头俯视，即使学生的论文结构再合理、主题再新颖，结论再正确，论文答辩效果也会大受影响。所以在毕业论文答辩时，一定要注意使用体态语。

6. 时间控制

一般在比较正规的论文答辩会上，都对辩手有答辩时间要求，因此，毕业论文答辩学生在进行论文答辩时应重视论文答辩时间的掌握。对论文答辩时间的控制要有力度，到该截止的时间立即结束，这样，显得有准备，对内容的掌握和控制也轻车熟路，容易给毕业论文评审专家一个良好的印象。故在毕业论文答辩前应该对将要答辩的内容有时间上的估计。当然在毕业论文答辩过程中灵活地减少或增加内容也是对论文答辩时间控制的一种表现，应该重视。

7. 紧扣主题

在校园中进行毕业论文答辩，往往辩手较多，因此，对于毕业论文评审专家来说，他们不可能对每一位学生的毕业论文内容都有全面的了解，有的甚至连毕业论文题目也不一定熟悉。因此，在整个论文答辩过程中能否围绕主题进行，能否最后扣题就显得非常重要了。另外，委员们一般也容易就论文题目所涉及的问题进行提问，如果能自始至终地以论文题目为中心展开论述就会使评委思维明朗，对学生的毕业论文给予肯定。

8. 人称使用

在毕业论文答辩过程中必然涉及人称使用问题，建议尽量多地使用第一人称，如“我”“我们”，即使论文中的材料是引用他人的，也应用“我们引用”了哪儿的数据或材料，特别是毕业论文大多是自己写的，所以要更多使用而且是果断地、大胆地使用第一人称“我”和“我们”。如果是这样，会使人有这样的印象：东西是你的，工作做了不少！

9. 文明礼貌

在答辩过程中，除以上几点需要注意外，这一点也需注意，虽然起不上很大的作用，但可以给评审专家留下一个好的印象，在你与他人势均力敌的情况下，一般而言评审专家选择的是你。

10. 答辩结束

此外，毕业论文答辩之后，作者应该认真听取答辩委员会的评判，进一步分析、思考评审专家提出的意见，总结论文写作的经验教训。一方面，要搞清楚通过这次毕业论文写作，自己学习和掌握了哪些科学研究的方法，在提出问题、分析问题、解决问题以及科研能力上得到了哪些提高，还存在哪些不足，以便作为今后研究其他课题时的借鉴。另一方面，要认真思索论文答辩会上，评审专家提出的问题和意见，加深研究，精心修改自己的论文，求得纵深发展，取得更大的研究战果，从而使自己在知识、能力上得到全面的提高。

练 习

1. 分别撰写一篇期刊论文、学位论文的写作提纲。
2. 学位论文答辩的目的是什么？
3. 学位论文答辩时的注意事项有哪些？

参考文献

[1] 郑秋兰，王春华，周文颖，等．论文初审制度在学位论文质量控制中的作用［J］．中国高等医学教育，2005（2）：14，15，23.

[2] 关志民，束军意，马钦海．学位论文质量的多层次模糊综合评价模型及其应用［J］．科研管理，2005（3）：153-157，143.

[3] 杨正书，孙文松．浅谈农业重大科研项目选题定位及申报［J］．辽宁行政学院学报，2005（4）：180-181.

[4] 任群．发挥图书馆信息服务优势提高学位论文质量［J］．合肥工业大学学报（社会科学版），2005（4）：148-151.

[5] 李希明，梁蜀忠，孙金立，等．提高科研课题中标率的几点认识［J］．中华医学科研管理杂志，2005（5）：270-271.

[6] 溥纯芝．硕士学位论文质量管理保障制度研究［J］．天津市教科院学报，2005（6）：57-60.

[7] 李爱民．论教育研究问题及其确立［J］．当代教育科学，2005（1）：9-12.

[8] 陈振发，邱明义，马骏．如何撰写研究生开题报告［J］．湖北中医学院学报，2005（1）：78-79.

[9] 黄安年．严格把好博士学位论文同行专家评审和论文答辩关［J］．社会科学论坛，2005（3）：44-46.

[10] 王道红．对学位论文全面质量管理有关问题的理论探讨［J］．学位与研究生教育，2005（5）：27-31.

[11] 赵平，卢耀祖．科研选题的基本思想［J］．科研管理，1998（5）：68-73.

[12] 郑晓燕．谈谈高校科研选题［J］．聊城师范学院学报（哲学社会科学版），1999（4）：123-124，104.

[13] 杨同毅．对研究生学位论文质量保障有关理论问题的探讨［J］．学位与研究生教育，1999（3）：54-58.

[14] 李定仁．论教学研究［J］．教育研究，2000，11：45-49.
[15] 缪小勇，张艳霞，夏志祥．科研选题应注意把握的几个问题［J］．第一军医大学分校学报，2000（2）：111-112.
[16] 扈群．提高博士学位论文质量的几点建议［J］．航海教育研究，2000（2）：77.
[17] 李阿利．从加强管理着手提高研究生学位论文质量［J］．湖南农业大学学报（社会科学版），2000（2）：71-73.
[18] 杨国藩，谢书恒．科研选题的创新原则［J］．洛阳大学学报，2000（2）：79-82.
[19] 单连阳，王殿元．加强学位论文工作强化创新能力培养［J］．辽宁教育研究，2000（3）：42-43.
[20] 周利民，宋成文．利用科研选题培养本科生科研创新能力［J］．黑龙江教育学院学报，2011（9）：38-39.
[21] 方仪，钱志中．关于保证和提高研究生学位论文质量的思考［J］．南京艺术学院学报（美术与设计版），2007（1）：96-97，162.
[22] 郭垂根，李春英，范德林．结合科技查新做好研究生学位论文选题［J］．中国林业教育，2007（1）：51-52.
[23] 任玲．关于提高硕士研究生学位论文质量的思考及对策［J］．齐齐哈尔大学学报（哲学社会科学版），2007（3）：172-173.
[24] 刘敏．问题与对策：研究生学位论文质量审思［J］．湘潮（下半月）（理论），2007（1）：66-68.
[25] 李艳，董良飞．试论撰写研究生开题报告的技巧与方法［J］．江苏工业学院学报（社会科学版），2007（2）：103-105.
[26] 郭胜伟．加强学位论文评估提高学位论文质量［J］．甘肃中医学院学报，2007（3）：54-56.
[27] 吴生，赵雪曼．科研选题探讨［J］．技术与创新管理，2007（3）：50-51.
[28] 翁家银．关于体育教学研究的若干问题［J］．体育学刊，2003（4）：84-86.
[29] 雷亚萍．研究生学位论文的模糊综合评价方法［J］．西安科技学院学报，2003（3）：331-334，346.
[30] 李永兴．对科研项目申报与管理的几点意见［J］．科技·人才·市场，2003（2）：44-46.
[31] 汪洋．经济学学士学位论文写作过程中的师生互动［J］．中国农业教育，2003（5）：15-17.
[32] 刘朝晖，万宇．提高博士学位论文质量之我见［J］．西南交通大学学报（社会科学版），2003（2）：115-118.

[33] 张意湘．论制度创新与研究生学位论文质量的提高 [J]. 湘潭大学社会科学学报，2003（4）：146-148.
[34] 郭海燕．规范学位论文写作 提高学术质量水平 [J]. 中国高等教育，2003（7）：29-30.
[35] 谢安建．高校科研选题的思考 [J]. 安庆师范学院学报（自然科学版），1997（1）：99-101.
[36] 王茜，刘继文，李树林．对研究生学位论文质量有关问题的探讨 [J]. 新疆医科大学学报，2006（2）：184-185.
[37] 王方．对我国学位论文全文数据库的比较研究 [J]. 科技情报开发与经济，2006（6）：3-5.
[38] 马跃．科研管理模式与原创性科研选题的关系 [J]. 技术与创新管理，2006（2）：15-18.
[39] 陈新超．严把学位论文评审关切实提高研究生培养质量 [J]. 福建医科大学学报（社会科学版），2006（2）：74-76.
[40] 冯向东．高等教育研究中的“范式”与“视角”辨析 [J]. 北京大学教育评论，2006（3）：100-108，191.
[41] 卢朝霞，杨海堂，郭方文．浅谈科研选题的确立 [J]. 广西大学学报（自然科学版），2006（S1）：18-21.
[42] 范玫．完善研究生学位论文三级监控制度的思考 [J]. 甘肃科技纵横，2006（6）：176-177.
[43] 艾元方，蒋绍坚，张全，等．本科毕业论文设计开题的实践及效果 [J]. 高教论坛，2006（6）：68-70，76.
[44] 李征航，毛旭东，刘万科，等．博士学位论文质量评价指标体系的研究 [J]. 湖北经济学院学报（人文社会科学版），2006（7）：42，179-180，42.
[45] 陈勇，王道红．浅论研究生学位论文质量管理制度的落实 [J]. 高等教育研究学报，2006（3）：14，51-53.
[46] 夏放怀，王雪松．博士生培养年限与学位论文质量关系研究 [J]. 高等教育研究学报，2006（4）：56-58，84.
[47] 王蓓，王振芬，王维静，等．完善研究生学位论文评审和答辩制度提高学位论文质量 [J]. 西北医学教育，2006（6）：681，759.
[48] 彭国强，项贤林，时霖，等．近10年北美体育教学研究状况及趋势 [J]. 武汉体育学院学报，2009（9）：81-84.
[49] 程刚，邹志仁．我国情报学期刊统计分析与评价 [J]. 情报学报，2001（3）：363-373.
[50] 赵勇．学位论文的病灶与病根 [J]. 文艺争鸣，2001（3）：62-64.

[51] 安小米．学位论文写作如何符合国际学术研究惯例［J］．中国研究生，2003（2）：41-44.
[52] 陈玲．怎样写开题报告［J］．中国研究生，2004（3）：29-30.
[53] 冯振业，王慧．博士学位论文评审方式改革探析［J］．中国研究生，2004（6）：58-60.
[54] 廖文科．树立“健康第一”的指导思想 切实加强学校健康教育工作［J］．中国学校体育，2000（2）：2.
[55] 廖文科．贯彻“健康第一”指导思想 做好学校卫生工作［J］．中国学校体育，2001（3）：2.
[56] 冯向东．关于教育研究方法的功能分层［J］．大学教育科学，2010（2）：4-7.
[57] 郭海燕．对高校教育科研选题的思考［J］．长沙大学学报，2010（5）：108-109.
[58] 夏泉．创新与研究生学位论文［J］．黑龙江高教研究，2004（3）：97-98.
[59] 邱庚香，龚姚腾，王俊．硕士学位论文评价方法的探索与实践［J］．中国高教研究，2004（3）：34-36.
[60] 张红．撰写研究生开题报告的技巧与方法［J］．浙江中医学院学报，2004（5）：78-79.
[61] 王春知．保证硕士学位论文质量的过程管理［J］．安徽工业大学学报（社会科学版），2004（4）：88-89.
[62] 查旭东．学位论文质量的提高与高校图书馆的服务举措［J］．情报资料工作，2004（5）：68-69.
[63] 范晓兰，李建胜．论硕士研究生学位论文开题报告［J］．菏泽师范专科学校学报，2004（4）：84-86.
[64] 吴春玲．研究生学位论文中存在问题的调查分析［J］．西北医学教育，2004（2）：121-122.
[65] 史济彦．论研究生的选题方法及其能力的培养［J］．学位与研究生教育，1995（3）：33-37.
[66] 王春霞．如何提高农科博士学位论文质量——从中国农科院连续三届获全国百篇优秀博士学位论文奖谈起［J］．中国农业教育，2002（3）：15-16.
[67] 尹世宪．学士学位论文撰制中存在问题的原因及其对策［J］．辽宁教育研究，2002（2）：66-67.
[68] 张庆宗．文献综述撰写的原则和方法［J］．中国外语，2008（4）：77-79.
[69] 赵超君．体育课堂观察的视域、视角和视点［J］．中国学校体育，2012（2）：36-37.

[70] 陈向明．质的研究后方法与社会科学［M］．北京：教育科学出版社，2000.
[71] 陈向明．教师如何作质的研究［M］．北京：教育科学出版社，2001.
[72] 叶澜．教育研究方法论初探［M］．上海：上海教育出版社，1999.
[73] 王志刚，郑存库．地方高校科学研究管理与运作机制［M］．西安：陕西人民教育出版社，2003.
[74] 靳达申．如何提高国家自然科学基金申请质量［M］．上海：上海科学技术文献出版社，2003.
[75] 毛振明．体育教学论［M］．北京：高等教育出版社，2005.
[76]［美］威廉·维尔斯马，斯蒂芬·G. 于尔斯．教育研究方法导论［M］．袁振国，主译．9 版．北京：教育科学出版社，2010。
[77] 黄汉升．体育科学研究方法［M］．北京：高等教育出版社，2006.
[78] 弗林克尔，瓦伦．教育研究的设计与评估［M］．北京：华夏出版社，2004：10-14.
[79] 杨晓萍．体育科学研究方法［M］．重庆：西南师范大学出版社，2006：71.
[80] 马云鹏．教育科学研究方法导论［M］．哈尔滨：东北师范大学出版社，2005.
[81]［美］国家研究理事会．教育的科学研究［M］．北京：教育科学出版社，2006：3.
[82] 裴娣娜．教育研究方法导论［M］．合肥：安徽教育出版社，1995.
[83] 张洪潭．体育科研三维方法述要（上）［J］．体育与科学，2003（2）：34-39.
[84] 周平，翟素琴．西北工业大学教职工体育锻炼与健康的分析研究［J］．西北工业大学学报（社会科学版），2005（2）：92-94.
[85] 陈红梅，王海雁．关于体育合作学习模式的思考［J］．首都体育学院学报，2005（1）：112-114.
[86] 辛世海，周丽珍，沈建华．实施快乐体育教学中对培养学生意志品质的思考［J］．沈阳体育学院学报，2005（1）：75-76.
[87] 许静媛，李泓．观察法在体育教学中的运用［J］．河北教育，2004（5）：36.
[88] 张振华．浅谈观察法在体育教学中的应用［J］．安徽教育，1983（3）：17.
[89] 孙长林，于波．［学校体育科研方法·第五讲］学校体育科学研究中资料与事实的搜集方法［J］．学校体育，1988（5）：61-63.
[90] 孙长林，于波．［学校体育科研方法·第六讲］学校体育科学研究中资料与事实的搜集方法［J］．学校体育，1988（6）：64-66.
[91] 曲霞．体育教学过程中研究学生的五种方法［J］．学校体育，1989（1）：20.
[92] 邓歆红．脊柱侧弯的体育保健［J］．体育师友，2001（1）：45.

[93] 徐勤荣．中小学开展阳光体育运动的现状和对策［D］．首都体育学院，2009.
[94] 李江．北京市中医学校体育教师授课过程中沟通行为的观察研究［D］．北京体育大学，2008.
[95] 许琨．学校体育公平问题的认识与思考［D］．湖南师范大学，2009.
[96] 徐明欣，武孝贤，王开林，王童，顾洪伟，卢满．意志发展规律与体育教学内在关系的研究［J］．武汉体育学院学报，1984（4）：70-77.
[97] 史元春，崔俊臣．体育教学课负荷问题的探讨［J］．东北农学院学报，1990（1）：98-102.
[98] 李成明，徐登峰．试析体育游戏在中学体育教学中的作用及运用［J］．内江科技，2007（10）：30，68.
[99] 刘华荣．我院组建体育俱乐部对学生身体素质影响的研究［J］．科技信息（学术研究），2008（36）：295-296.
[100] 于素梅．表情：体育教师课堂观察"粗不得"［J］．体育教学，2013（5）：30-32.
[101] 于素梅．观察：体育课堂教学行为"弱不得"［J］．体育教学，2013（7）：19-21.
[102] 苏星．对当前我国群众体育发展现状的思考与分析——以蚌埠市群众体育发展现状为例［J］．文体用品与科技，2013（12）：36.
[103] 王腾．浅析不同年龄阶段学生的体育学习方法［J］．教育教学论坛，2011（9）：69.
[104] 马莉．融合体育艺术元素的美国大学校园文化以及社团组织研究——以Maryland大学为个案［J］．广州体育学院学报，2011（2）：113-116.
[105] 莫黎群，梁铁怀．关于提高足球运动员正脚背接控球技术的研究——以广西体育运动学校14~15岁男子足球运动员为例［J］．教育教学论坛，2011（30）：182-183.
[106] 高颖．体育游戏在乒乓球教学中的应用［J］．科技风，2011（1）：5.
[107] 孙媛，王燕．太原市社区居民体育活动现状调查研究［J］．搏击（体育论坛），2012（3）：9-11.
[108] 王成军．山西高校校园体育文化研究［D］．山西大学，2005.
[109] 方秀娟．新课标的推行与中学体育隐蔽课程开发［D］．福建师范大学，2005.
[110] 王庆军．我国社会转型期体育媒体化现象解析［D］．南京师范大学，2007.
[111] 吴燕丹．高校公共体育课程"主、副项制"模式的深化研究［D］．福建师范大学，2003.

[112] 李军兰，孙寿鹏．小学生体育课堂问题行为的调查研究 [J]．校园心理，2009（5）：318-319.

[113] 闫伟．周口市老年人体育锻炼现状分析 [J]．文体用品与科技，2012（4）：39.

[114] 韩坤霖．浅谈西安体育学院体操专修学生运动损伤的调查 [J]．文体用品与科技，2012（5）：131.

[115] 吴剑．当前我国足球科研方法的现状——以《体育科学》2002-2011 年刊载的足球类文章为例 [J]．运动，2013（12）：110-112.

[116] 潘前，吴有凯，曾秀端．普通高校体育教育面临的困境与制度创新的设想 [A]．中国体育科学学会．第八届全国体育科学大会论文摘要汇编（一）[C]．中国体育科学学会，2007：1.

[117] 徐明欣，武孝贤，王开林，等．对意志发展的规律与体育教学实施特点的研究 [A]．中国心理学会．全国第五届心理学学术会议文摘选集 [C]．中国心理学会，1984：2.

[118] 林海舰．《体育与健康》课程实施效果——不良现状研究 [A]．浙江省体育科学学会学校体育专业委员会、浙江省教育学会中小学体育研究会．浙江省体育科学学会学校体育专业委员会第十一届论文报告会论文集 [C]．浙江省体育科学学会学校体育专业委员会、浙江省教育学会中小学体育研究会：2008：1.

[119] 易志成．高职学生体育心理活动的调查与分析 [J]．中国科教创新导刊，2010（11）：209.

[120] 赵立．浅论体育教育调查的程序与方法 [J]．哈尔滨体育学院学报，1998（3）：20-23.

[121] 江仁汉．湖北省城区学校体育生双上线情况分析 [J]．新课程（教育学术），2011（1）：30.

[122] 王献．长沙市社区老年人体育健身现状及发展对策研究 [D]．湖南师范大学，2012.

[123] 高卫民．“阳光体育运动”背景下高校公共体育课程体系的研究 [D]．山东大学，2012.

[124] 闫光．北京市中小型公共体育场馆综合利用研究 [D]．首都体育学院，2012.

[125] 丁玉如．幼儿体育行为的综合表现特征及影响因素研究 [D]．首都体育学院，2013.

[126] 吴保伟．网络体育新闻专题策划的共性特征研究 [D]．首都体育学院，2013.

[127] 王佩珍．小学体育教学内容“加工改造”教材化工作的现状研究［D］．山西大学，2012.
[128] 李英．基于伦理学视野下的体育教学研究［D］．福建师范大学，2012.
[129] 焦卫宾．我国新农村体育服务体系中的农村学校体育发展［D］．福建师范大学，2008.
[130] 李海富．河南省农村中学“阳光体育”运动开展现状及对策研究［D］．北京体育大学，2012.
[131] 张文彤．SPSS 统计分析基础教程［M］．北京：高等教育出版社，2006.
[132] 张力为．调节变量在体育科学研究设计中的理论作用和统计计算［J］．体育科学，2001，21（4）：87-91.
[133] 陈及治．体育统计与体育科研方法［J］．天津体育学院学报，2001，16（3）：42-46.
[134] 杨俊英，张桂琴．实验设计方案及其统计分析方法的选择［J］．中华物理医学与康复杂志，2001，23（6）：378-381.
[135] 李康．第四讲医学实验设计原则与方法［J］．中国地方病学杂志，2005，24（4）：472-473.
[136] 秦小琪，孙可淳．临床医学实验设计应注意的问题［J］．中国放射肿瘤杂志，1999，8（3）：189-190.
[137] 孙振球．医学统计学［M］．北京：人民卫生出版社，2008.
[138] 颜虹．医学统计学［M］．北京：人民卫生出版社，2006.
[139] 罗达勇，汪海燕，祁国鹰．体育统计方法系列讲座十三统计设计在体育科研中的应用［J］．北京体育大学学报，2001，24（1）.
[140] 徐天和，王玖．医学实验设计：第四讲均衡原则［J］．中国医刊，2005，40（10）：57-58.
[141] 刘勖．临床试验设计与数据处理（二）——临床试验设计的三项原则［J］．疑难病杂志，2002，1（3）：186-187.
[142] 徐天和，王玖．医学实验设计：第一讲　对照原则［J］．中国医刊，2005，40（7）：60-61.
[143] 徐天和，王玖．医学实验设计：第二讲　随机化原则与盲法原则［J］．中国医刊，2005，40（8）：54-55.
[144] 陈国民，赵强元．医学实验设计中的统计设计［J］．解放军医学高等专科学校学报，1999，27（4）．67-50.
[145] 徐天和，王玖．医学实验设计：第三讲　重复原则［J］．中国医刊，2005，40（9）：56-57.
[146] 孟庆茂，常建华．实验心理学［M］．北京：北京师范大学出版社，1999：

35-40

[147] 纪岗昌，王豫跃，李长久．基于正交回归实验设计方法的 HVOF 喷涂 Cr_ 3C_ 2_ NiCr 涂层磨粒磨损性能的研究 [J]. 兵器材料科学与工程，2001，24（2）：12-16.

[148] 方开泰．均匀设计与均匀设计表 [M]. 北京：科学出版社，1994.

[149] 高辉，胡良平，郭晋．如何正确认识和处理几种易混淆的多因素设计定量资料（一）[J]. 中西医结合学报，2008，6（6）：650-653

[150] 刘炜．体育科研常见体育误用——实验设计与（协）方差分析时的问题 [J]. 体育科研，2004，25（2）：53-55.

[151] 郭璐．体育科学实验设计误区 [J]. 北京体育大学学报，29（12）：1596-1599.

[152] 戴龙基，张其苏，蔡荣华．中文核心期刊要目总览 [M]. 北京：北京大学出版社，2000.

[153] 戴龙基，蔡荣华．中文核心期刊要目总览 [M]. 北京：北京大学出版社，2004.

[154] 朱强，戴龙基，蔡荣华．中文核心期刊要目总览 [M]. 北京：北京大学出版社，2008.

[155] 张力为．体育科学研究方法 [M]. 北京：高等教育出版社，2006.

[156] 胡良平．实验设计错误辨析与释疑 [J]. 基础医学与临床，2007，27（5）：597-601.

[157] 余红梅．实验设计样本含量与检验效能估计的讨论 [J]. 中国卫生统计，2005，22（1）：51-54.

[158] 马国东．体育科研中统计方法应用的几个问题 [J]. 吉林体育学院学报，2006，22（4）：150-151.

[159] 胡良平，刘惠刚．医学论文中实验设计方面的错误辨析与释疑 [J]. 中西医结合学报，2007，5（6）：707-711.

[160] 周素华，陆云霞．t 检验和 χ^2 检验常见误用辨析 [J]. 公共卫生与预防医学，2007，18（2）：110-112.

[161] 孙芝娟．正确选用体育统计方法的若干思考 [J]. 体育成人教育刊，2006，22（2）：49-50.

[162] 刘炜，郑志强．作为艺术的体育科研与作为工具的统计方法——关于体育科研中统计方法的几点看法 [J]. 天津体育学院学报，2001，16（4）：37-41.

[163] 舒盛芳，沈建华．从“以学生发展为本”的理念审视当前的体育教学——上海市中学体育教学现状调查与分析 [J]. 上海体育学院学报，2002（3）：

72-76.
[164] 张振明，胡晓琛．北京市高中体育选项课教学的现状调查与对策研究［J］．西安体育学院学报，2005（5）：118-121.
[165] 宋旭．体育课程内容资源的开发和利用——读《体育课应引进什么新的教学内容》有感［J］．体育学刊，2007（3）：9-11.
[166] 宋旭．宋代市民体育休闲生活的社会学分析［J］．成都体育学院学报，2008（6）：41-44.
[167] 宋旭．文化融合视野下的宋代节日体育文化［J］．成都体育学院学报，2010（7）：41-43.
[168] 宋旭．“体育系统”整体观刍议［J］．体育学刊，2010，10：11-13.
[169] 宋旭，曹春宇．“体操”与“体育”演变因缘新探［J］．沈阳体育学院学报，2005（4）：86-88，91.
[170] 曹春宇，宋旭．对中学“体育与健康”理念的几点质疑［J］．体育教学，2003（4）：35-36.
[171] 祁国杰，游永豪，温爱玲．实验设计在体育科学中应用的现状与评价［J］．体育科学，2011（3）：81-86.
[172] 刘晓云，游永豪．有两个及以上“重测因素”数据资料的分析方法在体育科学中的应用研究［J］．北京体育大学学报，2011（6）：78-81.
[173] 游永豪，祁国鹰，温爱玲．体育科学实验研究中有“前测数据”的重复测量设计的统计分析方法的探讨［J］．体育科学，2010（2）：92-96.
[174] 游永豪，蔺新茂，罗利华．几种多因素实验设计及统计分析方法在体育科研中应用［J］．北京体育大学学报，2010（8）：75-78.
[175] 游永豪，温爱玲．几种单因素实验设计在体育科学中的应用研究［J］．体育科技，2014（1）：71-73.
[176] 游永豪，温爱玲，祁国鹰，宋旭．中小学体育教育开展状况评估体系研究［J］．吉林体育学院学报，2014（3）：72-78.
[177] 邓秋香．毕业论文答辩应注意的几个问题［J］．青年科学，2003（8）：44.

图书在版编目(CIP)数据

中小学体育教学研究方法/宋旭,游永豪,李晓静主编.—武汉:武汉大学出版社,2016.2(2023.8 重印)
体育教师教育课程改革系列教材
ISBN 978-7-307-17426-9

Ⅰ.中… Ⅱ.①宋… ②游… ③李… Ⅲ.体育课—教学研究—中小学 Ⅳ.G633.962

中国版本图书馆 CIP 数据核字(2015)第 321975 号

责任编辑:陈 红　　责任校对:李孟潇　　版式设计:马 佳

出版发行:**武汉大学出版社** (430072 武昌 珞珈山)
(电子邮箱:cbs22@whu.edu.cn 网址:www.wdp.com.cn)
印刷:武汉邮科印务有限公司
开本:720×1000 1/16 印张:12.5 字数:251 千字 插页:1
版次:2016 年 2 月第 1 版 2023 年 8 月第 3 次印刷
ISBN 978-7-307-17426-9 定价:45.00 元
